Cuatro príncipes

Primera edición en este formato: octubre de 2025
Título original: *Four Princes*

© John Julius Norwich, 2016
© de la traducción, Joan Eloi Roca, 2017
© de esta edición, Futurbox Project, S. L., 2025

Diseño de cubierta: Taller de los Libros

Publicado por Ático de los Libros
C/ Roger de Flor n.º 49, escalera B, entresuelo, oficina 10
08013, Barcelona
info@aticodeloslibros.com
www.aticodeloslibros.com

ISBN: 979-13-87592-43-1
THEMA: NHD
Depósito Legal: B 18525-2025
Preimpresión: Taller de los Libros
Impresión y encuadernación: Liberdúplex
Impreso en España — *Printed in Spain*

JOHN JULIUS NORWICH

CUATRO PRÍNCIPES

Enrique VIII, Francisco I, Carlos V,
Solimán el Magnífico y las obsesiones
que forjaron la Europa moderna

TRADUCCIÓN DE
JOAN ELOI ROCA

ÁTICO DE
LOS LIBROS

BARCELONA - MADRID

Para Moll

ÍNDICE

PREFACIO

El rey Hal, de natural vigoroso,
de media docena de reinas fue esposo.
Con tres Catalinas se casó,
con una tal Jane y un par de Anas desposó.

Aprendí estos versos, y algunas de las siguientes estrofas,
cuando tenía cuatro años. Proceden de un maravilloso libro
llamado *Kings and Queens,* de Herbert y Eleanor Farjeon, en
el que cada doble página mostraba, a la izquierda, una ilustración a todo color del monarca correspondiente y, a la derecha, una poesía satírica dedicada a él. Mi madre compró dos
ejemplares, recortó las páginas de uno de ellos, las enmarcó
y las juntó, manteniendo el mismo orden cronológico, en las
paredes de mi habitación. Puede decirse que, literalmente,
crecí con ellas, y no recuerdo un día en el que no repasara
mentalmente a todos y cada uno de los reyes o el orden en
que se sucedían. Puesto que el pri-
mero era Guillermo el Conquista-
dor y había seis reyes o reinas en
cada columna, Enrique VIII era el
segundo de la cuarta columna y,
como es lógico, tengo la sensación
de conocerlo de toda la vida.

Conocer a Francisco I me llevó un poco más de tiempo. La-

Enrique VIII de Inglaterra, retratado por
Holbein en 1536 a los cuarenta y cinco
años de edad.

El emperador Carlos V con unos treinta años. ¿No os parece que la barbilla de los Habsburgo era un pelín prominente?

mentablemente, los Farjeon no prestaron a la historia de Francia el mismo servicio que a la de Inglaterra y, en los tiempos de antes de la guerra, la historia que enseñaban en las escuelas de Inglaterra era increíblemente miope: nunca nos contaban qué había pasado en Europa, excepto cuando habíamos vencido en una batalla en ultramar, como Agincourt o Blenheim. No sabíamos nada sobre Italia, donde los británicos apenas combatieron antes del siglo XX —la batalla de Maida (que dio su nombre al valle de Maida) en 1806 es la única que me viene a la cabeza—, y si conocíamos España, era gracias a la historia de la Armada Invencible. En cuanto al Imperio bizantino, que duró más de mil años y dominó el mundo civilizado durante siglos, creo que apenas había oído hablar de él antes de llegar a Oxford. Francisco, en cualquier caso, tuvo que esperar hasta que mis padres y yo nos mudásemos a Francia, donde siempre nos deteníamos en Fontainebleau camino del sur y donde hice una excursión en bicicleta por los *châteaux* del Loira.

Carlos V supuso un desafío todavía más difícil. Durante mis años de formación supongo que pensamos en él —si es que llegamos a pensar en él— como alemán, y puesto que estábamos en guerra

«El Renacimiento francés en carne y hueso»: Francisco I de Francia, retratado por Jean Clouet en 1530 cuando tenía treinta y seis años.

con Alemania, lo ignoramos por principio. (Por supuesto, también era español, pero entonces no sentíamos demasiado cariño por los españoles). Todo hay que decirlo: tampoco nos gustaba su aspecto, con esa terrible mandíbula y ese mentón tan prominente, típicos de los Habsburgo. Además, era enemigo de Martín Lutero, sobre quien la mayoría de las escuelas anglicanas se mostraban muy favorables. Por supuesto, supe algo más de él cuando me puse a escribir sobre el papado. «Tenía poca imaginación», redacté entonces, «y carecía de ideas propias», una afirmación que hoy me parece un poco injusta. Lo cierto es que era mucho más inteligente que su soberanamente aburrido vástago, Felipe II. Sospecho que, en cualquier caso, continuó siendo una figura borrosa en mi recuerdo hasta que me puse a escribir el libro que ahora tiene usted en sus manos.

Lo mismo me sucedió con Solimán el Magnífico. Por supuesto, siempre fue un extraño. Porque ¿acaso en aquellas escuelas e institutos privados se mencionó alguna vez el Imperio otomano? ¿Nos hablaron alguna vez de la batalla de Mohács, uno de los mayores enfrentamientos militares que se han visto nunca en la Europa central? ¿Acaso de cómo los turcos llegaron en dos ocasiones a las puertas de Viena y —sin duda, lo más sorprendente de todo— cómo, en 1543, asediaron y saquearon Niza, de entre todas las ciudades, con el apoyo entusiasta de un ejército francés? Ni que decir que nadie nos contó nada de todo esto. Creo que la primera vez que supe de Solimán —en la medida de lo posible, pues solo su círculo más íntimo llegó a conocerlo bien— fue en la década de 1970, cuan-

El sultán Solimán el Magnífico, conocido entre los suyos como «el Legislador».

do hice una serie de seis documentales para la BBC sobre la historia de Turquía, el último de los cuales estaba dedicado a los otomanos. De hecho, hay muy pocas biografías sobre él. Antony Bridge, quien fuera deán de Guildford, preparó una, pero todavía está por escribirse la biografía definitiva de Solimán en inglés, y no será tarea fácil. Desde que Kemal Atatürk introdujo el alfabeto latino en Turquía en 1928, el antiguo alfabeto árabe dejó de enseñarse en las escuelas. El resultado es que nadie en Turquía, exceptuando a un puñado de eruditos, puede leer libros publicados antes de esa fecha.

Enrique, Francisco, Carlos y Solimán. ¿Cuándo comencé a verlos como el fenómeno único y colectivo que fueron y como posibles protagonistas de un libro? Creo que la primera vez fue hace diez o doce años, cuando estaba escribiendo sobre el Mediterráneo; pero la idea era entonces todavía muy vaga y tenía otras cosas en la cabeza. Comenzó a tomar forma cinco años más tarde, cuando el estudio del papado consumía la mayor parte de mi tiempo; volví a enfrentarme a la evidencia de cómo habían sido estos cuatro hombres, unos auténticos titanes de su época, y comprendí hasta qué punto habían eclipsado a sus antecesores y sucesores y, finalmente, lo profunda que fue su impronta en el siglo en que vivieron. Ahí me esperaba un libro, en alguna parte, estaba seguro de ello. Espero, lector, que sea este que tienes entre manos.

John Julius Norwich
Abril de 2016

NOTA DEL AUTOR

Creo que a veces sacrificamos demasiadas cosas en aras de la coherencia. El lector atento detectará diversas incongruencias en estas páginas: los duques franceses, por ejemplo, serán «duc» unas veces y «duque» en otras; en alguna ocasión traducimos los nombres extranjeros (Francisco por François, por ejemplo), pero en otras no. Sería ridículo traducir «Jacques» por «Jaime» o «Iván» por «Juan». En todos estos casos me he guiado por aquello que me ha parecido que sonaba más natural, con la esperanza de que también le parezca correcto al lector.

Europa alrededor de 1500-1550

N
O   E
S

RUSIA

POLONIA

Dniéster

Dniéper

Don

Volga

MOLDAVIA

NGRÍA

TRANSILVANIA

Belgrado

Danubio

CRIMEA

Mar
Negro

BULGARIA

Sofia

Adrianópolis

Constantinopla

Iznik

ANATOLIA

IMPERIO

Bursa

Manzikert

Valona

Nicópolis

veza

Lepanto

OTOMANO

Tigris

Nauplia

Konya

Monemvasia

Éufrates

Rodas

Creta

Chipre

Damasco

Bagdad

SIRIA

Jerusalén

Alejandría

Cairo

EGIPTO

1

COMIENDO DE SU MANO

Los inicios del siglo XVI fueron días emocionantes para quienes los vivieron. La Europa feudal de la Edad Media estaba convirtiéndose a gran velocidad en un conjunto de Estados-nación; la unidad de la cristiandad occidental estaba más amenazada que nunca y, de hecho, acabaría por quebrarse definitivamente antes de que transcurriera un cuarto de siglo; los turcos otomanos, gracias a una serie de sultanes capaces y ambiciosos, avanzaban hacia Occidente por todos los frentes; el descubrimiento del Nuevo Mundo había proporcionado fabulosas riquezas para España y Portugal, y había provocado una gran agitación en la economía tradicional europea. Y en ninguna otra época había estado el continente entero eclipsado por tamaños gigantes, los cuatro nacidos en la misma década —los diez años que van de 1491 a 1500—. Fueron, por orden de nacimiento, el rey Enrique VIII de Inglaterra, el rey Francisco I de Francia, el sultán otomano Solimán el Magnífico y Carlos V, emperador del Sacro Imperio Romano Germánico. Estos cuatro hombres, en ocasiones amigos, más a menudo enemigos y siempre rivales, tuvieron a toda Europa comiendo de su mano.

El más extravagante fue Francisco. Cuando nació, en Cognac, el 12 de septiembre de 1494, parecía estar muy alejado del trono. Su padre, Carlos, conde de Angulema, era apenas primo del rey, el ya enfermo y anciano Luis XII, quien, decidido a tener un heredero varón, se casó tres veces; la última, con la hermana pequeña de Enrique VIII, María Tudor. Los franceses se escandalizaron al ver cómo se entregaba tal belleza de dieciocho años y una seductora melena dorada que le llegaba a la cintura a ese viejo chocho y desdentado, que triplicaba su edad; pero María soportó su destino con estoicismo, sabedora de que su calvario no podía durar mucho tiempo. Y así fue. Tras la noche de bodas, el 9 de octubre, un maltrecho marido emergió de la cámara nupcial jactándose ante todos los presentes de que «había obrado maravillas», pero nadie lo creyó. Al ver a Francisco justar, se le oyó murmurar: *«Ce grand jeune homme, il va tout gâcher»* («Ese muchachote lo va a arruinar todo»). Murió el día de Año Nuevo de 1515, menos de tres meses después de la boda, agotado, según se creyó, por los esfuerzos que había hecho en la alcoba. A María le costó trabajo disimular su alivio. Hacía ya tiempo que estaba apasionadamente enamorada de Charles Brandon, duque de Suffolk, y ahora, por fin, podía casarse con él, cosa que hizo sin perder tiempo, por mucho que dos sacerdotes ingleses que vivían entonces en París la advirtieran de que el duque era, en verdad, un hechicero que tenía tratos con el demonio. Mientras tanto, Francisco ascendió al trono. El año anterior se había casado con la hija del rey Luis, Claudia, y el 25 de enero de 1515, en la catedral de Reims, fue coronado y ungido como quincuagésimo séptimo rey de Francia.

Sus nuevos súbditos estaban encantados con él. En los últimos tiempos, el país había soportado a una serie de monarcas grises y enfermizos; ahora, por fin, tenían ante ellos a un hombre con una figura imponente, un rey que rebosaba vigor y energía. Un galés que lo vio en el Campo del Paño de Oro en 1520 lo describe como un hombre de más de seis pies de alto,[*] cuello de toro, cabello castaño liso y bien peinado, barba (de tres meses) de un color más oscuro, ojos pardos, algo rojizos, y una tez del color de la leche aguada. Los glúteos y muslos eran musculosos, pero sus pantorrillas eran delgadas; era un poco patizambo. Y no era, debe decirse, precisamente atractivo; su enorme nariz le granjeó el apodo de *le roi grand-nez*. Pero eso quedaba compensado por su gracia y elegancia, y las sedas y terciopelos multicolores con que vestía deslumbraban a sus cortesanos. Tenía unos modales exquisitos y un encanto irresistible. Era un gran conversador y era capaz de tratar cualquier tema relativo a las artes o a las

---

* Un pie mide, aproximadamente, treinta centímetros. *(N. del T.)*

El castillo de Chambord. Francisco ordenó el inicio de su construcción en 1519 como pabellón de caza. A la fecha de su muerte, las obras aún no habían finalizado.

ciencias, no tanto porque las hubiera estudiado en profundidad, sino por su más que notable memoria: al parecer, era capaz de recordar todo lo que leía o le decían. Siempre riendo, queda claro que disfrutó cada momento de su reinado y se deleitó con todos los placeres que le proporcionó: la caza, los banquetes, las justas y, por encima de todo, la disponibilidad de tantas bellas mujeres.

Era la quintaesencia del hombre del Renacimiento; sentía pasión por el arte y era lo bastante rico como para permitirse alimentar esa pasión. Al cabo de poco tiempo ya era celebrado como uno de los grandes mecenas de su época. Trajo a Leonardo da Vinci de Italia y lo instaló en una espléndida mansión en Amboise, donde el gran hombre vivió hasta su muerte. A menudo, recibió las visitas de Andrea del Sarto, Rosso Fiorentino (a quien los franceses conocían como *Maître Roux*) y a tantos otros pintores, escultores y artistas italianos, entre los que contar a Benvenuto Cellini, que talló el medallón en que Tiziano se basaría después para pintar su famoso retrato. Pero, entre todos, tenía un favorito, Francesco Primaticcio, a quien empleó —particularmente en Fontainebleau— con espectaculares resultados. Fontainebleau fue siempre su residencia favorita; si se puede decir que

Emblema de Francisco, la salamandra coronada, en el castillo de Blois.

Francisco tuvo un hogar, fue ese, sin duda. Pero era inquieto por naturaleza y, además, sentía la compulsión de construir. Prácticamente reconstruyó los *châteaux* de Amboise y Blois, y creó Chambord —la más magnífica residencia de caza jamás construida—, donde es casi seguro que contó con la ayuda del propio Leonardo. En todos estos edificios, una y otra vez, vemos su emblema, la salamandra, a menudo rodeada de llamas; su legendaria capacidad de ser inmune al fuego la convertía en el símbolo perfecto de supervivencia. En la capital, París, transformó el Louvre, una fortaleza medieval, en un gran palacio renacentista y financió personalmente la construcción del nuevo Hôtel de Ville* para tener pleno control sobre su diseño.

Y estaba, además, la literatura. Francisco era un devoto hombre de letras que reverenciaba los libros que había heredado de su madre, Luisa de Saboya. Ella le había enseñado italiano y español, idiomas que hablaba con fluidez; su punto débil era el latín, con el que nunca se sintió completamente a gusto. Fue amigo personal de François Rabelais, a quien se dice que inspiró para crear a su inolvidable gigante, Pantagruel.[1]† Como bibliotecario mayor nombró a Guillaume Budé, que, a los veintitrés años, había renunciado a una vida de vicio y libertinaje para convertirse en el más célebre erudito francés de su época. Reclutó a agentes especiales por todo el norte de Italia para que buscaran códices manuscritos o los relativa-

---

* Ayuntamiento. *(N. del T.)*

† Su filosofía, según Rabelais, se basaba en «una cierta alegría de pensamiento adobada con el desdén hacia lo fortuito», sea lo que sea lo que eso signifique.

mente nuevos libros impresos, igual que otros buscaban cuadros, esculturas y *objets d'art*. En 1537 firmó un decreto, conocido como la *Ordonnance de Montpellier,* que disponía que se entregase un ejemplar de todo libro publicado o vendido en Francia a la Biblioteca Real —un derecho del que ahora sigue disfrutando la Bibliothèque Nationale, de la que aquella fue el germen—. En el momento de su muerte, contenía más de tres mil volúmenes (muchos de ellos saqueados de la Biblioteca Sforza de Milán) y estaba abierta a cualquier erudito que quisiera usarla. Otro decreto, la *Ordonnance de Villers-Cotterêts,* de 1539, hizo que el francés —en lugar del latín— fuera el idioma oficial del país e instituyó un registro de nacimientos, matrimonios y defunciones en cada parroquia.

Para que fuera el decano de una nueva Facultad de Griego, Latín y Hebreo, Francisco invitó al mayor humanista de su época, Erasmo de Róterdam; y Budé escribió una carta urgiéndole a aceptar la invitación. «Este monarca», escribió,

> no solo es un franco (lo que por sí mismo ya es un título glorioso), es también Francisco, un nombre que nunca antes ha llevado un rey, y se puede profetizar que está destinado a grandes cosas. Está educado en las letras, lo que resulta inusual en nuestros reyes, y también posee elocuencia, ingenio y tacto naturales, además de un carácter amable y agradable; la naturaleza, en suma, ha dotado tanto a su cuerpo como a su espíritu con sus más preciados dones. Le gusta admirar y elogiar a los príncipes de la Antigüedad que se han distinguido por sus grandes gestas o brillantes ideas, y tiene la suerte de ser tan o más rico que cualquier otro rey del mundo, riqueza que reparte también con mayor liberalidad que ningún otro.

Erasmo, aunque se sintió halagado y tentado por la oferta, no se dejó convencer. (Puede que el hecho de estar recibiendo una pensión del emperador con regularidad tuviera algo que ver con su decisión). Declinó la invitación y el proyecto se abandonó. Tampoco tuvo más éxito la Facultad de Griego que el rey creó en Milán, puesto que duró bastante poco. Pero su gran triunfo en el terreno educativo llegó en 1529, cuando, pese a la feroz oposición de la Sorbona, fundó el Collège des Lecteurs Royaux, el futuro Collège de France. En resumen, no parece una exageración decir que la cultura moderna francesa y todo lo que representa tiene virtualmente su origen en Francisco I. Fue la personificación del Renacimiento. La caza y el combate ya no bastaban para un noble; ahora también era necesaria la educación. Antes de él, el mundo francés era esencialmente gótico, obsesionado con la guerra; durante su reinado, la guerra seguiría siendo importante —el propio Francisco se demostró un soldado valeroso en el campo de batalla y nada le divertía más que recrear batallas para deleite de sus amigos—,* pero el arte de vivir con elegancia fue más importante todavía. En *El cortesano,* de Baltasar Castiglione —que se empezó a escribir en 1508, aunque no se publicaría hasta veinte años después— es Francisco quien es visto como la gran esperanza blanca que llevará por fin la civilización a Francia. «Creo», dice el conde Ludovico,

> que para todos nosotros el auténtico y principal adorno de la mente son las letras; aunque los franceses, lo sé, reconocen solo la nobleza de las armas y no valoran en nada el resto; y por eso no solo no aprecian el estudio, sino que lo detestan, y consideran a los hombres de letras como bajos e inferiores y piensan que es un gran insulto llamar a alguien erudito.

A lo cual el *Magnifico* Giuliano replica:

* Una recreación particularmente ambiciosa tuvo lugar en Amboise, en 1518, cuando seiscientos hombres liderados por el rey y el duque de Alençon defendieron el decorado de una ciudad contra un mismo número de tropas lideradas por los duques de Borbón y Vendôme. «Fue la mejor batalla que jamás he visto», escribió el joven mariscal de Francia y señor de Fleuranges, «y la más próxima a la guerra real; pero el entretenimiento no gustó a todos, pues algunos murieron y otros se asustaron».

Lleváis razón al decir que este error ha prevalecido entre los franceses durante mucho tiempo; pero si la fortuna es propicia, como se espera, cuando el señor de Angulema llegue al trono creo que, al igual que la gloria de las armas florece y brilla en Francia, también lo hará con igual fulgor la de las letras. Cuando estuve en la corte, no hace mucho, vi a este príncipe [...] Y, entre otras cosas, me dijeron que era amante del estudio y mostraba un gran respeto por todos los hombres de letras y que no ahorraba censuras para los propios franceses, por ser tan hostiles a esa profesión.

Como sabemos, las esperanzas del Magnífico se cumplieron. Por ello, no resulta sorprendente que de entre todos sus reyes sea Francisco —junto con Enrique IV— a quien más aman los franceses en nuestros días. Lo aman por su jactancia y su arrogancia; por su valor en la batalla y por sus proezas en el dormitorio; por la extravagante opulencia de la que se rodeó; y por la enteramente nueva civilización que dejó en herencia. Perdonan, encogiéndose de hombros, su temeridad financiera, que hacia junio de 1517 lo llevó a acumular una deuda igual a sus ingresos anuales. El año siguiente, pagó a Enrique VIII 600 000 *écus* de oro por la devolución de Tournai, que era francesa de todos modos; la elección imperial supuso gastar otros 400 000, mientras que el Campo del Paño de Oro no pudo costarle menos de 200 000 *livres tournois*.* También se admira el celo incansable que mostró toda su vida en su enfrentamiento con la Casa de Habsburgo, que los franceses identifican con demasiada facilidad con Alemania, que sería el enemigo tradicional de Francia durante los siguientes cuatrocientos años. La cada vez más dura represión de los protestantes, principalmente (aunque no exclusivamente) en la última década de su reinado, es lo único que les parece difícil de perdonar.

---

* Los écus de oro eran monedas reales, mientras que las livres tournois eran dinero contable. No sirve de nada ofrecer una equivalencia en monedas actuales.

Francisco I y la reina Leonor. Como es más que evidente, esta era hermana de Carlos V.

Durante la primera década, la mujer más importante en la vida de Francisco fue, incuestionablemente, su madre, Luisa de Saboya. En dos ocasiones, mientras combatía en Italia, en 1515 y entre 1524 y 1526, ella gobernó como regente; pero incluso cuando él estaba en casa, la influencia de Luisa era considerable, mayor que la de cualquiera de sus nueras. Luego venía su hermana Margarita. Bella, elegante, inteligente y llena de gracia en todo cuanto hacía, era, para su hermano, un ejemplo de todo lo que una mujer debía ser. Cuando tenía dieciocho años fue obligada a casarse con el duque de Alençon, quien, en teoría, era «el segundo noble de Francia». El matrimonio, sin embargo, no fue un éxito; en primer lugar porque Alençon era «un retrasado y un bobo», y en segundo lugar porque ella amaba con locura al atractivo Gastón de Foix, duque de Nemours, conocido como el «Rayo de Italia». Por suerte, no tuvo hijos y, tras la muerte de Alençon en 1525, se casó con el rey Enrique II de Navarra.

Francisco tuvo dos esposas. La primera, como hemos visto, fue Claudia, hija de Luis XII y Ana de Bretaña. Su nombre todavía se recuerda en las ciruelas claudias. Cumplió con su deber dándole a Francisco siete hijos;[*] pero puesto que era «muy pequeña y extrañamente corpulenta», cojeaba y era un poco bizca, nunca interesó demasiado a su marido.

* De los tres hijos varones, el primero y el tercero, Francisco y Carlos, murieron antes que su padre; el segundo, Enrique, bautizado en honor al rey de Inglaterra, se convertiría en el rey Enrique II.

A pesar de todo, era una joven dulce y bondadosa; un embajador dijo que «su gracia al hablar compensaba con creces su falta de belleza». Murió en 1524, a los veinticinco años de edad. La segunda esposa del rey, con quien se casó tras seis años de licenciosa soltería, fue Leonor de Austria, hermana de Carlos V; durante tres breves años había sido la tercera esposa del rey Manuel I de Portugal. Por desgracia, no se demostró mucho mejor que su predecesora: alta y cetrina, con el pro-

Anne de Pisseleu, duquesa d'Etampes: *«La plus belle des savants, la plus savante des belles»* [la más bella entre las sabias, la más sabia entre las bellas].

minente mentón de los Habsburgo y una extraña falta de carácter. Una camarera de la reina diría luego que «cuando se desvestía, se veía que poseía el tronco de una giganta, pues tan largo y grande era su cuerpo; pero al descender parecía una enana, así de cortos eran sus muslos y piernas». Ya cuatro años antes de su matrimonio con Francisco se dijo que se había vuelto corpulenta, de constitución pesada y con manchas rojas en el rostro «como si tuviera elefantiasis». Francisco la ignoró casi por completo; no tuvo hijos con ella. Ciertamente, no era rival para el regimiento de amantes de su marido,[*] de entre las cuales la más adorable fue Ana d'Heilly, una de los treinta hijos de Guillaume d'Heilly, señor de Pisseleu («peor que lobo») en Picardía. Andando el tiempo, Francisco la nombraría duquesa de Étampes. Mujer leída, muy culta y deslumbrantemente bella, era, solía decirse, *«la plus belle*

---

[*] Para el cual, al parecer, incluso intentó reclutar a la esposa de su predecesor, la reina María Tudor, que se quejó de que había sido «importuno con ella en diversos asuntos que perjudicaban a su honor».

des savants, la plus savante des belles» («la más bella entre los sabios y la más sabia entre las bellas»).

Incluso cuando Francisco no estaba en campaña, no paraba quieto un momento. «Nunca», escribió un embajador veneciano,[*] «durante todo el período de mi embajada, estuvo la corte en el mismo sitio durante más de quince días consecutivos». Lo que resulta todavía más notable si uno considera los problemas logísticos que estos desplazamientos traían consigo. Cuando la corte estaba completa, necesitaba no menos de 18 000 caballos para moverse; cuando el rey visitó Burdeos en 1526, se ordenó disponer establos para 22 500 caballos y mulos. El equipaje incluía habitualmente muebles, tapices (para no pasar frío) y toneladas de vajillas de plata. Y encontrar un alojamiento adecuado era, como puede imaginarse, una pesadilla constante. A menudo, solo había aposentos para el rey y sus damas y todos los demás dormían a ocho o nueve kilómetros de distancia, allá donde encontraran techo, o en tiendas de lona. Pero fueran cuales fueran las molestias que tenían que soportar, se esperaba que siempre estuvieran listos para las complejas ceremonias que organizaban las principales ciudades y pueblos que visitaban. En Lyon, en 1515, Francisco fue entretenido por un león mecánico diseñado por Leonardo da Vinci; en Marsella, en 1516, navegó para encontrarse con un barco portugués que transportaba un rinoceronte vivo, un regalo del rey Manuel al papa. Estas visitas reales, sin embargo, no siempre acontecían sin problemas: en 1518 el capitán de Brest tuvo que pagar 100 *écus* de oro «tras los accidentes de artillería que se produjeron durante la entrada del rey [...] como indemnización a los heridos y a las viudas de los fallecidos».

Consternado por la enorme riqueza que fluía del Nuevo Mundo a las arcas del emperador Carlos V, su cuñado y

---

* Venecia fue el primer Estado que tuvo un cuerpo diplomático completo y organizado, con embajadores residentes en las principales capitales, y el Archivo de Estado de la República es uno de los más completos y bien conservados del mundo. No es sorprendente, pues, que nos basemos tan a menudo en los venecianos para las descripciones contemporáneas como las que aparecen en este libro.

rival, Francisco estaba decidido a que Carlos no se quedara con todo. Envió grandes expediciones al otro lado del Atlántico. Como resultado de estas pudo reclamar Terranova para Francia, junto con la ciudad de Nueva Angulema en la isla de Manhattan.* Fue bautizada por un tal Giovanni da Verrazzano, un navegante italiano que viajaba bajo pabellón francés, quien, en abril de 1524, se convirtió en el primer hombre desde los antiguos escandinavos en explorar la costa atlántica del Nuevo Mundo entre New Brunswick y Florida.[†] En 1534 y 1535, Jacques Cartier fue el primero en describir el golfo de San Lorenzo y las orillas del río San Lorenzo, aunque su reputación se resintió mucho después de que se investigaran el oro y los diamantes que había traído de vuelta consigo y se descubriera que no valían nada. Mientras tanto, Jean Parmentier de Dieppe —una ciudad que luego se haría famosa por sus mapas— navegó hasta las costas de América del Norte y del Sur, África occidental y, en octubre de 1529, hasta la isla de Sumatra.

En lo que se refiere a la religión, el reinado de Francisco coincidió casi exactamente con la Reforma. Al principio, simpatizó con el protestantismo —mientras no cruzara la frontera de la herejía— aunque solo fuera porque creaba problemas a Carlos. (Su hermana Margarita tenía tendencias reformistas mucho más fuertes y era conocida, aunque no era un apodo del todo merecido, como *la mère poule de la Réforme*). En 1534 llegó a enviar una misión a Alemania para establecer relaciones amistosas con los protestantes. Mientras tanto, sin embargo, tenía que lidiar con la Sorbona, que siempre se mantuvo fervorosamente católica y, en 1521, emitió una violenta condena de Martín Lutero. En 1523 fue todavía más allá y, conmocionada por la reciente

* Luego se convertiría en un asentamiento colonial holandés, rebautizado como Nueva Ámsterdam a partir de 1625. En 1664 fue conquistada por los ingleses y rebautizada como Nueva York.
† Puede que hubiera ido incluso más allá, si en 1528 no hubiera tenido la mala fortuna de ser comido por una tribu caribeña en la isla de Guadalupe.

publicación de una versión en francés del Nuevo Testamento, intentó incluso prohibir por completo las traducciones extranjeras de las Escrituras, pero, en esta ocasión, Francisco intervino y pudo impedirlo. El autor de la traducción, señaló, era nada menos que el maestro Jacques Lefèvre d'Étaples, un erudito muy respetado, celebrado y estimado en toda Europa. Cualquier ulterior objeción a sus obras fue prohibida por el rey.

A pesar de todo, hay sobrados motivos para creer que Francisco habría seguido contemplando con simpatía el nuevo movimiento religioso de no haber sido por lo que acabó conociéndose como el *affaire des placards,* que se explicará con detalle en el capítulo 4. Empezaron las persecuciones y ejecuciones masivas y el país se precipitó hacia una guerra civil religiosa que contribuyó decisivamente a envenenar los últimos años de la vida del rey y que continuaría hasta el final del siglo, cincuenta años después de su muerte. Sin embargo, por extraño que parezca, mientras sus súbditos protestantes y católicos desnudaban los aceros, Su Cristianísima Majestad —un título especial concedido por el papa— mantuvo, durante los veinte últimos años de su reinado, una relación extremadamente cordial con el sultán Solimán. Era una amistad, huelga decirlo, nacida de la política y no de la religión, pero dañaría seriamente la reputación del rey en el resto de la Europa cristiana.

Como Francisco, el rey Enrique VIII de Inglaterra no nació para ser monarca. Fue el segundo de los hijos de Enrique VII —vio por primera vez la luz del día el 28 de junio de 1491, en Greenwich— y creció esperando que la Corona pasara a su hermano mayor, Arturo. Eso quizá explique por qué sabemos tan poco sobre su juventud, pues todo el mundo estaba mucho más pendiente de Arturo que de Enrique. Todo lo que sabemos es el sutilmente ridículo catálogo de títulos que le fueron otorgados casi de inmediato: fue nombrado alguacil del castillo de Dover y alcaide de los Cinco Puertos[*] antes de cumplir dos años; conde-mariscal de Inglaterra[†] antes de cumplir los tres y teniente de Irlanda antes de tener cuatro. Entre el 30 y el 31 de octubre de 1494, cuando todavía tenía tres años, fue admitido en la Orden del Baño por su padre, que ordenó al duque de Buckingham que atara una espuela al pie derecho de Enrique, antes de nombrarlo caballero con la espada. Al día siguiente, fue proclamado duque de York; un mes más tarde, guardián de las Marcas Escocesas, y el 17 de mayo de 1495 recibió la Orden de la Jarretera. A pesar de todas estas distinciones, no gozó de ninguna preeminencia real hasta el 14 de noviembre de 1501, cuando encabezó la procesión que escoltó a la joven novia de su hermano, la princesa Catalina, hija del rey Fernando de Aragón y la reina Isabel de Castilla, hasta San Pablo, para su boda. Solo después de que Arturo muriera a los quince años de edad por culpa de la tuberculosis —dejando viuda a la joven Catalina—, Enrique pasó a ser heredero al trono. Al año siguiente fue formalmente prometido a su cuñada —ella tenía entonces diecisiete años, mientras que él no llegaba a los doce— y en 1506, después de conseguir una dispensa papal especial, contrajeron matrimonio.[‡]

Su infancia, tanto antes como después de su compromiso nupcial, parece que fue una pesadilla. Según un enviado español que visitó Inglaterra en 1508, el joven de diecisiete años estaba confinado en una única sala a la que solo se podía

* La Alianza de los Cinco Puertos es la que forman las ciudades costeras de Hastings, New Romney, Hythe, Dover y Sándwich, a la que se sumaron las ciudades de Rye y Winchelsea y otras poblaciones menores. La alianza se forjó por motivos militares y políticos y hoy es completamente ceremonial. *(N. del T.)*
† El título de «Earl-Marshal», que he traducido por «conde-mariscal», es un título nobiliario único, de origen militar, que preside ciertas instituciones militares y nobiliarias y tiene la máxima autoridad sobre la ceremonia de la coronación. *(N. del T.)*
‡ Según el profesor Scarisbrick, ella «tanto por la cualidad de su mente como por la vida que llevaba, demostró una excelencia con la que pocas reinas han rivalizado seriamente».

acceder a través de la cámara del rey; podía tomar el aire en un parque privado, pero incluso entonces debía ir siempre acompañado por alguno de los pocos funcionarios que tenían permiso para permanecer a su lado. Puede, por supuesto, que el español exagerase —luego informó de que el joven príncipe pasaba sus días holgazaneando en Richmond—, pero el caso es que Arturo era un niño enfermizo y su padre, que ya había perdido a cinco de sus ocho hijos, muy bien podría haber sospechado la posibilidad de que su segundo vástago acabase sucediendo a su primogénito y que, por tanto, tenía que mantenerlo a salvo y buen recaudo.

El rey Enrique VII murió el 22 de abril de 1509. Extrañamente, no había hecho ni el menor esfuerzo por enseñar a su hijo el arte de reinar. Por ello, cuando el joven Enrique fue proclamado rey al día siguiente, tenía una idea sorprendentemente vaga de lo que le esperaba. Eso, sin embargo, no impidió que se entregara a su nuevo papel con tremendo y desinhibido entusiasmo, como era su costumbre. Gracias a su padre había heredado un trono más seguro de lo que nunca había sido, una fortuna más que considerable y el reino mejor gobernado de la cristiandad. Como su rival francés, su aspecto era impresionante: sobrepasaba los seis pies de alto e iba siempre magníficamente vestido. «En sus dedos se amontonaban las sortijas», escribió el embajador veneciano, «y alrededor de su cuello colgaba un collar de oro que lucía un diamante tan grande como una nuez». «Su Majestad», opinó otro veneciano, «es el potentado más apuesto que jamás he visto». Era más atractivo que Francisco y lo sabía. Sin embargo, desde un primer momento fue consciente de la amarga rivalidad existente entre ambos; y sabía también que partía con una seria desventaja. Sus antepasados habían sido simples hacendados galeses, mientras que los de Francisco habían sido reyes desde el siglo x. Poco después de su coronación, el mismo enviado veneciano informó a su gobierno de lo siguiente:

Su Majestad ha venido a nuestro cenador y, dirigiéndose a mí en francés, me ha dicho: «Hablad conmigo

Palacio de Nonsuch, en Surrey. Enrique encargó la construcción del palacio en 1538 como muestra del poder y la riqueza de los Tudor, con la esperanza de que rivalizara con el castillo de Chambord de Francisco. No queda ni una sola piedra en pie.

un rato. El rey de Francia ¿es tan alto como yo?». Le respondí que apenas había diferencia en la altura de ambos. Continuó: «¿Y es tan fornido?». Le dije que no lo era. Entonces preguntó: «¿Cómo son sus piernas?». Yo contesté: «Enjutas». Ante lo cual, se abrió el faldón de su jubón y, llevándose la mano al muslo, dijo: «Miradlas: ¡yo también tengo por piernas unas buenas pantorrillas!».

Como constructor, Enrique no fue rival para Francisco. Eso sí, lo intentó por todos los medios; primero, con un palacio en Bridewell —que luego se convertiría en una prisión— y luego, con otro en Oatlands, en Surrey; solo cuando ambos estuvieron finalizados, comenzó el trabajo de construcción de Nonsuch, cerca de Ewell, el mayor y más espléndido palacio de todos ellos, con el que pretendía afirmar el poder y la riqueza de los Tudor y rivalizar, eso esperaba, con el Chambord de Francisco. Por desgracia, mientras Chambord sigue en pie, tan glorioso como siempre, de Nonsuch no queda piedra sobre piedra. El único gran edificio de Enrique que todavía se conserva es el palacio de Saint James, en Londres; pero incluso si todos sus edificios se hubieran conservado tal cual, seguirían sin llegar a la altura de lo que Francisco consiguió en París, Fontainebleau y en las orillas del Loira.

Por otra parte, tanto física como intelectualmente, parece que Enrique destacó en su juventud tanto o más que el rey francés. Era un jinete prodigioso y, cuando iba de caza, se dice que agotaba a ocho o diez caballos en el transcurso de una jornada. Practicaba lucha libre; jugaba al tenis; lanzaba la jabalina más lejos que nadie en su corte; en las justas, estaba dispuesto a enfrentarse a cualquier caballero de su reino; cuando practicaba el tiro con arco con los arqueros de su guardia, «daba en el centro de la diana y los superaba a todos». Era también un hombre de considerable erudición y un teólogo de talla nada despreciable. Hablaba francés con fluidez, su latín era prácticamente igual de bueno y, gracias a Catalina, adquirió unos conocimientos de español más que rudimentarios. Siguió en contacto con Erasmo, quien lo mantuvo al corriente de las novedades en la cultura europea. En las noches despejadas, subía al tejado con *sir* Tomás Moro para estudiar las estrellas.

Amaba la música sobre todas las cosas. Contrataba regularmente a músicos ingleses y extranjeros, entre los cuales destacó el célebre Dionisio Memo, que fue durante un tiempo organista de la basílica de San Marcos en Venecia; el propio Enrique tocaba muy bien el virginal, una especie de espineta. Era un buen cantante y compuso varias canciones de amor* que cantaba él mismo acompañándose con el laúd, y al menos dos misas, ambas en cinco partes. Las compuso de todo corazón, pues era un hombre profunda y sinceramente religioso, de misa diaria. Era, de hecho, una extraña combinación, a la vez católico y puritano. Fue él quien autorizó la traducción de la Biblia al inglés y ordenó que hubiera un ejemplar en todas las parroquias «para que lo leyera todo el que quisiera»; sin embargo, también fue el primer iconoclasta inglés:

---

* Pero no, ay, Greensleeves, que suele atribuírsele, pero que es, casi con toda seguridad, de la época isabelina.

Enrique VIII tocando el arpa en compañía de su bufón William Sommers.
Ilustración procedente del salterio del propio rey.

reemplazó los crucifijos de las iglesias por el escudo real, por no hablar del daño que infligió al arte y la literatura inglesa con su decisión de clausurar los monasterios, que fue inconmensurable. Su enfrentamiento con la Iglesia católica no fue doctrinal, sino esencialmente personal, dirigido contra el papa Médici Clemente VII, que se negó reiteradamente a concederle la nulidad del matrimonio que él tanto ansiaba. Sobre este asunto, Enrique creía sinceramente que casarse con la esposa de su hermano fallecido contravenía el derecho canónico, y que los reiterados fracasos de Catalina en darle un hijo —tras incontables abortos y mortinatos— eran una señal de la desaprobación divina. Incluso después de crear la Iglesia anglicana siguió considerándose un paladín del catolicismo y siempre se mostró convencido de que él llevaba razón y el papa estaba equivocado, y que era él, y no Clemente, quien cumplía la voluntad de Dios.

Solo en lo que al gobierno se refiere, Enrique dejó entrever cierta falta de seguridad en sí mismo. Se contentó con dejar la mayoría de las decisiones políticas en manos de tres asesores extremadamente competentes. Uno siguió al otro en rápida sucesión y cada uno de ellos ejerció tanto o más poder que nadie durante toda la dinastía Tudor. La primera fue su esposa, Catalina de Aragón, de quien hablaremos en el siguiente capítulo. Luego vino Thomas Wolsey. Nacido en Ipswich allá por 1473, se creyó durante mucho tiempo que había sido hijo de un carnicero local, gracias, con toda probabilidad, a las historias malintencionadas que sus enemigos hicieron correr sobre él durante toda su vida; en verdad, es más probable que su padre hubiera sido un próspero comerciante de paños. Sabemos a ciencia cierta, no obstante, que en 1507 entró al servicio del rey Enrique VII, que poco después lo nombró capellán real; hacia 1514 era la figura más poderosa del gobierno y al año siguiente —con poco más de cuarenta años— se convirtió en cardenal y arzobispo de York. Durante unos quince años fue el hombre más poderoso de Inglaterra después del propio rey. ¡Pero lo bueno dura poco! Aunque lo intentó por todos los medios, Wolsey fracasó estrepitosamente en sus intentos de conseguir la anulación del matrimonio de Enrique. En consecuencia, cayó en desgracia y fue desposeído de todos sus cargos gubernamentales. Fue acusado de traición, pero murió —por causas naturales— antes de poder siquiera defenderse de tales acusaciones.

El tercer asesor de Enrique fue Thomas Cromwell. Él sí tenía orígenes humildes, pues era hijo de un herrero y una hostalera. Entre 1516 y 1530,

Thomas Cromwell, «quizá el sirviente más capaz que jamás haya tenido ningún monarca inglés», estaba cerca de la cincuentena cuando Holbein pintó este retrato, en 1532-4.

aproximadamente, estuvo al servicio de la casa de Wolsey y
en 1529 se convirtió en su secretario, pero ese fue precisamente el año de la caída en desgracia del cardenal. No había
pasado ni un año y Cromwell ya había reemplazado a su antiguo señor, a todos los efectos, tras haberse ganado el favor
y la confianza del rey. Cuando Enrique tomó la decisión más
trascendental de su carrera —su ruptura con Roma, para divorciarse de la reina Catalina y casarse con Ana Bolena, y
posteriormente proclamarse cabeza de la Iglesia anglicana—
fue Cromwell, no Wolsey, quien la hizo posible. También
tuvo un papel clave en la clausura de los monasterios, que
empezó en 1536. Pero su vida iba a terminar de forma todavía más miserable que la de su predecesor. Al menos, Wolsey
había muerto en su cama. En julio de 1540, Thomas Cromwell fue decapitado en la colina de la Torre.*

Durante los primeros años de su reinado, Enrique fue
amado por sus súbditos, que agradecían el cambio recordan-
do a su avaricioso y anciano padre; y, a pesar de los excesos y
brutalidades que cometería a lo largo de su vida, conservaría
buena parte de tal popularidad. La gente del siglo XVI no
se dejaba impresionar tanto como nosotros; las ejecuciones
—habitualmente públicas— estaban a la orden del día. No
despertaron mucha simpatía Ana Bolena o Catalina Howard,
las dos esposas a quienes el rey decapitó; por lo general, se
creía que habían sido infieles —y, en el caso de Catalina,
brutalmente promiscua—. En cuanto al divorcio, todo el
mundo entendía que un heredero varón era la única manera
de garantizar la tranquilidad en el futuro; y, puesto que se
sabía que la negativa del papa a conceder la dispensa era totalmente política —pues no se atrevía a ofender al emperador
Carlos, que era sobrino de la reina Catalina—, no se podía
culpar a Enrique de haber solucionado el asunto como había
podido. Tuvo, desde luego, mucha suerte de que su «gran asunto» —el abandonar a Catalina— coincidiera tan exactamente

* La colina de la Torre o Tower Hill es una elevación un poco al norte de
la Torre de Londres, lugar habitual de ejecuciones públicas en esa época.
(N. del T.)

Ana Bolena, *c.* 1533: «Descortés, irascible y de temperamento violento».

con los inicios de la Reforma; era mucho más fácil enfrentarse a Roma cuando media Europa septentrional hacía lo mismo.

Debido a su peculiar historial matrimonial, sin duda, Enrique carga con la reputación de haber sido un gran mujeriego. Lo cierto, sin embargo, apunta a que, si acaso, fue todo lo contrario; he aquí otro aspecto en el que no podía aspirar a igualar a su rival, Francisco. Se sabe que tuvo dos *affaires*. Uno —con Elizabeth Blount, una camarera de la reina Catalina— produjo un hijo, a quien Enrique luego reconoció y nombró duque de Richmond; el otro, con María, la hermana de Ana Bolena, quien quizá también le diera descendencia, aunque no es algo que pueda afirmarse.[*] Ana es probablemente la única de sus esposas a la que amó sinceramente, a pesar de que a su lado padeció a menudo impotencia y, también, de que acabó en el patíbulo.[†] Con Ana de Cléveris fue incapaz de consumar el matrimonio. A las otras cuatro, en diversos grados, las juzgó por encima de todo como potenciales madres. El problema de la sucesión se hizo un poco menos acuciante cuando Jane Seymour dio a luz, en octubre de 1537, al futuro rey Eduardo VI; pero la mortalidad

* Desgraciadamente, la importancia de la aventura de Enrique con María implicaba que, de ahí en adelante, técnicamente, tenía el mismo grado de afinidad con su hermana que con Catalina; si la ley le prohibía ser el marido de Catalina, también debía prohibirle casarse con Ana. Pergeñó una argucia para librarse de este obstáculo, pero no parece que esa solución satisficiera a nadie más que a sí mismo.

† Hay motivos para creer que hacia 1535 Enrique sospechaba que Ana era una bruja. ¿Qué otra razón podría haber para que un hombre como él, tan lujurioso y viril como se creía, padeciera impotencia?

infantil en aquella época era tan grande que se necesitaban dos o tres hijos si se pretendía que la sucesión estuviera medio asegurada. Eduardo, de hecho, sobreviviría solo hasta los dieciséis años —y, a diferencia del príncipe Arturo, no tendría ningún hermano menor que pudiera ocupar su lugar—. A ojos de Enrique, huelga decir, las princesas no eran una opción; Inglaterra nunca había tenido una reina, con la excepción de Matilda, en el siglo XII, cuyo reinado había transcurrido en su mayor parte combatiendo con el rey Esteban por la Corona y había sido, por lo demás, mediocre.

Durante la mayor parte de su vida, Carlos V fue, con diferencia, el hombre más poderoso del mundo civilizado. Nació en Gante en 1500 y era, por consiguiente, el más joven de nuestros cuatro príncipes, nieto del emperador Maximiliano e hijo de Felipe el Hermoso de Austria y Juana la Loca de Castilla y Aragón. No heredó ninguno de los atributos con que calificaban a sus padres. Su apariencia era poco atractiva y desgarbada, con el desproporcionado mentón y ese labio inferior tan prominente y característico de los Habsburgo; era perfectamente consciente de ello. Solía decir, con algo de guasa, que no podía evitar ser feo, pero que, como los artistas solían pintarlo todavía más feo de lo que en verdad era, cuando lo presentaban ante un extraño, este solía llevarse una agradable sorpresa. Sufría también de un terrible tartamudeo. Era un hombre severo, profundamente religioso, y uno tiene la sensación de que nunca disfrutó de su reinado tanto como lo hicieron Francisco o Enrique. De hecho, es dudoso que la mera idea de ese disfrute se le pasara por la cabeza. Ni las fiestas ni los banquetes, ni los relucientes terciopelos ni los brocados, estaban hechos para él; al menos en su juventud, acostumbraba a comer poco y, por lo general, solo.* Aunque, obviamente, hubo ocasiones en las que

---

* Una excepción fue una cena que Carlos ofreció en su juventud al Capítulo del Toisón de Oro. La mayoría de los caballeros presentes se perdieron la oración de vísperas, bien porque fueron incapaces de llegar hasta

El emperador Carlos V, retratado por Tiziano en 1548, a los cuarenta y ocho años de edad. «Ningún emperador se esforzó tanto por cumplir su deber ni fue tan importante para la cristiandad».

no tuvo más remedio que vestir con ropajes lujosos —como cuando Tiziano lo pintó por primera vez, a la edad de treinta y tres años—, siempre parecía vagamente incómodo; solo en el tercer y último retrato de este maestro, pintado quince años después, parece por fin relajado. Está vestido completamente de negro, con el Toisón de Oro alrededor del cuello, el único toque de ostentación que se permite.

Aparte de por la religión, su vida estuvo dominada, como no podía ser de otra manera, por la política. Aunque un poco menos inteligente y mucho menos cultivado que Enrique o Francisco, fue mucho más industrioso que cualquiera de ellos. A diferencia de los otros monarcas, no tenía ningún interés real en la literatura: la mayor parte de los libros importantes seguían escribiéndose en latín y su dominio de esa lengua, como el de Francisco, fue siempre sorprendentemente malo. De niño devoró las *Mémoires* de Olivier de la Marche, un cortesano borgoñón del siglo xv cuyas sorprendentemente lascivas historias de caballería y relatos de aventuras de antiguos duques habían tenido un enorme éxito en los círculos cortesanos; más adelante, el poco tiempo libre del que dispuso lo dedicó a la música, por la que sintió pasión toda su vida. Tocaba la espineta, la flauta y otros instrumentos; cantaba, según se dice, como un ángel.

la capilla, bien porque estaban todavía en la mesa… o quizá por ambas cosas a un tiempo.

Su herencia fue la mayor que jamás recibió un gobernante europeo. Empezó con los Países Bajos borgoñones, que le llegaron a través de su abuela, María de Borgoña, y en los que pasó su niñez. Puesto que sus padres partieron hacia España cuando todavía era un bebé, fue puesto bajo la tutela de Margarita de York, la viuda sin hijos de Carlos el Temerario, duque de Borgoña, y hermana de los reyes ingleses Eduardo IV y Ricardo III; tras su muerte, en 1503, su educación quedó a cargo de la hermana de su padre, Margarita de Austria —también sin hijos tras dos matrimonios— que gobernó como regente hasta que, a los quince años, él mismo tomó personalmente las riendas del reino. Su padre, Felipe, había muerto hacía mucho tiempo; su madre, Juana, aunque ya estaba irremediablemente loca, seguía siendo técnicamente la reina de Castilla y su padre, Fernando de Aragón, actuaba como regente; pero poco después de la muerte de Fernando en 1516 —que se rumorea que fue debida a la hidropesía provocada por un afrodisíaco que le dio su segunda esposa,[*] Germana de Foix, con la esperanza de concebir un niño—, Carlos fue proclamado rey no solo de Castilla y Aragón, sino también de Nápoles, Sicilia y Cerdeña. Luego, en enero de 1519, su abuelo Maximiliano murió de una apoplejía a la edad de cincuenta y nueve años. Dado que el puesto de emperador estaba sometido a elección, que fuera a sucederle su nieto no era una apuesta segura; Carlos, sin embargo, estaba decidido a afianzarse en el trono a toda costa, aunque fuera solamente para evitar que cayera en manos de Francisco, el candidato al que primero apoyó el papa, León X. Desde su punto de vista, la elección de Francisco habría sido una catástrofe y habría supuesto el fin de sus esperanzas de recuperar Borgoña; incluso podría acarrear el peligro de perder las tierras ancestrales de los Habsburgo en Alemania y Austria. Afortunadamente para Carlos, a los electores alemanes la

---

[*] Era sobrina de Luis XII. Según Prudencio de Sandoval, obispo de Pamplona, también enseñó a los grandes de España, hasta aquel entonces abstemios, los placeres de la mesa, que disfrutaron tanto que varios de ellos murieron a consecuencia de tantos excesos.

idea de un emperador francés les hacía tan poca gracia como a él mismo. Los Fugger —esa inmensamente rica e influyente familia de banqueros de Augsburgo— sobornaron a cuantos hizo falta para que Carlos fuera elegido —unánimemente— emperador del Sacro Imperio Romano Germánico. Es probable que la operación le costara bastante más de medio millón de florines de oro. Arrastraría esa deuda durante el resto de su vida.

Maximiliano nunca lo había apreciado demasiado. Si no fuera por lo mucho que al chico le gustaba la caza, solía decir, se habría cuestionado su linaje. No fue discreto acerca del hecho de que prefería con creces al hermano menor de Carlos, Fernando, quien, simpático, encantador y sociable, era claramente el más carismático de los dos; era también mucho más guapo. Desde luego, bien podría ser que esta desaprobación de su abuelo fuera el origen de las dificultades que Carlos siempre tuvo con sus súbditos alemanes, cuya lengua nunca dominó. Su primera lengua había sido el francés y desde su infancia también había hablado fluidamente en flamenco, aunque en esa época no se considerara un idioma «culto». Cuando fue a España por primera vez, a la edad de diecisiete años, para aceptar la Corona, no hablaba ni una palabra de español, aunque se convirtió rápidamente en su segunda lengua. «El lenguaje divino», lo llamaba, y lo usaba siempre que hablaba o escribía a su esposa e hijos (aunque escribía a la familia de su hermano en francés). Según afirman a menudo, dijo que hablaba en francés a sus amigos, en alemán a sus caballos, en italiano a sus amantes y en español a Dios.[*]

Por extraño que parezca, Carlos había pasado su primera juventud entera en Flandes; ni una sola vez había puesto el pie en las viejas tierras de los Habsburgo. Ahora, recién elegido, sumó a sus ya vastos dominios todo el antiguo patrimonio de los Habsburgo, que comprendía la mayor parte

---

[*] Con todo, es justo señalar que una frase prácticamente idéntica se atribuye también a Federico el Grande, aunque, en verdad, sea una atribución más que dudosa: después de todo, las amantes no eran precisamente uno de los puntos fuertes de Federico.

de las modernas Austria, Alemania y Suiza. Milán, Bohemia y Hungría Occidental llegarían poco después. Para un hombre del que se decía —erróneamente, según se demostraría después— que era de talento modesto y habilidad mediocre, esta era una herencia extraordinaria. Con buen criterio, pronto decidió confiar la parte centroeuropea de su imperio a su hermano, el archiduque Fernando, a pesar de que el archiduque había nacido y crecido en España y no pisó el viejo imperio hasta que cumplió los dieciocho años. En 1521, casó a Fernando con Ana, la hermana del rey Luis de Hungría, y al año siguiente Luis se casó con la hermana de Carlos y Fernando, María. Así pues, si Luis moría sin herederos, el Imperio extendería sus fronteras hasta el mundo eslavo y la posición de Carlos frente a la amenaza otomana se vería, hasta cierto punto, reforzada. Aun así, no dejó de viajar durante toda su vida, y los viajes en el siglo XVI, incluso si uno era emperador, eran algo incómodo y agotador. Viajó de un lado a otro, arriba y abajo, sin parar, principalmente entre España y los Países Bajos; pero también visitó Italia, Francia, Inglaterra e incluso el norte de África. Viajó a lo largo del Rin, a través de Wurtemberg, de Baviera y Austria. En total, debió de pasar muchos años de su vida en los caminos y varios meses en el mar.

Poco después de su elección, sus vastos dominios se vieron de nuevo acrecentados. En el espacio de una sola década, Hernán Cortés derrotó al Imperio azteca en México y Francisco Pizarro al Imperio inca en Perú. En uno o dos años, los galeones españoles comenzaron a transportar increíbles riquezas procedentes del otro lado del Atlántico. Gracias a estos éxitos, sumados a la circunnavegación de Fernando de Magallanes alrededor del mundo, en 1522 —Magallanes era portugués, pero Carlos había armado sus cinco barcos y financiado la mayor parte de la expedición—, borró cualquier duda que el emperador hubiera tenido acerca de su destino: quedaba muy claro que Dios quería que fuera el líder de la cristiandad.

La elección de Carlos como emperador llevó a España

hasta el corazón de Europa. Los soldados españoles comba-
tirían en Alemania y en los Países Bajos; filósofos y escritores
españoles se impregnaron del nuevo humanismo de Erasmo
y sus seguidores. Al mismo tiempo, España fue sumamente
consciente de ser el único pilar firme de la Verdadera Fe, su
principal baluarte contra las viles herejías protestantes que
habían surgido en el norte. La elección, además —y quizá
esto sea lo más importante—, provocó la polarización de la
Europa continental. Francia estaba ahora atrapada, como
aprisionada por un tornillo de banco, prácticamente rodeada
por el imperio; por el contrario, Carlos se encontró gobernando unos territorios divididos, partidos en dos grandes
partes por un estado hostil, Francia. El resultado fue inevitable: un enfrentamiento que duraría toda la vida entre dos
hombres que se disputaban el dominio de Europa y el Mediterráneo occidental.

El nuevo emperador tenía dos grandes ambiciones. La
primera atañía al ducado de Borgoña. Cuando en 1467 accedió al trono Carlos el Temerario, el último de sus cuatro
grandes duques,* Borgoña se convirtió, con Venecia, en el Estado más poderoso de la Europa continental. Cierto que el
duque era un vasallo: debía homenaje al rey de Francia por
su tradicional ducado y por Flandes y Artois, y al emperador,
por el resto de sus posesiones; pero su corte era más espléndida que la de cualquiera de esos dos monarcas y cuando sus
contemporáneos lo bautizaron como «el gran duque de Occidente», sabían lo que se decían. El duque Carlos, sin duda
temerario, fue también excesiva y peligrosamente ambicioso.
Se enfrentó a Francia haciendo gala de insensatez; en sus manos sufrió un revés tras otro hasta que murió en la batalla
de Nancy, en 1477. Como resultado, la mayor parte de sus
tierras revirtieron a la Corona francesa. El emperador, como
nieto de María de Borgoña y bisnieto de Carlos el Temerario,
era profundamente consciente de su linaje borgoñón y esta-

* Fueron Felipe el Atrevido (le Hardi, 1363-1404), Juan Sin Miedo (Sans
Peur, 1404-1419), Felipe el Bueno (le Bon, 1419-1467) y Carlos el Temerario (le Téméraire, 1467-1477).

ba decidido a restaurar el ducado y dejarlo tal y como había sido apenas un cuarto de siglo antes de su nacimiento, para convertirlo en un valiosísimo estado tapón entre Francia y Alemania. En 1548, en su testamento político, todavía ordena a su hijo Felipe que nunca abandone su reivindicación de «nuestra patria».

Su segunda ambición en aquel entonces no era más que un sueño, pero un sueño que creía de veras que podría convertirse fácilmente en realidad. Anhelaba recuperar el antiguo Imperio de Oriente. Todavía vivían ancianos que recordaban el nefasto día de 1453 en que Constantinopla cayó ante el joven sultán Mehmed II y el Imperio bizantino. Tras más de once siglos de historia, había desaparecido de la faz de la tierra. Esa derrota seguía siendo una herida abierta en toda Europa Occidental. Ya en 1396, en un intento de salvar la ciudad, condenada de antemano, el trastatarabuelo de Carlos, Juan Sin Miedo, había sido capturado cuando un ejército cristiano de unos cien mil soldados —el mayor jamás lanzado contra los infieles— fue aplastado por el sultán Bayaceto I en Nicópolis, junto al Danubio. Y en un pasado mucho más reciente, ¿acaso no había declarado su rival Francisco, mientras hacía campaña para hacerse con el cargo de emperador, que en tres años estaría o muerto o en Constantinopla? El sultán Solimán era un guerrero formidable, desde luego que sí, pero no había razón alguna para pensar que no podía ser derrotado por las fuerzas combinadas del Occidente cristiano.

Como bien sabía Carlos, la clave del problema no era el poderío militar. En España, gracias a los muchos años de ocupación musulmana, los hombres todavía hablaban sobre organizar una cruzada; pero en el norte de Europa, el corazón les decía que una cruzada era impensable. Las cruzadas pertenecían a los días de la Europa feudal, que hacía tiempo que habían pasado; ahora que el continente se había dividido en naciones y estados individuales —y, en particular, con la Reforma amenazando con dividirlo todavía más— la unidad política necesaria para tal vasta expedición ya no era posible. Precisamente por eso, la cuestión nunca llegó siquiera a plantearse. Carlos se vio atrapado en los asuntos de Europa y, como devoto cristiano, vivió obsesionado por las disputas religiosas. En consecuencia, el emperador y el sultán nunca se enfrentarían el uno contra el otro. Carlos nunca entraría en Constantinopla; Solimán nunca ocuparía Viena o Roma.

¿Carlos sentía interés por las mujeres? No parece que tanto como Francisco, ni quizá tanto como Enrique. (Solimán, por motivos obvios, jugaba en otra liga). Trabajaba duro, viajaba demasiado y —mientras vivió— amó a Isabel, su delicada y bella esposa portuguesa, con locura. Tres de sus cuatro hijos ilegítimos nacieron mucho antes de su matrimonio; el cuarto —que ganaría fama como don Juan de Austria, héroe de la batalla de Lepanto— fue hijo de una cantante llamada Barbara Blomberg y nació el día del cumpleaños de su padre, el 24 de febrero de 1547, ocho años después de la muerte de Isabel.

Carlos fue el único de nuestros cuatro príncipes que abdicó. Lo hizo por partes: primero, Nápoles y Sicilia; luego, los Países Bajos; finalmente, España. Física y mentalmente exhausto, y torturado por la gota, se retiró al monasterio de Yuste, en Extremadura, donde, el 21 de septiembre de 1558, murió enfermo de malaria.

El sultán estaba sentado en un diván muy bajo cubierto con alfombras y cojines de exquisita factura. Tenía a su lado su arco y sus flechas. [...] Hicimos el gesto de besar su mano y fuimos conducidos a lo largo de una pared frente a su asiento, yendo siempre con el extremo cuidado de no darle nunca la espalda. Había militares de alto rango, tropas de la Guardia Imperial, sipahi* y jenízaros en la sala. [...]

Ahora mirad el inmenso mar de turbantes con infinitos pliegues de la seda más blanca, brillantes y coloridos atuendos de toda clase y por todas partes el

---

* Soldados de caballería.

fulgor del oro, la plata, la seda y el raso. Las palabras no pueden expresar la completa impresión [que me produjo] aquel espectáculo singular: nunca antes había visto una ceremonia tan bella. Lo que más me sorprendió del público fue su silencio y disciplina. Los jenízaros, formados aparte del resto de la tropa, permanecían tan inmóviles que dudé si eran soldados o estatuas hasta que los saludé, como se me había indicado, y todos ellos inclinaron sus cabezas ante mí.

Así describe el embajador del archiduque Fernando ante la Sublime Puerta, Gisleno de Busbecq, la corte del último, seguramente el más grande y sin duda el más rico miembro de nuestro cuarteto. El sultán Solimán, habitualmente conocido entre nosotros como «el Magnífico», es un caso aparte de los tres anteriores. De entrada, era musulmán y, en consecuencia, la Iglesia de Roma le importaba un comino. Su pueblo, el turco, era relativamente recién llegado a la tierra que hoy lleva su nombre; la primera oleada de invasores turcos, los selyúcidas, no irrumpió en Asia Menor hasta 1071. El emperador bizantino Romano IV Diógenes lideró personalmente un ejército contra ellos, pero fue derrotado y hecho prisionero en la batalla de Manzikert ese mismo año. El líder selyúcida, Alp Arslan —cuyos bigotes, según se dice, eran tan largos que se los tenía que atar a la espalda cuando cazaba— lo trató con exquisita cordialidad y lo envió de vuelta a Cons-

Solimán el Magnífico: el décimo y más grande de todos los sultanes otomanos.

tantinopla con una escolta, pero el daño ya estaba hecho. A finales de ese siglo, los turcos se habían extendido por toda Anatolia y solo algunas partes de la costa permanecían en manos bizantinas.

Los selyúcidas dejaron una herencia arquitectónica extraordinaria, buena parte de la cual ha llegado hasta nuestros días: soberbias mezquitas, puentes de una esbelta elegancia y majestuosos caravasares, uno cada treinta kilómetros a lo largo de las principales rutas de caravanas. Sin embargo, no duraron mucho como gobernantes: su ejército fue completamente destrozado por los mongoles en 1243. Durante los años de confusión que siguieron, un pequeño número de Estados turcómanos —algunos de los cuales apenas eran mayores que las tribus a las que representaban— emergieron de entre las ruinas. Uno de ellos era el de un joven guerrero llamado Osmán (u Othman), quien, tras una campaña relámpago, proclamó su independencia como gobernante en la antigua Bitinia, en el extremo occidental de Anatolia. En 1354, su nieto, Solimán Pachá,* cruzó los Dardanelos y capturó la fortaleza de Galípoli, la primera base turca en suelo europeo. De repente, los otomanos —que fue el nombre por el que serían conocidos— iniciaron una implacable expansión, la culminación de la cual, casi un siglo más tarde, fue el 29 de mayo de 1453 —un martes—, cuando el sultán de veintiún años Mehmed II, tras uno de los grandes sitios de la historia, entró triunfalmente a caballo en Constantinopla.

Solimán era el bisnieto de Mehmed. Nació unas pocas semanas después que Francisco, probablemente el 6 de noviembre de 1494, en Trebisonda (la moderna Trabzon), a orillas del mar Negro. Aunque habría de perdurar trescientos cincuenta años más, fue bajo su reinado cuando el Imperio otomano alcanzó el apogeo de su poder político, militar y económico. Cuando murió, gobernaba buena parte de Europa Oriental y Oriente Medio, junto con el norte de África hasta la misma Argelia, mientras que su flota dominaba la mayoría del Mediterráneo, el

---

* Solimán Pachá no sería nunca sultán, ya que murió antes que su padre.

mar Rojo y el golfo Pérsico. Para Enrique de Inglaterra, era un gobernante lejano del que apenas tuvo que preocuparse; pero tanto para Francisco como para Carlos era una inmensa sombra que se cernía amenazadora sobre sus reinos. Hasta donde nos es dado saber, no existe ningún retrato de él al natural; pero tenemos varias descripciones, en su mayoría venecianas, que permitieron a Alberto Durero dibujar y a Tiziano pintar su retrato. «Es alto, pero delgado», escribió el embajador veneciano Bartolomeo Contarini, «de complexión delicada. Su nariz es un tanto demasiado larga y aquilina, sus rasgos son atractivos. Tiene una sombra de bigote y una barba corta. Su aspecto general es agradable, aunque es algo pálido». Quizá fuera agradable, pero, como ambos retratos muestran claramente, también imponente, un tanto amenazador, con un turbante enorme calado hasta las cejas, que le confiere una apariencia de constante enojo.

Cuando Solimán heredó el trono a la edad de veinticinco años, ya era un gobernante con experiencia. A los quince años había sido nombrado gobernador de Caffa, en Crimea, un importante puesto comercial en el que había permanecido durante tres años; después, su padre, el sultán, muy acertadamente llamado Selim el Severo, lo había nombrado gobernador de Estambul. Pero esta fue una época desgraciada: fueron ocho años en los que Selim instauró un reinado del terror. Era un hombre suficientemente inteligente y cultivado —algunos de sus versos están, según se dice, entre los mejores de la poesía otomana—, pero parecía concebir el gobierno solo como verdugo. Cuando destronó (y acto seguido asesinó) a su propio padre, Bayaceto II, en 1512, su primer acto al acceder al trono fue ordenar que estrangularan a sus dos hermanos menores y a cinco sobrinos huérfanos con cuerdas de arco. Por eso, cuando llegó el momento de sucederlo, Solimán era el único miembro varón de toda su familia que todavía seguía con vida.

Las ejecuciones de Selim no se limitaron de ningún modo a sus familiares. No se lo pensó dos veces, por ejemplo, para condenar a muerte a cuatrocientos comerciantes turcos que habían desobedecido su edicto al comerciar con Persia. Resulta, por lo tanto, poco sorprendente que el acceso al trono de su hijo fuera recibido unánimemente como un nuevo amanecer. Y lo fue: se liberó a aquellos que se habían encarcelado injustamente, se restableció el comercio con Persia y se juzgó y ahorcó a los funcionarios sádicos o corruptos. Sin embargo, desde un primer momento, quedó claro que el joven sultán era un autócrata de tomo y lomo: su gobierno iba a ser justo, pero también sería inflexiblemente firme. «Mi sublime orden», escribió al gobernador de Egipto, «tan ineludible y tan vinculante como el destino, es que ricos y pobres, pueblos y ciudades, súbditos o sometidos a tributos…, todos deben apresurarse a obedecerme. Si alguno de ellos muestra desidia en el cumplimiento del deber, aunque sea emir o faquir, no dudéis en infligirle la pena capital».

Solimán estuvo, desde el primer momento, completamente seguro de ser capaz de gobernar su vasto imperio. Pero era también muy consciente del mundo que había más allá de sus fronteras. Había pasado muchas horas estudiando a las principales potencias de Europa Occidental y a sus respectivos gobernantes y sabía que el emperador Carlos, a quien se refería como «el rey de España» —pues, claro, ¿cómo iba a haber más de un imperio?— estaba decidido a emprender una cruzada que, si tenía éxito, expulsaría a sus súbditos de vuelta a las estepas de Asia. También sabía que sus propias fuerzas eran claramente superiores a las de cualquier estado europeo, pero que una gran alianza cristiana sería harina de otro costal… si alguna vez tal alianza llegaba a materializarse. Por fortuna, la cristiandad estaba en esos momentos amargamente dividida, principalmente por culpa de la propia religión cristiana; y la religión, como bien sabía Solimán, era la fuerza más divisiva de todas. En cualquier caso, por grande o pequeño que fuera el peligro, el ataque era la mejor defensa y cuanto más pudiera desplazar las tierras del islam hacia el oeste, más seguro permanecería su imperio.

Sobre la puerta central de la gran mezquita de Estambul que lleva su nombre —la mezquita de Solimán o de Süleymaniye— están grabadas las palabras «Propagador de las Leyes Imperiales», y los turcos no lo conocen como el Magnífico, sino siempre como *Kanuni,* «el Legislador». Fue un título ganado a pulso: Solimán hizo un gran trabajo de reforma de las leyes del imperio e instituyó cambios radicales en la sociedad, la educación, los impuestos y el derecho penal. Recopiló todas las sentencias dictadas por los nueve sultanes anteriores y las condensó en un código único y comprensible, yendo siempre con mucho cuidado de no violar la *sharia*, la ley básica del islam —que, vale la pena añadir, aportaba una protección especial a los súbditos cristianos y judíos del imperio y perduraría

El sultán Solimán y su corte. Detalle del Süleymanname, de Arif Celebi, 1558.

en su imperio durante los siguientes trescientos años—. En el
ámbito de la educación, fundó catorce grandes escuelas prima-
rias y ocho madrasas (universidades) solo en Estambul, mientras tanto, incontables escuelas adjuntas a las mezquitas pro-
porcionaron una educación prácticamente gratuita a los niños
mucho antes de que nada semejante existiera en Occidente.

Pero también, como los otros príncipes de esta historia,
Solimán era, si bien a su oriental manera, un hijo del Renacimiento, un hombre de amplia cultura, prácticamente bilin-
güe en turco y persa —lenguas en las que, además, se mostró
como un poeta de mucho talento—, a lo que añadir que hablaba árabe de forma fluida, griego y búlgaro de forma aceptable y, además, un poco de húngaro. Era un orfebre experto
y un generoso patrón de las artes; bajo su reinado, las fábricas
imperiales de cerámica de Íznik (la antigua Nicea) produjeron sus obras más valiosas y los arquitectos imperiales —sobre todo el célebre Mimar Sinan— adornaron las ciudades
del imperio con mezquitas, fundaciones religiosas, escuelas
y caravasares, muchos de los cuales todavía hoy permanecen
en pie. También estableció una institución conocida como el
Ehl-i Hiref, la Comunidad de los Talentos, que dio a artistas
y artesanos estatus oficial y profesional y atrajo a su corte a
los artistas con más talento de su imperio, tanto orientales
como europeos. Aunque era un musulmán meticuloso y sincero —ha llegado hasta nosotros su apasionada plegaria antes de la batalla de Mohács— no era especialmente piadoso,
como sí lo era, por ejemplo, Carlos V. Demostró una notable
tolerancia hacia sus súbditos cristianos y judíos —mientras
pagaran impuestos— y les permitió libertad de culto en sus
dominios. Demostró, también, al menos al principio de su
reinado, considerable simpatía hacia los pocos súbditos chi-
itas que su padre no había masacrado, aunque más adelante
esa actitud con ellos se endurecería apreciablemente.

Solimán tuvo tres consortes conocidas, y entre las tres le
dieron diez hijos. Pero la única a la que amó profundamente —y con la que, de hecho, se casó— fue Haseki Hürrem
Sultan, la hija de un sacerdote ortodoxo de Rutenia, enton-

ces parte de Polonia.
Fue debido a sus orí-
genes por lo que acabó
siendo conocida como
Roxelana, «la mujer
rusa». Capturada en su
infancia por tártaros
crimeos,* fue vendida
como esclava en Estam-
bul, se la admitió en el
harén imperial y —qui-
zá en gran parte debi-
do a su buen humor y
a su carácter juguetón
(*Hürrem*, en turco, sig-
nifica «la risueña»)— se
convirtió en la favorita
del sultán. Le cantaba

Roxelana, esposa de Solimán el
Magnífico. Se desconoce la identidad
del creativo pintor.

nostálgicas canciones eslavas que acompañaba tocando la
guitarra y sería la madre de la mayoría de sus hijos;† en consecuencia, al final fue liberada y se convirtió en su esposa legal, algo que ningún otro sultán otomano había tenido desde
Orhan, dos siglos antes. Como tal, estaba en una posición
tremendamente ventajosa para defender sus propios intereses… y lo hizo con esmero.

Francisco, Enrique, Carlos y Solimán: estos son nuestros cuatro príncipes. Como individuos, difícilmente podrían haber
sido más distintos; juntos, dominaron el escenario mundial y
moldearon el continente europeo. Ninguno de ellos —quizá

---

* Sé que la palabra correcta es tátaros, pero yo siempre los he llamado
tártaros —un nombre que me gusta mucho más— y, a estas alturas de mi
vida, es demasiado tarde para cambiar.
† Según Busbecq, retuvo el afecto de su marido «mediante amuletos y
magia».

ni siquiera Solimán— fue de verdad un gran hombre; pero todos poseyeron elementos de grandeza y cada uno de ellos dejó una huella indeleble en la tierra o tierras sobre las que reinó. Nunca antes el mundo había visto convivir a tamaños cuatro titanes. Las relaciones entre ellos cambiaban sin parar. A menudo se mostraron ferozmente hostiles; de vez en cuando —*muy* de vez en cuando— casi vergonzosamente amistosas. Siempre hubo un elemento de cautela y suspicacia —la confianza absoluta entre ellos era imposible—, pero siempre hubo también un franco respeto; ninguno de ellos cometió nunca el error de subestimar a otro.

Esta es, pues, su historia.

2

«LA FLOR Y EL VIGOR
DE LA JUVENTUD»

Los primeros años de la joven princesa Catalina en Inglaterra no fueron felices. Viuda tras apenas cinco meses de matrimonio con el príncipe Arturo, que tenía quince años, fue luego prometida a su hermano Enrique, ahora príncipe de Gales; pero durante los siguientes siete años permaneció en un cruel limbo. En un momento dado, el rey, el padre de Enrique, había considerado la posibilidad de casarse él mismo con ella; todavía sin pareja a mediados de la cuarentena, no era de ningún modo irracional que intentara tener más hijos para garantizar la continuidad de su dinastía. Pero su propuesta fue, comprensiblemente, vetada por la reina Isabel. Estaba decidida a que su hija tuviera influencia diplomática y política sobre su marido, algo que resultaba imposible con un monarca experimentado como Enrique. Más aun, al casarla con un hombre que le doblaba la edad, sin duda la habría condenado a pasar prácticamente la mitad de su vida como Reina Madre, un puesto siempre ingrato.

El rey Enrique no insistió; tampoco, sin embargo, hizo el menor esfuerzo por casarla con su hijo, como había prometido. Hubo, al

Retrato de una princesa, del pintor estonio Michel Sittow, c. 1510. Tradicionalmente se ha creído que la joven retratada es la reina Catalina de Aragón.

parecer, todo tipo de problemas: en primer lugar, el matrimonio de Catalina con Arturo la había puesto, en términos de derecho canónico, como pariente de primer grado de su pretendido nuevo marido, lo que quería decir que el matrimonio necesitaría una dispensa papal; en segundo lugar, el rey siguió insistiendo en que había recibido solo la mitad de su dote; en tercer lugar, se había acordado que el matrimonio, incluso con la dispensa, no podía tener lugar antes del decimoquinto cumpleaños del novio, en junio de 1506, e, incluso entonces, solo después de que se hubiera pagado la segunda parte de la dote. Mientras tanto, la pobre Catalina fue alojada en el desierto palacio de los obispos de Durham, en el Strand de Londres,* donde se instaló rodeada de sirvientes en su mayoría españoles; fue, a todos los efectos, ignorada y olvidada. No solo ya no se la invitaba a la corte, sino que ni siquiera se le permitía ver a su futuro esposo, cuyo decimoquinto cumpleaños, que debería haber sido el día de su boda, pasó sin que nada sucediera. Su padre, Fernando, apenas le escribía y, cuando lo hacía, eran solo unas pocas líneas. Tampoco le envió nunca dinero y la mísera cantidad que le llegaba del avaro rey Enrique era irregular e insuficiente. Ella y sus damas necesitaban desesperadamente algunos vestidos nuevos; Durham House, que ya estaba en mal estado de conservación cuando se mudó, era un alojamiento cada vez más lamentable. En ocasiones no disponía siquiera de lo suficiente para cubrir la paga de los pocos sirvientes que tenía; incluso la comida escaseaba.

Entonces, en abril de 1509, Enrique VII murió de tuberculosis en Richmond y todo cambió. Su austeridad, recelo y, sobre todo, su avaricia, habían creado una atmósfera horrible y desgraciada en la que incluso transgresiones menores podían ser castigadas con multas salvajes y en la que los ubicuos agentes reales habían llevado al país al borde de lo que hoy consideraríamos un estado policial. Ahora, bajo el reinado de su espléndido y joven hijo, regresó la libertad, y con ella nuevos aires de ale-

---

* La casa en Londres de los obispos de Durham cuando visitaban la capital. Estaba situada en el Strand y sus jardines descendían hasta el Támesis. (N. del T.)

gría y optimismo. La vida era de nuevo divertida. De repente, Catalina se encontró en otro mundo. Por supuesto que iba a casarse, lo más pronto posible. La dispensa papal no sería ningún problema y, en cuanto al resto de la dote, el tema carecía de importancia. A principios de junio, ella y su prometido navegaron hasta Greenwich, donde el día 11 se casaron en la iglesia de los Frailes Observantes, junto al palacio. Menos de dos semanas después, el domingo 24 de junio, Día de San Juan, ambos fueron ungidos y coronados en Westminster. Catalina llegó a la abadía en una litera de paño de oro dispuesta entre palafrenes blancos, toda ella vestida de raso blanco, como era costumbre en una novia virgen, con su reluciente cabello «cayéndole por la espalda, admirable por su gran longitud y por ser bello y sedoso».

Quizá fue solo entonces cuando Enrique comenzó a darse cuenta del tipo de mujer con quien se había casado. Fernando e Isabel habían educado bien a sus hijas; las tres estaban destinadas a ser reinas y sus padres no habían escatimado nada para que fueran dignas de sus títulos. El latín de Catalina, por ejemplo, como pronto comprobó su marido, era mucho mejor que el suyo; no le costaba improvisar réplicas a los floridos discursos de los embajadores extranjeros, lo que resultó particularmente afortunado, puesto que ella misma era una embajadora; su padre la había nombrado, mucho antes de su matrimonio, embajadora plenipotenciaria oficial en la corte de Saint James. Y, según el criterio de Erasmo de Róterdam, nada menos, su erudición estaba a un nivel completamente distinto de la del rey. Pronto aprendió a hablar un inglés excelente, a pesar de que nunca perdió un ligero acento español, que muchos jóvenes ingleses —que, probablemente, no habían oído jamás antes a un extranjero hablar su idioma— encontraban curiosamente atractivo. En 1518 realizó un viaje por todas las facultades de Oxford y cenó en la Merton, donde la recibieron «con tantas demostraciones de gozo y alegría como si hubiera sido Juno o Minerva».[*]

* Es un hecho curioso que, a pesar de su muy cacareado respeto por el estudio y la erudición, Enrique nunca, ni una sola vez, visitara ni Oxford ni Cambridge.

Pero, más importante que cualquiera de estas cosas, Enrique la amaba. En su carta a Fernando, en la que le agradece sus felicitaciones por el enlace, no deja lugar a ninguna duda y añade: «Si todavía siguiera libre, la escogería a ella como esposa antes que a ninguna otra».

Enrique VII había odiado la guerra; a Enrique VIII le encantaba. Era típico de él verse como un gran guerrero, como el sucesor de Eduardo III y Enrique V. Para él, la guerra de los Cien Años no había terminado aún. Todavía había hombres en su entorno cuyos abuelos habían combatido en Agincourt; la esquina noreste de Francia ya era territorio inglés; el resto, por cuanto concernía a Enrique, esperaba a ser conquistado por un rey inglés. Y ¿acaso no era uno de los principales deberes de un rey liderar a su ejército en batalla? Ya en 1513 hizo que se proclamara a Catalina gobernadora del reino y luego, aliado con el emperador Maximiliano,[*] encabezó una vana y ligeramente ridícula campaña militar al otro lado del Canal, a la cabeza de un ejército invasor de unos cuarenta mil hombres. Tropa aparte, llevó consigo un séquito de casi trescientas personas, con más de cien religiosos y un grupo de músicos de la Capilla Real. En agosto de 1513, asedió la ciudad de Thérouanne, desprovista por completo de importancia —«una miserable perrera», como la describió un parlamentario— y allí el nieto de Maximiliano, Carlos, al que todavía le faltaban seis años para ser coronado emperador, cruzó la frontera para encontrarse con él.

Fue el 13 de agosto de 1513, durante el asedio de Thérouanne, cuando el propio Maximiliano llegó al campamento de Enrique y se ofreció a ponerse él mismo junto con la pequeña fuerza que lo acompañaba a las órdenes del rey. Enrique lo recibió con la mayor solemnidad posible en aquellas circuns-

---

[*] «Por cuya cabeza pasaban, como la gloria del arcoíris, los más grandes planes para dominar Europa, mientras se afanaba en huir de una ciudad alemana a otra para evitar a sus acreedores». (Mattingly)

tancias, en una tienda ricamente adornada con paño de oro. El tiempo, según nos cuentan los cronistas, fue «el más deplorable jamás visto», pero parece que la reunión fue todo un éxito; Enrique informó de todos los detalles a Catalina, quien a su vez escribió a Wolsey que no solo había sido un gran honor para su marido, sino que también obraría maravillas para la reputación de Maximiliano, de quien claramente no tenía una gran opinión. En adelante, escribió Catalina, «sería considerado un hombre distinto al que antes había sido».

La mañana del día 16, de improviso, una pequeña fuerza de caballería francesa tropezó —para su propia sorpresa y consternación— con el ejército aliado; dio media vuelta y huyó al galope, con la caballería inglesa y borgoñona pisándole los talones. Al final no hubo enfrentamiento, pero los franceses dejaron atrás seis estandartes y cierto número de distinguidos caballeros que no habían podido cabalgar tan deprisa como el resto; entre estos se incluían un duque, un marqués y el vicealmirante de Francia. Esta afortunada casualidad permitió a Enrique presentar lo que fue, en el mejor de los casos, una escaramuza menor como una batalla heroica, la llamada batalla de las Espuelas. Resultó que Francisco, que estaba con el ejército francés, aunque todavía no era rey, se estaba bañando justo en aquel momento y, como es de suponer, fue sorprendido sin su armadura. Sabiamente, también huyó.

Thérouanne cayó el 22 de agosto y, siguiendo las órdenes de Maximiliano, toda la ciudad —excepto su iglesia— fue arrasada hasta los cimientos. Tras unos pocos días de festejos en Lille, Enrique centró su atención en Tournai, que, visto lo que había sucedido en Thérouanne, no tardó en rendirse. Seguiría en manos inglesas durante los próximos seis años. El rey se sintió tentado a proseguir su victoriosa campaña, pero el otoño se le echaba encima y juzgó mejor regresar a Inglaterra. Solo cuando llegó a Londres se enteró de la magnífica victoria que se había conseguido en su ausencia. El rey Jacobo IV de Escocia —marido de Margarita, la hija de Enrique VII— aprovechó la oportunidad para cruzar el Tweed y plantar batalla a lo que creía que sería un mermado ejérci-

Llegada de Enrique VIII al Campo del Paño de Oro en 1520, donde vería a Francisco por primera vez.

to inglés. Catalina, a quien afortunadamente Enrique había otorgado el título adicional de capitana general de las tropas en defensa del país, entró en acción. Ya trabajaba duro para mantener al ejército de su marido debidamente abastecido y ahora se veía con la responsabilidad sobrevenida de oponerse a la invasión que llegaba desde el norte, contra la que avanzaba el conde de Surrey, Thomas Howard, un hombre de setenta años. Por si acaso Surrey era derrotado, Catalina dispuso una segunda línea de defensa en las Midlands; mientras tanto, ordenó que se confiscasen inmediatamente todas las propiedades de escoceses en Inglaterra. Nadie —ni Wolsey ni Cromwell— habría gestionado mejor la situación.

El rey Jacobo comprendió muy pronto que había subestimado seriamente a su enemigo. Los dos ejércitos se habían encontrado en Flodden el 9 de septiembre y aquello fue la historia de siempre: el arco largo inglés que se imponía sobre las lanzas escocesas, un arco siempre invicto. Durante tres letales horas, el propio rey Jacobo cayó asaeteado junto con buena parte de la nobleza y el alto clero escocés. Entre estos últimos, fallecieron el arzobispo de Saint Andrews, dos obispos y dos abades. Fue típico de Catalina que, al conocer las noticias, su primer pensamiento fuera para la viuda reina Margarita. Era, después de todo, hermana de Enrique, y ahora debía convertirse en la regente de su hijo, Jacobo V, que solo tenía un año; necesitaba toda la ayuda que pudieran darle, y no solo por motivos familiares. Incluso antes de que Enrique regresara a Inglaterra, un fraile franciscano partió camino a Edimburgo con un afectuoso mensaje de pésame.

En comparación con la batalla de Flodden, la de las Espuelas fue poco más que una pelea de patio de colegio; lo cierto es que cuesta mucho tomarse en serio la invasión de Francia de Enrique VIII en 1512. Llevaba solo tres años en el trono, era joven, ambicioso y estaba pletórico de energía; necesitaba aventuras y emociones, y ansiaba una oportunidad de probarse a sí mismo en la escena internacional. Toda su vida amaría ser el centro de atención, y mientras Luis XII fuera su antagonista, tenía el convencimiento, por demás, comprensible, de que no corría ningún riesgo de tener que compartirlo. Pero el rey Francisco era algo muy distinto: por lo que había oído Enrique, era un rival serio y quizá incluso peligroso. Enrique recibió una invitación para asistir a su coronación en Reims, pero la declinó amablemente; cuando se enteró de que Francisco, a los pocos meses de esa coronación, estaba preparando una invasión de Italia, se mostró francamente incrédulo: «Podéis asegurar a vuestro señor», dijo al embajador español Bernardino de Mesa, «que los franceses no atacarán Milán sin mi permiso». Pero más adelante, tras pensarlo mejor, puede que la sorpresa no fuera tan grande, pues a principios de 1515 Francia había perdido todos los territorios que había poseído en la península que una vez había sido suya. Génova —que había estado bajo el dominio francés durante quince años— era de nuevo una república independiente; el reino de Nápoles estaba en manos de la casa de Aragón; Milán —que Francisco consideraba propio por herencia de la abuela de su predecesor, Valentina Visconti, y que le importaba más que ningún otro territorio— estaba de nuevo bajo el dominio de sus antiguos gobernantes, los Sforza. Para el joven rey, recuperar los territorios perdidos y vengar los recientes desastres militares de Francia parecía poco menos que un deber sagrado.

En cualquier caso, no había gran cosa que Enrique pudiera hacer; su primer deber era felicitar a Francisco por su coronación, propósito para el cual envió a Charles Brandon, duque de Suffolk, a la corte francesa. Pero Brandon también tenía otra misión, mucho más importante desde el punto de vista de Enrique: traer de vuelta las joyas que le había regalado a su hermana María su difunto esposo, Luis XII. Como era de prever, no resultó una tarea fácil. Los franceses explicaron diplomáticamente que las joyas no se habían entregado a María por sus bonitos ojos azules, sino que solo eran suyas en tanto que reina de Francia y por tanto no podían, bajo ninguna circunstancia, salir del reino. Probablemente eran tan malas noticias para Enrique como para Brandon, porque, después de todo, este iba a casarse muy pronto con María. Pero es probable también que los dos estuvieran demasiado enamorados como para preocuparse por ello.

Francisco también tenía otras cosas en la cabeza: los preparativos para su inminente campaña en Italia, cuyo principal objetivo sería nada menos que recuperar Milán. La ciudad se había perdido en 1513, tras la batalla de Novara, en la que combatieron un ejército francés de unos diez mil soldados y tropas de piqueros suizos, mercenarios del duque Maximiliano Sforza. En esta ocasión, los suizos habían ganado con claridad, los franceses habían perdido casi a la mitad de sus hombres y Sforza había regresado victorioso a Milán —aunque el poder real continuó en manos de los suizos—. Eran ellos, por lo tanto, el principal enemigo de Francisco cuando invadió Italia dos años más tarde. Se enfrentó a ellos el 13 de septiembre de 1515, en Marignano —hoy Melegnano—, a unos quince kilómetros al sureste de Milán, para cobrarse su venganza. Lo que siguió fue una de las grandes victorias de la historia de Francia. El combate fue largo y duro: la batalla comenzó a media tarde y continuó furiosa durante la noche y hasta que el sol de la mañana siguiente se elevó alto en el cielo. El rey luchó con su habitual gallardía y se hizo nombrar caballero en el mismo campo de batalla por Bayard, el casi legendario *chevalier sans peur et sans reproche*. En efecto, la batalla le valió Milán y una delegación de la ciudad acudió a someterse a él el 16 del mismo mes, a pesar de que Sforza resistió heroicamente en el castillo hasta el 4 de octubre. Finalmente, Francisco le prometió una pensión si se asentaba permanentemente en Francia, cosa a la que Sforza accedió. Y así, al fin, el 11 de octubre, el rey entró triunfalmente a caballo en Milán, fuera de sí de gozo y orgullo. Nunca más, escribió a su madre, podrían llamar a sus hombres «liebres con armadura», como se había hecho después de la batalla de las Espuelas. Siete semanas después partió de Milán para encontrarse con el papa en Bolonia.

León X había sido el pontífice supremo los últimos dos años. Al ser elegido, escribió a su hermano: «Dios nos ha dado el papado, disfrutémoslo». Desde luego, lo estaba disfrutando a fondo. Era el segundo hijo de Lorenzo de Médici y durante toda su vida fue más un príncipe del Renacimiento que un hombre de Iglesia. Homosexual, como también lo había sido su predecesor, Julio II, era un patrón de las artes culto y refinado, mucho más majestuoso de lo que su padre jamás había aspirado a ser. Apasionado de la caza, cabalgaba con un séquito de hasta trescientas personas; *gourmet* insaciable, ofrecía banquetes prodigiosamente espléndidos y asistía de buen grado a los ofrecidos por sus amigos. Puesto que había decidido muy temprano que apoyaría al emperador contra las ambiciones francesas, no se tomó muy bien las noticias de Marignano; si Francisco podía derrocar a Sforza en Milán, ¿qué impedía que hiciera lo mismo con los primos Médici del papa en Florencia? De

Francisco en la batalla de Marignano,
13-14 de septiembre de 1515.

hecho, Francisco jamás habría hecho algo así; bien sabía que si deseaba establecer una presencia permanente en Milán y Nápoles, solo podía hacerlo con la cooperación del papa; en Bolonia se esforzó por dar a León todas las garantías posibles. La conferencia duró cuatro días, tras los cuales el papa celebró una misa solemne en la gran iglesia de San Petronio. Cuando se separaron, regaló a Francisco un soberbio crucifijo de oro que contenía un trozo de la Vera Cruz. No se sabe qué le ofreció a cambio el rey al papa, pero sí sabemos que los regalos que distribuyó entre el séquito de León no lograron satisfacerlo. Parece ser que el maestro de ceremonias del papa se enfadó porque recibió apenas cien *écus* de oro.

Después de la reunión de Bolonia, el papa León dejó de preocuparse por las intenciones de Francisco, aunque empezó a preocuparse por otra amenaza mucho mayor: la expansión hacia Occidente de los turcos otomanos. Hacía ya más de medio siglo que habían penetrado profundamente en los Balcanes y habían capturado Constantinopla, y desde entonces su avance había sido ininterrumpido. Tan recientemente como en agosto de 1516, bajo el sultán Selim el Severo, habían conquistado Siria y, al año siguiente, habían invadido Egipto. «Ya es hora», dijo León, «de que despertemos de nuestro sueño, no sea que un día nos sorprendamos de que nos están pasando la espada». En consecuencia, propuso una nueva cruzada que sería liderada conjuntamente por el rey de Francia y el emperador, en la que participarían las demás potencias cristianas de acuerdo con su capacidad. La reacción general, sin embargo —incluso después de que proclamara una tregua de cinco años en toda la cristiandad y enviara cuatro cardenales a las principales cortes para que concitaran apoyos a su proyecto—, fue, en el mejor de los casos, tibia. No era que no se reconociera el peligro que suponían los turcos, sino que, simplemente, los príncipes europeos tenían problemas mucho más acuciantes que atender.

La relación de Carlos con España empezó bien temprano: en Valladolid, a la edad de seis años, y en Madrid, cuatro años después, fue investido *in absentia* príncipe de Asturias, heredero de su madre, Juana, reina de Castilla. En ese momento no había necesidad de visitar el país; su abuelo Fernando era regente y gobernaba admirablemente bien. Pero Fernando murió en 1516 y, para entonces, la reina Juana ya estaba irremediablemente loca.

Juana fue una figura trágica. Desde el día de su llegada a Flandes estuvo desesperadamente enamorada del hombre con el que debía casarse, Felipe de Borgoña; pero fue del todo incapaz de controlar ese amor. Felipe era un joven libertino de carácter afable, pero los celos desmedidos de Juana, así como sus constantes exigencias, incluso algunas agresiones físicas a una u otra de sus amantes, consiguieron irritarlo y,

Los vástagos de Felipe el Hermoso: a la izquierda, sus hijos Fernando y Carlos (de siete años); a la derecha, sus hijas, quienes fueron todas reinas: Leonor (de Francia), Isabel (de Dinamarca, Noruega y Suecia), María (de Hungría y Bohemia) y Catalina (de Portugal).

en ocasiones, enfurecerlo. Puesto que él no era capaz de mostrarle el amor que ella ansiaba, acabó, cómo no, intentando evitarla en lo posible. El carácter de Juana, que hasta entonces había sido alegre, comenzó a desintegrarse; súbitos estallidos de ira o llantos histéricos se alternaban con largas horas de silenciosa depresión. Fue un estado que hoy sería inmediatamente reconocido como grave colapso nervioso, pero en esa época la pobre Juana no podía esperar tratamiento alguno... ni mucho menos compasión.

Entonces, en septiembre de 1506, Felipe cayó enfermo en Burgos, al parecer de tifus, y el día 25 falleció. Juana, completamente convencida de que había sido envenenado, no se apartó de su lecho ni un segundo y tras su muerte, mientras su cuerpo estaba expuesto en la capilla ardiente en la catedral, continuó su vigilia junto al féretro, sin responder pregunta alguna ni dar órdenes para el funeral, reaccionando con furia ciega a cualquier intento de apartarla de allí. Al final, el ataúd fue silenciosamente retirado mientras ella dormía y llevado al convento vecino; pero tan pronto amaneció al día siguiente, se presentó la reina, abrió la caja y contempló durante horas el rostro de su difunto marido. Lo que sucedió a continuación lo describe muy bien Garrett Mattingly:

> De repente se alarmó. Acompañada de un pequeño y consternado séquito, se plantó en la puerta del monasterio, desbarató todas las objeciones, hizo que retiraran el ataúd y lo cargaran a hombros de porteadores y, caída la noche, como un ladrón que robara una reliquia de lo más sagrado, partió atravesando las montañas camino de la lejana Granada, seguida por un puñado de consejeros que, inquietos, espoleaban con ansiedad a sus caballos para no perderla de vista. En el trayecto, de vez en cuando, unos atónitos campesinos contemplaban desde sus refugios de montaña el paso de aquella extraña procesión abriéndose paso a través de la noche: monjes cantando un miserere, una procesión de antorchas, un caballo enjaezado con fúnebres penachos y,

tras todo ello, cubierta completamente con negros ropajes, una figura solitaria. Quien quisiera, quien fuera
el más fuerte, podía gobernar ahora en Castilla. Juana
solo pensaba en una cosa: nunca volverían a apartarla
de Felipe, nunca más.

Sí se separó, claro. En 1509 su padre la recluyó en el convento de Tordesillas, cerca de Valladolid, donde la visitó con
regularidad siempre que pudo. Allí permaneció confinada
durante casi medio siglo, convencida de que las monjas cons-
piraban para matarla, rechazando constantemente comer,
dormir, lavarse o cambiarse de ropa. Murió el 12 de abril de
1555. Era Viernes Santo.

En septiembre de 1517, dejando que su tía Margarita
de Austria reanudase la regencia de los Países Bajos, acompañado por su hermana mayor, Leonor, que estaba prometida al rey Manuel de Portugal, aunque luego se casaría con
Francisco I, Carlos embarcó rumbo a España. Sus primeras
impresiones de su nuevo reino no fueron demasiado buenas.
Varios días sufriendo los rigores de las montañas asturianas,
sin caminos, bajo una lluvia torrencial, bastaban para desani-
mar a cualquiera; para colmo de males, pronto le quedó claro
que su ascenso al trono no sería tan inmediato como se le había dado a entender. Su hermano menor, Fernando, llevaba
viviendo en España desde los tres años de edad y había muchos nobles poderosos e influyentes que lo habrían preferido
a ese adefesio recién llegado, que no hablaba ni una palabra
de castellano. El cardenal Jiménez de Cisneros, el sucesor de
Fernando en la regencia, le habría explicado todo esto con su
habitual discreción. De hecho, corría a su encuentro desde
el sur, padeciendo el mismo tiempo infame. Por desgracia,
Cisneros murió la víspera del día en que debían encontrarse.
(No pudieron evitarse los rumores sobre su muerte, pero todas esas sospechas carecían de fundamento.)

Carlos pasaría más de dos años y medio en la que fue su
primera visita a España. Una de sus primeras prioridades fue
apartar a su hermano Fernando, enviándolo a Flandes; des-

pués, realizó un exhaustivo recorrido por el país, invirtiendo largo tiempo en Castilla, Aragón, Cataluña y Galicia —por desgracia, dedicó doce meses a Cataluña y solo seis a Castilla, lo que provocó chismorreos y maledicencias en Valladolid—, aprendiendo con notable éxito el lenguaje y las costumbres de sus súbditos españoles. Cuando, finalmente, zarpó hacia Flandes en mayo de 1520, era perfectamente consciente de que todavía no se había ganado el corazón del país; por otro lado, había sido elegido rey de romanos. En todo menos en el nombre, ahora era emperador del Sacro Imperio.

El Sacro Imperio Romano Germánico no había sido capaz de seguir el ejemplo del resto de Europa y convertir su monarquía electiva en hereditaria. Las ventajas de esta última están muy claras: si se acepta también el principio de primogenitura, funciona de forma automática y elimina cualquier duda sobre la sucesión.* El sistema electivo, en cambio, puede alargar la incertidumbre durante meses —incluso años—, lo que, inevitablemente, perjudica al gobierno y la administración. En este caso en particular, el motivo fundamental de su preservación era enfatizar no solo la importancia del Imperio, sino también su singularidad: no sería heredado como una propiedad cualquiera, sino que se otorgaba tras una solemne y meditada elección realizada por siete de los más altos dignatarios de la cristiandad y, luego, se santificaba por la coronación a manos del propio papa. En un mundo perfecto, este habría sido un procedimiento efectivo; en la Europa del siglo XVI implicaba sobornos en masa. La elección imperial de 1519 fue un enfrentamiento entre Carlos y Francisco tan enconado como cualquiera de los que sostuvieron en los campos de batalla. Si, por un lado, Carlos estaba decidido a conseguir el cargo para arrebatárselo a Francisco, por el otro Francisco estaba igualmente decidido a evitar que Carlos se hiciera con él. El rey francés tenía dos motivos fundamen-

---

* La monarquía hereditaria sin primogenitura suele llevar al desastre. En el mundo otomano, como hemos visto, llevó con frecuencia a la ejecución por estrangulación con cuerda de arco de la mayoría de los miembros varones de la familia imperial.

tales para ello. En primer lugar, aunque el Imperio tenía su sede en Alemania, comportaba un enorme prestigio internacional; era —en la medida en que tal cosa podía existir— el homólogo secular del papado. En segundo lugar, temía las consecuencias de que siguiera bajo control de los Habsburgo. «Comprenderéis», escribió,

> la razón que me empuja a ganar el Imperio, que es evitar que dicho rey católico lo consiga. Si él tuviera éxito, viendo la extensión de sus reinos y señoríos, podría hacerme un daño inconmensurable; siempre desconfiaría y sospecharía de mí y sin duda me expulsaría de Italia.

Acertaba por completo, pero lo que más le costó comprender fue que para los electores la cuestión no era quién sería un mejor emperador, sino, simplemente, por cuánto podrían vender su voto. Por eso lo habían animado a presentar su candidatura. Francisco, por supuesto, debería haberse dado cuenta de lo que sucedía y haberse retirado cuando todavía podía hacerlo, pero lo que hizo fue implicarse todavía más a fondo en la elección, pagando enormes sumas de dinero que a duras penas se podía permitir. En Inglaterra, el rey Enrique se negó a prestarle 100 000 coronas, pero consiguió obtener un préstamo de 360 000 de banqueros italianos afincados en Londres. En Francia, vendió tierras propiedad de la Corona y cierto número de altos cargos… Todo en vano.

El 8 de junio de 1519, los siete electores se reunieron en Fráncfort. Eran los arzobispos de Maguncia, Tréveris y Colonia, el rey de Bohemia, el conde palatino del Rin, el duque de Sajonia y el margrave de Brandenburgo. Las condiciones no eran, ni mucho menos, favorables. La ciudad ardía bajo los efectos de una brutal ola de calor; la peste acechaba en cada rincón. Fuera de las murallas, un ejército de la Liga Suabia estaba preparado para el combate. Se decía que estaba allí para proteger a los electores, pero a ninguno de ellos le cabía la menor duda de que, en último término, su seguridad dependía de la elección del candidato correcto. Si a alguno le quedaban dudas, el conde Enrique de Nassau aclaró todavía más la cuestión: ningún francés, declaró, entraría en Alemania si no era ensartado en una lanza o una espada.

Y los electores entendieron el mensaje. El papa León, al fin, dio su reticente apoyo a Carlos. El 26 de junio, Francisco retiró su candidatura; el 28, Carlos fue elegido por unanimidad. Finalmente, el 23 de octubre de 1520, fue coronado —no en Roma, sino en la vieja capital carolingia, Aquisgrán— como el emperador Carlos V. Enrique y Francisco aceptaron sus respectivas derrotas con deportividad. Francisco incluso le envió sus felicitaciones, que Carlos recibió con una gratitud quizá un tanto exagerada. El nuevo emperador dio también las gracias a Enrique, al parecer por la supuesta ayuda del rey en su elección, lo que resulta un tanto inexplicable, porque, de hecho, Enrique no le había ayudado en absoluto. No cabía duda, en cambio, de que la elección de Carlos había mejorado enormemente su posición internacional. Antes había habido cuatro grandes potencias en Europa Occidental: Francia, España, el Imperio e Inglaterra. Ahora, quedaban solo tres. De estas, dos —Francia y el Imperio— estaban igualadas en poder; la tercera —Inglaterra— controlaba, pues, el equilibrio entre ambas.

Hacia 1520, Enrique VIII llevaba once años en el trono y Francisco I, cinco. Los dos grandes príncipes renacentistas de su época todavía no se habían visto cara a cara y se creyó que ya había llegado el momento de que lo hicieran. Por lo tanto, el cardenal Thomas Wolsey se puso manos a la obra para preparar su primera gran cumbre.

Wolsey se hallaba entonces en el cénit de su carrera. Vigoroso, trabajador, inmensamente inteligente y asombrosamente seguro de todo cuanto hacía, se había convertido muy pronto en indispensable para su señor. Sabía lo fácilmente que se aburría Enrique en las reuniones del Consejo y lo animó a despreocuparse de los asuntos de Estado y a dejar que él, Wolsey, se encargara de todo. Al rey le encantó la idea y así pudo entretenerse con la cetrería, la caza o cualesquiera de sus aficiones durante días y días, dejando que el cardenal se encargara de leer y escribir sus cartas y tomara decisiones —prácticamente todas las decisiones— en su nombre.

Entonces, súbitamente, cambiaba su ánimo. De repente, decidía tomar el control. En tales ocasiones asombraba a cuantos le rodeaban, no solo por su diligencia, sino también por su profundo conocimiento de los asuntos domésticos o del exterior, y por el buen juicio del que hacía gala. Como todo el mundo, mostraba un interés especial en ciertos asuntos: la flota, por ejemplo, la guerra y —quizá sobre todo en los primeros años de su reinado— el rey Francisco. Más tarde, por supuesto, se obsesionó con su divorcio; y, finalmente, demostró una y otra vez que era capaz de debatir sobre los temas teológicos y de derecho canónico relevantes de forma tan erudita e inteligente como el más versado de sus súbditos. Su temperamento era, en suma, apasionado, pero asombrosamente tornadizo, dejándose llevar por el humor que le dominaba en ese instante, y nadie supo comprenderlo mejor —ni lo manejó con mayor habilidad— que Thomas Wolsey.

A Wolsey le gustaba la paz; también le gustaba el dinero y, como repetía constantemente, la guerra era la forma más rápida de perderlo. La guerra de Enrique en Francia había costado unas 700 000 libras, y casi la mitad de tal cantidad en una sola semana, la del 5 al 12 de junio de 1513. En 1518, el cardenal negoció lo más parecido que el mundo había visto nunca a una Carta de las Naciones Unidas —un tratado de paz general firmado por no menos de veinte estados, con la bendición del papa León X—. Sus principales cláusulas fueron: primero, que si cualquiera de los signatarios sufría una agresión, los otros exigirían colectivamente al agresor que se retirara y, si no lo hacía, le declararían la guerra; y segundo, que todos los tratados concluidos anteriormente que fueran contrarios a este acto básico de alianza quedarían abolidos. Se formaría así una liga imperecedera de la que el papa sería presidente. Inglaterra y Francia disfrutarían, en adelante, de una paz perpetua, y se ayudarían mutuamente frente a cualquier agresor. Wolsey, además, insertó en el texto una referencia especial a los dos jóvenes reyes, recomendando que Enrique visitara pronto Francia, puesto «que dichos serenos príncipes de Inglaterra y Francia son parejos en fuerza corporal, belleza y toda clase de dones de la sabia naturaleza, siendo ambos conocedores del arte militar, nobilísimos en el ejercicio de las armas y en la flor y el vigor de la juventud». Para cimentar su amistad, se acordó que el hijo y tocayo de Francisco, el delfín —que había nacido solo unos pocos meses antes— se casara más adelante con María, la hija de Enrique, que entonces tenía dos años. Tras largas y delicadas negociaciones diplomáticas, la fecha del propuesto encuentro entre ambos monarcas se fijó para el 7 de junio de 1520.

Pero surgió una complicación un tanto bochornosa. El nuevo emperador Carlos envió mensajeros a Enrique proponiéndole, como especial muestra de amistad, visitar la corte inglesa de regreso a España desde el norte de Europa; Inglaterra sería, pues, la primera nación extranjera que visitaría como emperador. No sería, aseguró a Enrique, una visita de Estado; no serían necesarias grandes ceremonias de ningún tipo. Pero, puesto que de todos modos iba a pasar por el canal de la Mancha, agradecería la oportunidad de volver a ver a Su Majestad y presentarle sus respetos.

Era evidente que Enrique no podía negarse a recibirlo; sin embargo, difícilmente podría haber escogido peor momento. Ya estaban a mediados de mayo; necesitaría pasar al menos una semana en Francia antes de estar listo para su reunión con Francisco. El tiempo a principios de verano era notablemente impredecible; el emperador ya había sufrido semanas de retraso esperando en La Coruña por culpa de un fuerte viento del noreste y, aunque era perfectamente consciente de los compromisos del rey, no podía dar ninguna indicación clara de la fecha de su llegada. Pasaron los días y la ansiedad de Enrique fue en aumento. Sería un desastre diplomático si el emperador llegaba a Inglaterra y descubría que el rey había partido hacia Francia; por otra parte, verse obligado a posponer la reunión prevista sería una humillación tal que —aunque Francisco pudiera disfrutarla— a él le resultaría casi intolerable.

Carlos acabó desembarcando en Dover el 26 de mayo, justo —pero solo justo— a tiempo. Enrique se apresuró a recibirlo; llegó tarde por la noche y fue directo a su dormitorio a abrazarlo. Al día siguiente, Domingo de Pentecostés, el grupo cabalgó hasta Canterbury, donde, por primera vez en su vida, Carlos vio a su tía, la reina Catalina, en el palacio del arzobispo. Dos días después, tras varios bailes y banquetes —que Enrique adoraba y el emperador detestaba— se firmó una estrecha alianza entre ambos monarcas. Se acordó que, tan pronto como fuera posible tras su inminente reunión con Francisco, él y Carlos debían volver a verse, quizá en algún lugar de los Países Bajos. Se separaron el 1 de junio, con grandes muestras de afecto; Carlos, en dirección a Sandwich y, desde allí, hacia Alemania; mientras, Enrique, Catalina y su séquito embarcaron hacia Calais, que en aquellos tiempos era todavía suelo inglés. Finalmente, tras casi una semana de frenéticos preparativos, Enrique y Francisco se reunieron —por primera vez en sus vidas— en el Campo del Paño de Oro.

Era un nombre majestuoso, y la ocasión fue más majestuosa, si cabe, pues cada uno de los protagonistas estaba decidido a sobrepasar al otro en esplendor. Enrique trajo consigo un séquito bastante por encima de los cinco mil hombres, junto con tres mil caballos; otros seis mil artesanos de Inglaterra y Flandes —constructores, canteros, carpinteros, cristaleros y demás— llevaban seis meses trabajando sin cesar y habían transformado el castillo de Guînes y lo habían rodeado de unas estructuras provisionales tan complejas y fantásticas que parecían sacadas directamente de un cuento de hadas. Podemos estar seguros de que Francisco supervisó de cerca sus trabajos; fuera lo que fuera lo que Enrique preparaba, estaba decidido a hacer algo mejor. Según una descripción casi contemporánea de Edward Hall,[*] los dos se iban a encontrar

* Un funcionario del gobierno de Enrique VIII. Hall empezó La unión de las dos nobles e ilustres familias de Lancaster y York alrededor de 1530.

en una hondonada llamada el valle de Oro, a medio camino entre Guînes (que era inglesa) y Ardres (que era francesa). Aquí plantó Enrique su Gran Tienda —que se dice que estaba hecha, literalmente, de paño de oro—. Cerca de ella había erigido un gran castillo prefabricado, con sus murallas almenadas y su gran puerta decorada con las rosas de los Tudor. Frente a él había dos fuentes de las que manaba vino.[*]

> La puerta exterior de dicho palacio, [...] hecha con grandes y pesadas piedras, formaba un arco, con una torre a cada lado del mismo, ambas perfectamente construidas, y tanto la puerta como la torre del homenaje estaban almenadas, y en los ventanales y ventanas había imágenes que parecían hombres de guerra preparados para lanzar grandes piedras, y también la misma puerta o torre estaba adornada con figuras de antiguos príncipes, como Hércules, Alejandro y otros, entrelazados con una decoración en color dorado y azul [...] también la torre de la puerta parecía hecha por buenos tallistas, [...] pues allí aparecían los diversos rostros de muchas imágenes, algunas disparando arcos, otras con lanzas, y aun otras listas para atacar y disparar cañones de mano, que se mostraban con mucho detalle.[†]

La tienda de Francisco era también de oro, con tres franjas horizontales de terciopelo azul, cada una de ellas bordadas con una hilera de flores de lis. Estaba coronada por una estatua de madera de seis pies de alto de San Miguel matando al dragón. Pero eso no era más que el principio. En total había casi cuatrocientas tiendas como esa, todas ellas ricamente decoradas. Pocas veces en la historia se ha visto una exhibición tan grande e innecesaria de riqueza.

Cuando llegó el gran día, Enrique y Francisco aparecieron cada uno con quinientos jinetes y unos tres mil soldados de

---

[*] Estas fuentes se demostraron pronto un despropósito, pues rápidamente se vieron rodeadas de borrachos postrados a su alrededor.

[†] Richard Grafton, A Chronicle at Large (1568).

infantería. Sonó un gran gong y todos los presentes tuvieron que quedarse completamente inmóviles, so pena de muerte, mientras los dos reyes espoleaban sus caballos y se lanzaban uno al encuentro del otro. Pareció que iban a chocar, ridículamente, pero en el último momento tiraron de las riendas, se abrazaron, desmontaron y, quitándose el sombrero, se volvieron a abrazar. Luego caminaron cogidos del brazo hasta otra majestuosa tienda, en la que se pronunciaron varios brindis y los principales nobles de cada país fueron presentados a sus majestades. Robert de la Marck, señor de Fleuranges, uno de los más íntimos amigos de Francisco, que estuvo presente durante todos esos festejos, nos cuenta una amable anécdota sobre este encuentro. Nos dice que cuando el heraldo inglés* leyó una proclamación formal que empezaba con las palabras «Yo, Enrique, rey de Francia», Enrique lo detuvo de inmediato. «No puedo serlo», le dijo a Francisco, «mientras vos estéis aquí». Ordenó al heraldo que empezara de nuevo, y que esta vez dijera: «Yo, Enrique, rey de Inglaterra».

Prácticamente no hubo discusiones políticas, pero la política no era la cuestión. La siguiente quincena pasó entre justas, banquetes y juergas interminables. Previsiblemente, los dos reyes ganaron la mayoría de las justas; sin embargo, en su enfrentamiento con el conde de Devon, Francisco sufrió una herida en el ojo lo bastante grave como para que tuviera que llevar un parche negro, como de pirata, durante varios días. Salvó el honor cuando, tras presenciar una serie de combates de lucha libre, Enrique sugirió que combatieran ellos dos y Francisco lo tumbó rápidamente.† Enrique se lo tomó bastante bien y pidió una revancha, a la que Francisco se negó de inmediato. Entonces, el domingo 17 de junio, llegó otro momento memorable. Esa mañana temprano, Francisco apareció en la tienda de Enrique inesperadamente y sin previo aviso y, relevando a su ayuda de cámara, le ayudó a vestirse. Enrique, profundamente emocionado por esta

* Según otra versión, fue el propio Wolsey quien leyó la proclamación.
† Este incidente aparece en las crónicas francesas de las festividades, pero no, por la razón que sea, en las inglesas.

muestra de afecto, le regaló allí mismo un collar de rubíes que valía 30 000 ducados venecianos. Francisco devolvió el favor con un regalo todavía más caro, pero se negó a quedarse a desayunar. Esa noche, él y la reina Claudia, cuyo embarazo estaba muy avanzado, invitaron a cenar a Enrique y Catalina y luego celebraron un baile de máscaras. En las demás noches se vieron toda clase de entretenimientos, pero casi todos ellos acabaron con un banquete. En uno de estos, Francisco demostró su célebre galantería paseando, con la gorra en la mano, por toda la sala y besando a todas las damas inglesas presentes, «excepto a cuatro o cinco que eran viejas y poco agraciadas».

El programa de festividades terminó el domingo 24 de junio. A mediodía del día anterior, Wolsey había celebrado con titubeos una misa solemne pontifical —algo que no había hecho desde hacía muchos años— con otros cinco cardenales y más de veinte obispos. El servicio resultó inesperadamente animado cuando un inmenso fuego de artificio con forma de dragón, que se había preparado para las festividades de la noche de San Juan, que empezarían unas horas más tarde, prendió accidentalmente a media celebración; pero pronto se restauró el orden y el cardenal siguió como pudo su vacilante misa. Las dos parejas reales asistieron entonces a otro banquete, más suntuoso todavía que los anteriores. El domingo, tras otro intercambio de regalos, los ingleses se despidieron y se retiraron a Calais. Francisco viajó a su *château* de Saint-Germain-en-Laye, donde el 10 de agosto la reina Claudia dio a luz a una niña. Los dos reyes se comprometieron a construir una capilla a Nuestra Señora de la Paz en el lugar donde se habían reunido, pero, por desgracia, nunca encontraron el momento de hacerlo.

El Campo del Paño de Oro, aparte de empobrecer mucho a ambos países, no había sido más que una gran comedia. Pero resultó útil. Es difícil para nosotros, hoy en día, comprender la intensidad del odio que existía entre ingleses y franceses en el siglo XVI.* Este odio, al menos entre la nobleza de ambos bandos, se vio ahora significativamente reducido, si acaso por un tiempo. La reunión también había puesto fin, hasta cierto punto, a las suspicacias entre los dos monarcas y había ofrecido un espectáculo que ninguno de los presentes olvidaría jamás. Políticamente, no había conseguido nada; pero ese nunca había sido el propósito de ninguno de los dos reyes. Francisco no había intentado convencer seriamente a Enrique de que se uniera a él en el enfrentamiento que estaba cociéndose contra Carlos. En cualquier caso, era perfectamente consciente de que los otros dos monarcas habían acordado verse pronto, incluso antes de que el rey regresara a Londres.

Cuando Enrique se encontró con Carlos el 11 de junio entre Calais y Gravelines, la atmósfera fue muy distinta. A pesar de las apariencias, en realidad no había congeniado con Francisco, quien era, para él, dejando a un lado cualquier otra consideración, un competidor directo. En cambio, por Carlos —quien todavía tenía solo veinte años— sentía un genuino afecto. Después de su visita a Inglaterra, el joven había escrito una carta dirigida a él y a Catalina para agradecerles con cariño su hospitalidad y, en particular, para dar las gracias a Enrique por los consejos que le había dado «como un buen padre, cuando estuvimos en *Cantorberi*»; y bien podría ser que el rey, quien, después de todo, era además su tío, tuviera algún sentimiento paternal hacia él o, cuanto menos, la voluntad de protegerlo. Lo que parece muy claro es que Carlos se hizo querer no solo por Enrique, sino también por cuantos le rodeaban, y Francisco, a pesar de toda su fanfarronería, no lo había conseguido. No es que Enrique hubiera olvidado sus recientes promesas al rey francés, ni las disposiciones del tratado internacional que habían firmado hacía dos años. No dijo nada que traicionara a Francisco y solo acordó que ni él ni el emperador pactarían ningún matrimonio más con

---

* A su regreso a Inglaterra, el hermano del marqués de Dorset le dijo a un amigo que, si tuviera una sola gota de sangre francesa en sus venas, se las abriría para sacarla de allí, a lo que su amigo replicó que él haría lo mismo.

Francia sin consultarse previamente. Fue Carlos quien quiso tentar a Enrique con una alianza antifrancesa y una ruptura del contrato matrimonial entre su hija María y el delfín, pero Enrique se negó a atender «ninguna exhortación que llevase a la violación de dicha promesa». A lo largo de 1520 y a principios de 1521, a medida que las relaciones entre Francia y el Imperio se deterioraban cada vez más, se vio a sí mismo como un perpetuo pacificador y animó a ambas partes a no provocar al adversario y advirtió, enigmáticamente, que si al final la guerra estallaba, él se vería obligado «a apoyar a un bando o al otro».

Pero, dijera lo que dijera, sabía perfectamente que si tenía que escoger entre Francia y el Imperio, siempre escogería al segundo como aliado. Una alianza con Francisco le ofrecía muy pocas ventajas; sin embargo, una con Carlos conllevaba la recompensa de tanto territorio francés como su ejército pudiera conquistar, y también mejoraba exponencialmente las posibilidades de su siempre ambicioso Wolsey de obtener el premio en el que tenía puesta su mira: el papado. Fue ahora, en 1521, a pesar de las manifestaciones hechas un año antes, cuando Enrique rompió el contrato matrimonial que prometía a María al delfín y, a cambio, la prometió a Carlos, que aceptó casarse con ella cuando alcanzara los doce años de edad. Él era dieciséis años mayor que la que tenía que ser su esposa, pero esa diferencia de edad no era de ningún modo extraña en los matrimonios reales y a buen seguro que no habría preocupado en lo más mínimo a Enrique, que se mostraba encantado de que el emperador se fuera a convertir en su yerno. Al mismo tiempo, prometió una nueva expedición militar a Francia para ayudar a recuperar «todo lo que había ocupado el rey de Francia, pero que pertenecía por derecho» a Carlos. Esto, en la mente de las partes contratantes, no quería decir otra cosa que el ducado de Borgoña, aunque también incluía Provenza y toda Francia al este del Ródano. Por ello, nadie se sorprendió cuando, en noviembre de 1521, se iniciaron los combates entre Carlos —que contaba con el apoyo del papa— y Francisco, y Enrique se posicionó claramente a favor del emperador; cuatro meses más tarde, él mismo declaró la guerra a Francisco.

Sin embargo, el principal objeto de disputa no era Francia, sino Italia. El interés de Carlos en la península se basaba en el hecho de que había heredado de su padre, el rey Fernando, las coronas de Nápoles, Sicilia y Cerdeña, las cuales estaba decidido a pasar intactas a sus sucesores. No deseaba apropiarse de más territorios en Italia y le parecía correcto que las grandes familias siguieran al frente de sus estados, siempre que, por supuesto, reconocieran el dominio español y mostraran por España el debido respeto; pero, por otro lado, no podía tolerar la influencia francesa. El rey Francisco, mientras permaneciera en Italia, ponía en peligro el dominio imperial en Nápoles.* También era un peligro en el norte, donde el ducado de Milán —reclamado en su coronación en 1515 y vuelto a ganar en Marignano ese mismo año— se había convertido para él en una obsesión.

El emperador estaba profundamente agradecido por el apoyo de Enrique; tan agradecido, de hecho, que en su viaje de regreso a España en 1522 pasó seis semanas en Inglaterra. Su visita tuvo un mal comienzo. Llegó a Dover el 26 de mayo —exactamente dos años después de su primera visita—, pero tuvo que esperar allí tres días a que llegara su equipaje. Solo entonces pudo partir hacia Greenwich —donde conoció a su prometida, la princesa María, que tenía seis años— y luego prosiguió hasta Richmond y Windsor. Entonces llegaron los festejos de verdad. Enrique estaba decidido a compensar a Carlos por la informalidad y la improvisación de su visita en 1520. Curiosamente, quiso la casualidad que fuera en Inglaterra donde, el 3 de julio, Carlos redactó su primer testamento, ante el obispo Waltham, en Hampshire, donde todavía pueden verse las ruinas del palacio en el que se alojó. Concluyó también dos tratados más, comprometiendo a Enrique a un ataque conjunto contra Francia. Hasta el 6 de julio no se embarcó rumbo a Santander.

* La casa de Anjou había gobernado el reino de Nápoles desde 1266 hasta su captura por Alfonso V de Aragón en 1442, aunque el último de los angevinos, René, siguió siendo rey hasta su muerte, en 1480.

Pero Carlos tenía otras preocupaciones además de Francia y le daba vueltas y más vueltas a algunas cuestiones que parecían irresolubles. Cinco años antes, en 1517, Martín Lutero había clavado sus noventa y cinco tesis en la puerta de la iglesia de Wittenberg; tres años más tarde, quemó en público la bula papal que lo excomulgaba y, en 1521, en la Dieta de Worms, alzó resolutivamente el estandarte de la rebelión contra el papa y el emperador. La única esperanza de satisfacerlo, en opinión de Carlos, radicaba en la convocatoria de un Concilio General de la Iglesia para discutir las reformas; pero ¿qué utilidad tenía un Concilio General si ni Francia ni sus aliados estaban representados en él?

Y no eran estas las únicas malas noticias que le acechaban.

Cuanto más se lee sobre el sultán Solimán, más dispuesto está uno a creer que, por grande que fuera su determinación de no tolerar que el emperador Carlos gobernara el mundo, él mismo no veía con malos ojos poder hacerse con ese título. Gracias a sus belicosos predecesores, la mayoría de los antiguos enemigos cristianos de los turcos en Europa Oriental habían dejado de existir: los imperios búlgaro y serbio habían sido aniquilados al final del siglo XIV y el Imperio bizantino a mediados del XV. Solo quedaba en pie el reino de Hungría. Bajo los dos grandes líderes que tuvo en el siglo XV, Juan Hunyadi y su hijo, Matías Corvino, ese reino jugó un papel fundamental en la resistencia contra el infiel; pero, tras la muerte de Corvino en 1490, su prestigio y su poder conocieron una franca decadencia y parecía poco probable que su actual monarca, Luis II —cuñado del emperador— pudiera recuperarlos.

Fue contra Hungría, por lo tanto, contra quien ahora marchó el sultán, partiendo de Estambul el 6 de febrero de 1521 al frente de un ejército que se estima de cien mil hombres y unos trescientos cañones. Lo acompañaba su mano derecha, Ibrahim Pachá, que todavía estaba en el albor de su extraordinaria carrera. Nacido en una pequeña aldea de pescadores en lo que hoy es Albania, parece que Ibrahim fue capturado durante una incursión pirata y, de algún modo, supo abrirse camino hasta Estambul y la corte del sultán. Allí, su encanto, su inteligencia y su belleza provocaron tanta impresión que fue enviado a la escuela de palacio y, con el tiempo, fue nombrado uno de los pajes personales del sultán. Puesto que esto consiguió que no se separase un momento de Solimán, los ascensos se sucedieron con rapidez. En poco tiempo era jefe de la alcoba, uno de los puestos más importantes de la corte. Era también el mejor amigo de su señor y lo acompañaba a todas partes, y no pocas veces fue su único compañero. Como suele suceder en estos casos, empezaron a correr rumores: ¿era sana la evidente intimidad que tenía el sultán con su sirviente? Si se permitía que continuase, ¿no dañaría su prestigio y reputación? El propio Ibrahim parece que así lo creyó, pues se dice que se quejó ante su maestro de que lo había premiado demasiado. Pero Solimán pasó por alto todas esas objeciones y en 1523 lo nombró Gran Visir. Ibrahim pasó a ser, después del sultán, el hombre más poderoso del Estado. Cuando se casó con la hermana de Solimán, Hatice Sultán, devino, si cabe, más poderoso todavía. «Ni el sultán ni cortesano alguno toma una decisión sin contar con Ibrahim», escribió el embajador veneciano, «pero Ibrahim lo hace todo sin consultar ni al Gran Señor ni a nadie».

Solimán en el asedio de Belgrado, en 1521. Téngase en cuenta la hilera de cañones.

El primer objetivo del sultán en esta nueva

campaña era Belgrado, la poderosa ciudad fortificada que se
erigía en la confluencia de los ríos Sava y Danubio, la puerta
de entrada a Hungría y al valle del Danubio, a través del cual
podría llevar a sus ejércitos directamente hasta Buda y Viena.
En 1456, Juan Hunyadi había defendido con éxito la plaza
contra el abuelo del sultán, Mehmed II, que había resultado
gravemente herido en la refriega, un desastre que Solimán
tenía intención de vengar. El asedio de Belgrado duró tres
semanas, hasta que los zapadores turcos consiguieron volar
la principal torre de la ciudadela. La guarnición, en parte
serbia, en parte húngara, intentó una salida, pero los serbios
ortodoxos odiaban a los húngaros, que eran católicos, y acordaron una rendición unilateral bajo la promesa de salvar sus
vidas. Los húngaros fueron masacrados del primero al último, mientras que los serbios fueron llevados a Estambul y
acomodados junto a unos bosques al noreste de la ciudad,
que hoy en día todavía se conocen como el Bosque de Belgrado. Entonces, los turcos se adueñaron de la ciudad y en poco
tiempo, Belgrado, que contaba con una población de más de
cien mil habitantes, se convirtió en la segunda mayor ciudad
del Imperio, solo superada por la propia Estambul.

Cuando estas noticias llegaron a Europa, que uno de los
más grandes baluartes cristianos había caído bajo las tropas
del islam y que su mayor iglesia había sido convertida en una
mezquita, provocaron una gran consternación. ¿Cuál sería el
próximo objetivo del sultán? Quizá, según se creía, marcharía sobre Budapest, para luego avanzar por el Danubio hasta
Viena. Pero Solimán no tenía prisa alguna; los húngaros no
eran su único enemigo. Ahora, centró su atención en otro
enemigo, en otro lugar, completamente diferente. Fijó su mirada en la Orden de San Juan de Jerusalén.

Los Caballeros de San Juan eran una orden militar nacida en
Palestina en el siglo XI para atender a los peregrinos enfermos; habían sido expulsados de Tierra Santa junto con los

últimos cruzados, en 1291. Después de una larga búsqueda de una nueva base y de un asedio de dos años, habían capturado Rodas, que convirtieron en su centro de operaciones en 1310 y que, gracias a un decreto papal, había pasado a ser de su propiedad. Así las cosas, ya no eran solo una orden de caballería, sino que se habían convertido en un Estado soberano. Una de sus primeras acciones tras su llegada había sido el comienzo de las obras de su nuevo hospital. Pronto se convertiría en el más famoso —y, con diferencia, en el mejor— hospital del mundo. El gran pabellón —que permanece hoy prácticamente idéntico a como lo dejó la orden hace casi cinco siglos— era capaz de albergar a no menos de ochenta y cinco pacientes, todos ellos atendidos por los propios caballeros. Con su hospital ya acabado, volvieron a su otra labor favorita. Por fin podían reemprender su larga guerra contra el infiel, con el declarado objetivo de «reducir al silencio a los enemigos de Cristo».

Como todos los primeros sultanes otomanos, Solimán era un musulmán devoto. De modo que tras su ascenso al trono solo era cuestión de tiempo que volviera su atención a los caballeros, cuya fortaleza isleña estaba prácticamente en el umbral de la Sublime Puerta, a unos dieciséis kilómetros de la costa de Anatolia. Los caballeros eran relativamente pocos, no tenían ni un ejército ni una flota que pudiera medirse con los turcos; pero, como su bisabuelo, el sultán Mehmed, había pagado caro por descubrir, no serían una presa fácil. En 1480, Mehmed capitaneó un ejército de unos 70 000 hombres contra ellos, transportados en una flota de 50 navíos. También embarcó algunos de los formidables cañones que habían destrozado las murallas de Constantinopla veintisiete años antes. Contra esta enorme hueste, los caballeros contaban con los aproximadamente seiscientos miembros de su orden, más unos mil quinientos hombres, mercenarios extranjeros y milicia local. Después de las tres primeras semanas de asedio, las murallas comenzaron a desmoronarse y el gran maestre cayó gravemente herido, pero, de algún modo, los defensores resistieron; entonces, de repente, cundió el pánico en las filas turcas; los *bashi-bazouks** dieron media vuelta y huyeron, contagiando la desbandada al resto del ejército. Por qué ocurrió sigue siendo un misterio, pero, fuera cual fuera la razón, la victoria turca se transformó en desastre en un abrir y cerrar de ojos. El sultán, furioso, comenzó inmediatamente a preparar un nuevo ejército; pero en la primavera de 1481, mientras cabalgaba por Asia Menor para tomar el mando de sus ejércitos, sufrió un violento ataque de disentería y falleció uno o dos días después.

Así fue como, durante cuarenta años, una de las pocas derrotas que había sufrido Mehmed en vida quedó sin venganza. En este período, los caballeros trabajaron sin descanso en sus defensas, levantaron grandes torres angulosas que permitían disparar fuego de cobertura sobre las secciones expuestas de las murallas y reforzaron los terraplenes para soportar la artillería de sitio que había estado a punto de derrotarlos en 1480. Su gran maestre, Philippe Villiers de l'Isle Adam, un noble francés profundamente piadoso de cincuenta y siete años, que había pasado la mayor parte de su vida en Rodas, recibió, justo una o dos semanas después de haber accedido al cargo, en 1521, una carta del sultán. En la misiva, Solimán se jactaba de las conquistas que ya había realizado, entre ellas las de Belgrado y «muchas otras ciudades grandes y bien fortificadas, en las que maté a la mayoría de los habitantes y reduje al resto a la esclavitud». Las implicaciones de la carta estaban demasiado claras, pero De l'Isle Adam se negó a ser intimidado; en su respuesta relató con orgullo su reciente victoria sobre Kurtoglu, un conocido pirata turco que había intentado, sin éxito, capturarlo a él mismo durante su reciente regreso a Rodas.

Entonces, a principios de verano de 1522, llegó otra carta:

A los Caballeros de Rodas:
Las monstruosas ofensas que habéis infligido a mi sufrido pueblo han despertado mi piedad y mi ira. En

* Tropas turcas irregulares e indisciplinadas, que combatían por el botín y no por el sueldo.

> consecuencia, os ordeno que rindáis al instante la isla
> y fortaleza de Rodas, y os concederé graciosamente mi
> permiso de dejaros partir a salvo con vuestras posesio-
> nes más preciadas. Si sois sabios, preferiréis mi amistad
> y la paz a las crueldades de la guerra.

Todos los caballeros que lo desearan —continuaba la carta— podrían permanecer en la isla, sin prestar homenaje ni
tributo, siempre que reconocieran la soberanía del sultán. El
gran maestre no respondió a esta segunda carta.

El 26 de junio de 1522 los primeros navíos de los setecientos que formaban la flota otomana aparecieron en el
horizonte septentrional. Más y más buques se unirían a esta
vanguardia a lo largo de los siguientes dos días, entre ellos el
buque insignia que transportaba al propio Solimán, a su gran
visir Ibrahim y a su cuñado Mustafá Pachá, que había mar-
chado a la cabeza del ejército en su tránsito por Asia Menor.
Tantas eran las tropas —se cuenta que sumaban no menos de
doscientos mil hombres— que tardaron más de un mes en
desembarcar y organizarse. Era una fuerza abrumadoramente
superior, sobre todo si se tiene en cuenta que se enfrentaba a
unos setecientos caballeros, una superioridad que se mantuvo incluso después de que fueran reforzados por tropas de las
diversas comandancias de la orden en Europa, unos quinientos arqueros cretenses, alrededor de mil quinientos mercenarios y, por supuesto, la población cristiana de Rodas, decidida
a defender sus hogares y familias. Por otro lado, las defensas
de la ciudad eran tan fuertes que muchos las consideraban
literalmente inexpugnables; y los caballeros habían empleado
todo el año anterior en almacenar los suministros de comida,
agua y municiones necesarios para resistir durante muchos
meses.

Más importante todavía: en este tipo de guerra, la vida
siempre era mucho más dura para los asaltantes que para los
asediados, puesto que carecían de protección contra el calor
del verano y el frío y la lluvia del invierno. Para los defensores, obligados a adoptar un papel pasivo, la principal presión

era psicológica; por fortuna, sin embargo, había trabajo de sobra para mantenerlos ocupados. Tenían que mantener una vigilancia constante sobre cada palmo de la muralla, reparar los daños tan pronto se producían y estar atentos a cualquier señal de zapadores enemigos. Las minas se habían convertido en una especialidad del ejército otomano, que entendía perfectamente que una fortificación imponente era mucho más vulnerable por debajo que por delante.

A finales de mes se inició el bombardeo de la artillería pesada, con cañones más potentes que los usados en el asedio anterior, capaces de lanzar balas de casi noventa centímetros de diámetro a más de kilómetro y medio de distancia. El ejército turco se había desplegado formando una gran media luna al sur de la ciudad; el de los caballeros estaba dividido siguiendo sus ocho «lenguas»,* cada una de las cuales era responsable de la defensa de su propia sección de la muralla. A mediados de septiembre, sus peores temores se hicieron realidad: habían encontrado no menos de cincuenta túneles —todos obra de los zapadores turcos— avanzando en varias direcciones bajo la muralla. Afortunadamente, fueron capaces de contratar los servicios del mejor ingeniero militar de su época, un italiano llamado Gabriele Tadino. Tadino había construido su propia red de túneles, desde los que podía escuchar —con la ayuda de tambores con el parche tensado al máximo, capaces de percibir el menor golpe de una azada turca— y a menudo desactivaba las bombas enemigas. Pero era imposible que las interceptara todas y a principios de septiembre una mina explotó bajo la sección inglesa, lo que provocó una brecha en las murallas de más de nueve metros de anchura. Los turcos se arrojaron contra ella y siguieron dos horas de el más terrible combate cuerpo a cuerpo, hasta que los defensores, no se sabe cómo, lograron imponerse y los exhaustos supervivientes se retiraron a sus líneas.

Hacia diciembre, sin embargo, los caballeros se encontraban al límite de su resistencia. Más de la mitad de sus

* Se trataba esencialmente de una división por naciones: las de Aragón, Auvernia, Castilla, Inglaterra, Francia, Alemania, Italia y Provenza.

hombres estaban muertos o fuera de combate. Aunque el sultán seguía ofreciendo términos honorables de capitulación, la resolución del gran maestre se mantuvo durante mucho tiempo. Antes que rendirse al infiel, dijo, era mejor que hasta el último caballero pereciera en las ruinas de la ciudadela. Fueron los nativos rodiotas quienes le convencieron de que, si continuaba resistiendo, el resultado sería inevitablemente una matanza, tanto de los propios caballeros como del resto de habitantes de Rodas. Así, al fin, De l'Isle Adam envió un mensaje al sultán, invitándolo personalmente a la ciudad para discutir los términos de la rendición... y Solimán aceptó. Se dice que al acercarse a las puertas hizo que su guardia se marchase diciendo: «El gran maestre de los Hospitalarios garantiza mi seguridad, con lo que estoy más seguro que si me protegieran todos los ejércitos del mundo».

Las negociaciones fueron largas y difíciles. Finalmente, se acordó que la orden abandonaría Rodas en doce días, dejando atrás cincuenta rehenes, veinticinco caballeros y veinticinco isleños; mientras tanto, el ejército turco se retiraría a kilómetro y medio de distancia de la ciudad. Durante cinco años la población local estaría exenta de impuestos y del *devshirme,* el reclutamiento de niños cristianos para el servicio imperial otomano. Solimán prometió también que la ciudad sería respetada, pero quién sabe cómo, un grupo de jenízaros consiguió entrar a la fuerza y —a pesar de su legendaria disciplina en la batalla— mostró cuán crueles y bárbaros podían llegar a ser. «Fueron», dijo un testigo presencial, «hasta la gran iglesia de San Juan, donde profanaron los frescos, abrieron las tumbas de los grandes maestres, esparcieron las cenizas de los muertos, arrastraron el crucifijo por el polvo y volcaron los altares». Y todo esto, añade, ocurrió la mañana de Navidad.

Al día siguiente el gran maestre se rindió formalmente. Se dice que Solimán lo trató con todo el respeto que merecía, felicitándolo a él y a sus hombres por su coraje y tenacidad. Era el sino de los príncipes, dijo, perder ciudades y provincias de vez en cuando. Una semana después, la noche del 1 de

enero de 1523, los supervivientes de uno de los grandes asedios de la historia zarparon hacia Creta. Se dice que el sultán,
al verlos marchar, se volvió hacia Ibrahim Pachá. «Me entristece», murmuró, «obligar a este valiente anciano a abandonar
su hogar».

No fue fácil para los caballeros encontrar otro. Después
de Creta, intentaron asentarse en Messina, luego en Viterbo y, finalmente, en Niza, sin conseguirlo en ninguna parte.
Entonces, en 1530, el emperador Carlos les ofreció Malta,
junto con la vecina isla de Gozo y, como premio adicional, la
ciudad de Trípoli, en la costa del norte de África. A cambio,
debían pagar el tributo de un halcón —«el halcón maltés»—
cada año, el Día de Todos los Santos. Los caballeros aceptaron entusiasmados e iniciaron los trabajos para levantar su
nuevo hospital. Malta sería su hogar durante los siguientes
268 años.

Pero, como veremos, volverían a vérselas con el sultán.

3
«TODO ESTÁ PERDIDO, SALVO EL HONOR»

Durante los últimos cinco o seis años, el rey Enrique había estado incordiando a Roma para conseguir un título especial que lo igualara a los otros dos monarcas, Su Católica Majestad, el rey de España, y Su Cristianísima Majestad, el rey de Francia; y Roma no se oponía a la idea. Ya en 1512, Julio II estuvo a punto de transferir el título del cismático Luis XII a Enrique, pero al final decidió no hacerlo. No hubo ninguna novedad hasta que, en 1521, un ejemplar exquisitamente encuadernado de un libro que Enrique acababa de escribir, la *Assertio Septem Sacramentorum* —una refutación del reciente libro de Lutero sobre la Cautividad de Babilonia—, fue presentado a León X. Para sorpresa de muchos, León quedó profundamente impresionado por el texto. Lo leyó arrobado, expresando cada tanto su sorpresa de que un libro así lo hubiera escrito un rey,[*] y lo alabó *super sidera*, «por encima de las estrellas». Ya no podía postergar la cuestión del nuevo título del rey y decidió otorgarle el de *Fidei Defensor*, «defensor de la fe». En teoría, se le concedió solo a Enrique y no a sus sucesores, pero en 1543, por una ley del Parlamento, se unió a perpetuidad a la Corona inglesa. Lo cual no deja de parecer un poco incongruente, considerando que la fe en cuestión es la católica, que Enrique y sus sucesores hicieron bastante poco por defender;[†] pero su abreviatura —*Fid Def* o, más comúnmente, las iniciales *F D*— aparece todavía de forma habitual en las monedas británicas.

Ese mismo año de 1521, para reforzar su posición frente a Francisco en Italia, el emperador Carlos había firmado un tratado secreto con el papa León, que dio como resultado que un ejército conjunto del papado y el Imperio expulsara a los

---

[*] Sin duda, Enrique recibió mucha ayuda de sus amigos, pero parece que de verdad escribió buena parte de la obra él mismo.
[†] Aparte de Jacobo II, y así le fue.

franceses de Lombardía, restaurando en el poder a la casa de los Sforza en Milán e, incidentalmente, permitió al papado recuperar Parma y Plasencia, que había perdido seis años antes. León tenía sobrados motivos para una celebración, pero en el curso del subsiguiente banquete, que, al parecer, fue más desenfrenado de lo habitual y se alargó toda la noche, pilló un resfriado, que en poco tiempo le provocó una fiebre que el 1 de diciembre acabó con su vida. Como príncipe del Renacimiento fue sobresaliente; como papa, un desastre. Se cree que en siete años gastó alrededor de cinco millones de ducados, y a su muerte dejó una deuda que sobrepasaba con mucho los ochocientos mil. Tal era el estado de sus finanzas que el Vaticano ni siquiera compró cirios para su funeral, sino que se emplearon los que habían sobrado de las exequias de un cardenal muerto unos días antes.

Era bien sabido que los cónclaves no eran un camino de rosas, pero el que tuvo lugar entonces debe, por fuerza, contarse entre los peores de la historia. En lo más crudo del más crudo invierno, el Vaticano carecía por completo de calefacción; muchas ventanas habían perdido sus cristales y se habían sellado toscamente con listones, tapando la luz que pasaba por ellas. La mayoría de los presentes había pasado la mayor parte de sus vidas en medio de una gran opulencia; ahora, se veían hacinados, temblando de frío en una sala casi a oscuras, con poca comida que llevarse a la boca —les pasaban la comida «mediante una rueda giratoria que se había instalado en la pared»—, todavía menos bebida y los más rudimentarios aseos. Llegado el sexto día, cuando ya habían tenido que evacuar a un anciano cardenal, más muerto que vivo, se redujeron todavía más las tan exiguas raciones. Qué mejor manera de promover un acuerdo rápido, piensa uno, pero Sus Eminencias fueron incapaces de acordar nada.

Pocos días después, llegó una carta del emperador Carlos V que recomendaba efusivamente a su antiguo tutor, un holandés de sesenta y dos años nacido en Utrecht llamado Adrian Florensz Dedel. Casi nadie en Roma había oído hablar de él, pero gracias a eso no tenía enemigos en la ciudad y, considerando su edad, era poco probable que fuera a durar mucho en el cargo. Más aún, después del papa León, un candidato de compromiso con (por lo que se sabía) una reputación impecable podría tener sus ventajas. Y, ¿acaso votarlo no era la manera más rápida de escapar del gélido Vaticano y regresar cada uno a su propio y caldeado palacio? Así fue como el 9 de marzo de 1522, tras catorce días de un cónclave de pesadilla, el papa Adriano VI —no intentó adoptar un nombre papal— fue elegido vicario de Cristo en la tierra.

Viajó por mar y no llegó a Roma hasta el agosto siguiente. No hablaba italiano, su latín era incomprensible y antes de terminar el año se había ganado la enemistad de todo el mundo: del populacho, que lo consideraba un bárbaro del norte; de la curia, que estaba furiosa por su negativa a distribuir los beneficios habituales; de Carlos V, que había esperado de él que se uniera a su liga contra Francisco I; y del propio Francisco, cuando el papa arrestó y encarceló a uno de sus cardenales por conspirar en secreto para entregar Nápoles a los franceses. Mientras tanto, Adriano vivía como un monje. Desaparecieron los cortesanos, los coperos y los banquetes tan habituales del papado renacentista. Adriano gastaba exactamente una corona al día en comida y empleaba como criada solo a su vieja ama de llaves flamenca, que se encargaba de cocinarle la comida, lavarle la ropa y limpiar. El arte y la arquitectura del Renacimiento le importaban un pimiento; amenazó con encalar toda la capilla Sixtina y arrojar el *Laoconte* al Tíber.

Huelga decir que sus prometidas reformas no llegaron a ninguna parte. No logró controlar a los cardenales, que siguieron comportándose como gallos de pelea; tampoco pudo hacer nada por detener la venta de indulgencias, sin la cual la Iglesia se habría enfrentado a la bancarrota. Todas sus iniciativas acabaron en desastre: sus intentos de formar una coalición contra el sultán; su manejo de la Reforma, cuya importancia una y otra vez fue incapaz de reconocer (como el papa León antes que él); incluso su propuesta —tras la expulsión de los caballeros de Rodas— de una tregua de tres años en toda la cristiandad. Cuando cayó enfermo y murió en septiembre de 1523, poco más de un año después de su llegada a Roma, el alivio fue generalizado. Tendrían que pasar cuatro siglos y medio antes de que se volviera a elegir a un papa no italiano.

No obstante, el alivio no era tanto si se contaba con la aciaga perspectiva de un nuevo cónclave. Afortunadamente, se inició en otoño y no en invierno, pero al final resultó ser todavía peor que el anterior: esta vez los cardenales tardaron cincuenta días en decidirse. Su elección final fue el primo del papa León, Julio de Médici, que tomó el nombre de Clemente VII.* Difícilmente los dos podrían haber sido más distintos. León era inusualmente feo, con una cabeza enorme y una cara hinchada y colorada; aunque poseía un encanto que muchos habían encontrado irresistible. Clemente, que ahora tenía cuarenta y ocho años, era alto y delgado; puede que hubiera sido guapo de no ser por sus labios, tan finos, su expresión altiva y su casi perpetuo ceño fruncido. Era piadoso, meticuloso, trabajador, pero no le gustaba mucho a nadie. Su contemporáneo Francesco Guicciardini llegó a describirlo como «algo taciturno y desagradable, con reputación de avaricioso, en absoluto fiable y naturalmente reacio a ser amable».

Es razonable suponer que un hombre así, por mucho que careciera de habilidades sociales, se demostraría al menos competente como papa. Pero, ¡ay!, Clemente fue todo lo contrario. Fue indeciso y vacilante y le entraba el pánico cada vez que tenía que tomar una decisión. También resultó ser mucho menos inteligente de lo que aparentaba. Es posible que hubiera sido un buen comandante; como general, era todo un desastre. Su historial habla por sí mismo: en sus once años de pontificado Roma sufrió el peor saqueo desde las invasiones de los bárbaros, el protestantismo se estableció en Alemania como una religión distinta a la católica y se pro-

---

* León era el hijo de Lorenzo el Magnífico; Clemente, el hijo bastardo del hermano de Lorenzo, Juliano, que fue asesinado por los Pazzi en Florencia en 1478.

dujo la ruptura definitiva con la Iglesia anglicana a causa del divorcio de Enrique VIII.

Durante el invierno de 1522 a 1523, llegaron a oídos del rey Enrique, que estaba en Greenwich, algunas noticias interesantes. Se referían a Carlos, el tercer duque de Borbón y condestable de Francia, un hombre tan grande —y también tan orgulloso y arrogante— como solo era capaz de producir la nobleza francesa. Comandó la vanguardia del ejército francés en Marignano y el rey Francisco lo recompensó con el cargo de gobernador de Milán. Luego llevó la espada del rey en el Campo del Paño de Oro. Pero Francisco, que nunca se había sentido del todo cómodo a su lado, lo relevó poco después de su mando en el ejército, que había transferido a su cuñado, el duque de Alençon. Para el Borbón eso ya era demasiado, pero lo peor estaba por venir. El año 1521 había visto la muerte de su esposa (y prima segunda), Susana; también ella había nacido en la familia Borbón y había heredado de su padre prácticamente todas las vastas propiedades de la familia, que había dejado en herencia a su marido. Podemos fácilmente imaginar su reacción cuando se enteró de que esas tierras eran ahora reclamadas por la madre del rey, Luisa de Saboya, sobre la base de «consanguinidad» —pues su madre había sido la hija del primer duque de Borbón— y por el propio Francisco, que argumentaba que su propiedad había revertido a la Corona.

Todo se enredaba un poco más porque Susana había muerto sin descendencia, por lo que era esencial que el duque volviera a casarse para preservar la continuación de su linaje. Luisa, que lo había amado durante años, propuso solucionar el problema convirtiéndose en su segunda esposa, pero a sus cuarenta y cuatro años tenía catorce más que él, y él, sin pecar de insensatez, rechazó la propuesta. Pero ella se tomó el rechazo como un insulto personal, y lo mismo hizo Francisco; en adelante, las relaciones entre los Valois y los Borbón fueron pésimas. A causa de todo ello, el duque acudió a los enemigos de Francisco, el Imperio e Inglaterra. Se pusieron en marcha negociaciones secretas. A finales de junio, el embajador de Inglaterra en los Países Bajos recibió instrucciones de disfrazarse hasta ser irreconocible, buscar al Borbón y proponerle un trato; una o dos semanas después, se firmó un tratado entre Enrique, Carlos y el Borbón que comprometía a los tres a una invasión conjunta de Francia.

El año estaba peligrosamente avanzado —la mayoría de las campañas militares se iniciaban bajo los primeros compases de la primavera—, pero la oportunidad parecía demasiado buena como para dejarla escapar, de modo que en agosto de 1523, casi exactamente una década después de la primera aventura francesa de Enrique, el duque de Suffolk cruzó el Canal al mando de un ejército de diez mil hombres. Su objetivo principal era Boulogne, cuya posesión facilitaría la mucho más ambiciosa campaña que había sido planeada para el año siguiente; pero, ay, sus señores cambiaron de opinión. Unas tres semanas después de su llegada a Calais, Wolsey —señalando que «nunca se nos presentará una ocasión como esta para hacernos con Francia»— propuso un ataque inmediato contra París. El rey Enrique, al principio, se negó: el año estaba demasiado avanzado y los problemas de avituallamiento de un ejército en rápido movimiento eran demasiado grandes; Francisco, además, podría convocar rápidamente a su ejército de Italia, dejando a los invasores en manifiesta inferioridad. Al final, no obstante, se dejó convencer y Suffolk ordenó a sus hombres que marcharan hacia el mismo corazón de Francia. A finales de octubre estaban a unos ochenta kilómetros de la capital. Entonces, sin previo aviso, ocurrió el desastre. La prevista marcha del Borbón sobre Besanzón fracasó a poco de empezar; los aliados borgoñones de Suffolk desertaron; una insólita ola de frío causó estragos en el ejército —particularmente entre los caballos— y la siguió un rápido deshielo, que convirtió el campo en un barrizal, imposibilitando el transporte de la artillería de sitio. Incluso era difícil levantar una tienda. No había más remedio que emprender una ignominiosa retirada. Mientras tanto, Francisco arrebató formalmente al Borbón todos sus cargos y títulos y lo declaró traidor; de hecho, eso era, exactamente.

Como es de suponer, el rey Enrique se tomó muy a pecho las noticias del desastre. Al principio, se negó en redondo a darlas por buenas, exigiendo que su, a estas alturas, desesperado ejército, diera media vuelta y prosiguiera con la campaña. Al final aceptó que no podía hacerse nada más durante el invierno que se les echaba encima, pero insistió en que era solo una cuestión de *reculer pour mieux sauter* («retirarse para tomar impulso») y de inmediato puso en marcha los preparativos para una nueva campaña en primavera. Mientras tanto, envió a un embajador, Richard Pace, para que concluyera un nuevo tratado con el Borbón, que lo recibió amablemente y juró fidelidad a Enrique. «Os prometo por mi fe», declaró, «que pondré la corona de Francia sobre las sienes del rey, nuestro común señor, o moriré en el intento». Refrendó sus palabras con un magnífico avance a través de Provenza y Marsella, pero una vez más no pudo asegurar nada. De repente —no sabemos por qué— abandonó el asedio de Marsella y cruzó la frontera hacia Italia. Se podría perdonar a Carlos y Enrique por pensar que su glamuroso nuevo aliado tenía los pies de barro.

El emperador Carlos había firmado un tratado secreto con el papa León X en 1521, en el que el papa se había comprometido directa y plenamente a tomar partido por el Imperio en su lucha contra el rey de Francia; y, naturalmente, Carlos suponía que el primo de León, Clemente VII, respetaría lo pactado. Clemente, sin embargo, no hizo nada por el estilo. Lo que intentó fue, ni más ni menos, que los dos bandos enfrentados hicieran las paces, una iniciativa que fracasó rotundamente, como todo el mundo le había dicho que sucedería, puesto que Carlos solo estaba dispuesto a ceder Milán a cambio de Borgoña. Francisco, por su parte, estaba más decidido que nunca a emprender una nueva campaña italiana, una idea que, ante la ausencia de una clara oposición papal, llevó a cabo en verano de 1524, cuando, al mando de unos veinte mil hombres, enfiló el paso del monte Cenis y penetró en Italia. A finales de octubre de 1524 recuperó Milán.

Entonces, giró al sur hacia Pavía. Esta ciudad resultó un hueso más duro de roer de lo que esperaba; su guarnición de seis mil alemanes y españoles dejó bien a las claras desde el primer momento que su intención era resistir hasta el último aliento. En un momento dado, el rey francés intentó desviar el río Tesino, que bañaba el lado sur de las murallas, pero su presa no pudo resistir la presión de una lluvia torrencial. Lo más prudente habría sido retirarse a Milán a pasar el invierno, pero no. Nunca, afirmó de forma un tanto absurda, un rey francés había asediado una ciudad sin tomarla después. Así que mantendría el asedio hasta que los defensores perecieran por hambre; sin embargo, eso era algo en lo que estos no parecían tener mucha prisa. En consecuencia, tanto él como sus hombres padecieron un invierno extremadamente frío e incómodo, y ahí seguían a finales de febrero, cuando apareció en el horizonte un ejército imperial, capitaneado no por un austríaco o un español —como hubiera sido de esperar—, sino por su antiguo amigo y ahora archienemigo, Carlos, duque de Borbón.

Los dos ejércitos se encontraron en el gran coto del castillo de Mirabello, justo frente a las murallas de Pavía, y la mañana del 24 de febrero de 1525 —quiso la casualidad que fuera el vigesimoquinto cumpleaños del emperador— se libró la batalla. Este combate se demostraría uno de los más decisivos de la historia europea. Es probable, además, que fuera el primero en mostrar de forma irrefutable la superioridad de las armas de fuego sobre las picas. Los piqueros suizos, que esta vez combatían en el bando de Francisco, se batieron con gallardía, pero sus armas, por aterradoras que fueran, no fueron rival para las balas españolas. Cuando cesó la lucha, el ejército francés había sido prácticamente aniquilado; unos catorce mil soldados —franceses y suizos, alemanes y españoles— yacían muertos sobre el terreno. Francisco había demostrado, como siempre, un extraordinario coraje; después

La batalla de Pavía, el 24 de febrero de 1525. La captura
de Francisco aparece representada en primer plano y a la derecha.

de que mataran a su cabalgadura, siguió luchando a pie hasta
el final, cuando, exhausto, lo hicieron prisionero. «Todo está
perdido», escribió a su madre, «salvo el honor, y mi pellejo».[*]
Sin más daño que una pierna magullada y arañazos en la
mano y la mejilla, tenía mucha suerte de seguir con vida; las
estimaciones más fiables sugieren que, de los más de catorce
mil hombres de armas[†] franceses en el campo de batalla, no
sobrevivieron más de cuatrocientos.

[*] La captura del rey fue debida en buena parte a un ataque brillantemente
ejecutado por el general español Fernando Francisco de Ávalos, marqués
de Pescara. Habríamos oído hablar mucho más de él de no haber muerto ese mismo diciembre. Fue una muerte causada, según el historiador
contemporáneo Paolo Giovio, por su insensata costumbre de beber agua.

[†] En el original, man-at-arms, con lo que se refiere a un soldado armado y
pertrechado como un caballero (caballo, armadura, etc.), pero sin necesa-
riamente serlo; es decir, sin estatus de nobleza. En esa época y anteriores,
un caballero se presentaba en el campo de batalla con una hueste de varias
lanzas u hombres de armas, equipados como él mismo, en número entre
tres y veintitantos. No es exactamente un soldado (como podría serlo un
arquero o un piquero). «Hombre de armas» es lo más parecido en español.
(N. del T.)

Francisco fue conducido primero al castillo de Pizzighettone, a orillas del río Adda, donde permaneció durante unos tres meses. Las noticias de su captura fueron recibidas por los demás monarcas de forma muy diversa. Se dice que Carlos, cuando le comunicaron la noticia el 10 de marzo, en Madrid, ordenó misas de gracias y luego se retiró a rezar a solas. También envió instrucciones al virrey de Nápoles para que trataran bien al prisionero y enviaran informes regularmente a la madre del rey. Enrique, por otra parte —a quien la noticia le había llegado el día anterior— saltó de la cama, se vistió con lo primero que encontró, dio un grito de alegría y entonces se hincó de rodillas para dar sus propias gracias. «Todos los enemigos de Inglaterra», declaró, «han desaparecido». Luego pidió que le trajeran vino e invitó al mensajero —a quien había comparado nada menos que con el arcángel Gabriel en la Anunciación— a celebrarlo con él. Se encendieron hogueras por toda Inglaterra y Wolsey pronunció una misa solemne de celebración en San Pablo.

Pero con celebrarlo no era suficiente. Había llegado el momento de lo que Enrique llamaba la Gran Empresa —que Carlos y él mismo, con la ayuda del duque de Borbón, invadieran Francia y se la repartieran entre ellos— y no había tiempo que perder. Se envió inmediatamente una embajada a España para planificar los detalles. La captura de Francisco era un castigo divino «por su gran orgullo», su jactancia y su insaciable ambición. No debía ni siquiera plantearse aceptar un rescate por el rey ni restaurarlo en el trono, ni que fuera el de un reino reducido; «mejor que todo su linaje y su descendencia sea abolida, eliminada y se extinga por completo». Ahora, las dos fuerzas aliadas debían marchar sobre París, donde Enrique sería coronado rey de Francia «por justo título hereditario». Luego, él y Carlos marcharían juntos hacia Italia, donde ayudaría a Carlos a recuperar sus derechos e incluso asistiría a su coronación final en Roma.

Ay… Le aguardaba una amarga decepción. Carlos, desesperadamente corto de dinero, no estaba de humor para volver a dibujar el mapa de Europa. En los primeros días de la contienda, cuando quiso que Enrique invadiera el norte de Francia, el rey no había movido un dedo. Los embajadores de Enrique, que regresaron a Inglaterra con la respuesta de Carlos, no se anduvieron con chiquitas. El emperador, dijeron, haría «poco o nada […] en vuestro interés, provecho o beneficio». Y lo peor estaba por venir. En abril llegó a Londres un embajador especial del emperador, el comendador Rodrigo de Peñalosa, para decir que, a menos que la princesa María pudiera ser enviada de inmediato a España con una parte substancial de su dote en dinero contante y sonante, su señor debía pedirle al rey que lo liberase del compromiso, para que pudiera casarse con otra prima, Isabel, la hija del rey Manuel I de Portugal. (Sin duda, se abstuvo de añadir que Isabel traería consigo 900 000 ducados de oro en efectivo.) Carlos ansiaba casarse lo antes posible, pues deseaba regresar cuanto antes al norte de Europa y quería dejar a la emperatriz gobernando en España.

Para Enrique, aquello fue una traición. Había sentido un genuino afecto por Carlos, le había ayudado, aconsejado y prestado dinero. Él y Catalina esperaban con ilusión el día en que no solo sería su sobrino, sino también su yerno. Ahora no podía hacer otra cosa que contestar que esperaba el cobro inmediato de todas las deudas que el emperador tenía con él y que consideraba nulos e inválidos todos los tratados entre ambos. Mientras tanto, dio instrucciones a Wolsey para que concluyera, con la mayor urgencia, una paz separada con Francia.

Puede que parte de esta ira y frustración indujeran a Enrique a volverse contra su esposa. Ambos llevaban dieciséis años casados. La primera pasión —si es que había habido tal pasión— hacía tiempo que se había consumido, y el hecho de que Catalina no consiguiera darle un hijo no mejoró su relación. El pequeño Henry Fitzroy, el hijo que Enrique había tenido con Bessie Blount, una de las damas de compañía de Catalina, ya tenía seis años y —quizá porque lo veía como un posible futuro monarca— su padre decidió exponerlo a la atención del público. El 18 de junio de 1525, el niño fue

llevado río abajo hasta el palacio de Bridewell, recientemente
construido por Enrique en Blackfriars. Allí, en presencia de
toda la corte y de gran parte de la nobleza de Inglaterra, se
arrodilló ante el rey, fue nombrado caballero y luego recibió un título nobiliario; cuando se alzó de nuevo, fue como
duque de Richmond y Somerset. Al anochecer había aña-
dido a sus títulos el de lord almirante de Inglaterra, Gales e
Irlanda, de Normandía, Gascuña y Aquitania, caballero de
la Jarretera, guardián de la ciudad y el castillo de Carlisle y
primer par del reino de Inglaterra. Era la primera vez desde
el siglo XII que un rey de Inglaterra había ennoblecido a un
hijo bastardo.*

Es fácil imaginar los sentimientos de Catalina, a la que
habían obligado a asistir a todas estas ceremonias, que no
eran más que un deliberado insulto tanto hacia ella como
hacia su hija, una ofensa que no tenía intención de encajar
con la cabeza gacha. Se quejó a su marido, a Wolsey y a todos cuantos trataron con ella, pero sus protestas fueron ig-
noradas. Poco después, sin consultárselo previamente, Wolsey despidió de forma fulminante a varias de sus damas de
compañía, acusándolas de haberla animado en sus arrebatos.
Y eso no fue todo. A continuación, Enrique ordenó que su
hija, la pequeña princesa María, que tenía nueve años, fuera
trasladada al castillo de Ludlow —a doscientos cuarenta kilómetros de Londres o, lo que era lo mismo, a una semana
entera de camino— para que allí asumiera sus responsabili-
dades como princesa de Gales. Se prohibió expresamente que
la acompañara su madre, que la había criado, educado y rara
vez se había separado de ella.

Quedaba solo una migaja de consuelo: María seguía siendo princesa de Gales. En cuanto a la sucesión al trono, estaba
claro que Enrique todavía no se había decidido.

* La primera vez había sido en 1188, cuando Enrique II nombró conde de
Salisbury a su hijo William Longespée.

Francisco siguió en Pizzighettone hasta mayo. Después, fue destinado a una prisión de Nápoles, pero la perspectiva era tan desagradable que suplicó al virrey imperial, Carlos de Lannoy, que lo enviara a España. Lannoy accedió, y hacia España zarpó el rey cautivo, desde Génova, el 31 de ese mismo mes. Desembarcó en Barcelona, donde le esperaba una carta del emperador, a quien, sorprendentemente, Lannoy no se había molestado en informar de su decisión. Carlos estaba en Madrid y se enteró de la llegada de Francisco por casualidad, una vez que ya había desembarcado. Pese a ello, no mostró la más mínima muestra de enojo y se contentó con dar la bienvenida al rey a España, manifestando su esperanza de que ello contribuyera a alcanzar la paz.

En adelante, desde el mismo instante en que pisó Barcelona hasta su llegada a Madrid, Francisco fue tratado como el rey que era. En la Ciudad Condal asistió a misa en la catedral e incluso se le pidió que impusiera sus manos sobre algunos enfermos de escrófula, para quitarles el mal de ojo. En Valencia, el populacho lo rodeó de tal manera que el capitán español responsable de su seguridad, Hernando de Alarcón, tuvo que llevárselo a una confortable villa en las afueras de la ciudad. La última etapa de su viaje a Madrid fue lo más parecido a un viaje real. Se celebraron banquetes y corridas de toros en honor del rey, a quien se invitó a visitar universidades y hospitales. Pero en Madrid le esperaba una amarga decepción: a su llegada a la capital, el 11 de agosto, fue alojado en la torre del Alcázar, que estaba en el lugar que hoy ocupa el Palacio Real.* El duque de Saint-Simon, que lo visitó dos siglos después, lo describe en sus *Memorias*:

> No era una gran habitación y tenía una sola puerta por la que se entraba a ella. La hacía un poco más espaciosa una aspillera a mano derecha, según se entraba, mirando hacia la ventana. Esta era lo bastante grande

* Fue destruido por un incendio en 1734.

Las torres del Alcázar de Madrid, en una de las
cuales estuvo encarcelado Francisco, 1525-6.

para que entrase un poco de luz del sol, tenía cristales
y podía abrirse, pero tenía una doble verja de hierro,
fuerte y sólida, anclada en la pared. [...] Había espacio
para sillas, cofres, unas pocas mesas y una cama.

Desde la ventana, añadió el duque, había una caída de más
de treinta metros, y la torre estaba vigilada día y noche por
dos compañías de soldados. Francisco se vio obligado a esperar en este lugar, tras un frustrado intento de fuga disfrazado
como un sirviente negro, disfrutando de algún paseo en mula
como único ejercicio, bajo numerosa escolta, mientras se iniciaban los preparativos para las negociaciones de paz, que no
podían retrasarse más.

La aplastante victoria del emperador hizo que toda la península itálica se estremeciera, pues allí la paz —incluso una
paz relativa— dependía del equilibrio de poder. Pero Italia
no era la principal preocupación de Carlos. Lo cierto era que,
a pesar de la hostilidad mutua que se profesaban, *necesitaba* a
Francisco. Por insuperables que fueran sus diferencias, ambos
debían combinar sus fuerzas, no solo contra Martín Lutero,
sino también contra Solimán. ¿Dónde, se preguntaba Carlos,

atacaría a continuación el temible sultán? No cabía duda de que continuaría su avance contra las fuerzas de la cristiandad. Entonces, ¿cómo frenarlo, si no era mediante una cruzada conjunta, liderada por el propio Carlos, que contase con el apoyo de todas las potencias cristianas? Pero, en las presentes circunstancias, ¿podía convencerse a Francisco para que apoyara una empresa así? ¿Cómo, en suma, iba a lanzarse tal cruzada mientras Europa seguía tan brutal y amargamente dividida y enfrentada consigo misma?

Las conversaciones de paz —a las que asistieron, por parte francesa, la madre de Francisco, Luisa de Saboya, ahora regente, y su hermana, Margarita de Alençon— empezaron en Toledo en julio de 1525 y Borgoña siguió siendo, como siempre, el principal motivo de disputa. Todavía continuaban en conversaciones el 11 de septiembre, día en que Francisco cayó súbitamente enfermo; tan enfermo, de hecho, que se creyó que no saldría de esa. Durante veintitrés días yació inerte y la mayor parte del tiempo, inconsciente; el emperador, que hasta ahora no había mostrado el menor deseo de conocerlo, acudió corriendo junto a su lecho, y ese fue su primer encuentro. Según los médicos, la raíz del problema era «un absceso en la cabeza», pero los diagnósticos del siglo XVI distaban mucho de ser fiables y nunca sabremos con seguridad qué le sucedió. En cualquier caso, el rey empezó a mejorar tan súbitamente como había enfermado y tan pronto se lo permitió su estado de salud, fue trasladado a la capital, donde continuaron las negociaciones hasta que declaró que aceptaba el tratado propuesto.

Lo primero que debe decirse sobre el Tratado de Madrid, que un convaleciente Francisco firmó el 14 de enero de 1526, es que este jamás tuvo la menor intención de observarlo, a pesar de que dejó a sus dos hijos como rehenes. Tuvo incluso la precaución de firmar otra declaración, secreta, que anulaba la cesión de Borgoña, por haberle sido arrebatada por la fuerza. ¿Cómo, si no, habría renunciado tan fácilmente a los derechos que tanto tiempo había reclamado, no solo sobre Borgoña, sino también sobre Nápoles e incluso sobre

Milán?* Todavía no había sanado del todo; el domingo 29 de enero tuvieron que llevarlo en litera a la iglesia. Pero regresó a lomos de una mula y al día siguiente estaba lo bastante recuperado como para asistir a un almuerzo en su honor. Se dice que después visitó un convento, donde impuso las manos a treinta monjas escrofulosas.

El 13 de febrero, Carlos V se reunió con él en Madrid. Se había acordado, como parte del tratado, que Francisco se casara con la hermana de Carlos, Leonor de Austria, viuda del rey Manuel I de Portugal, y el emperador aprovechó la ocasión para organizar un encuentro. Ella intentó besar la mano a su prometido, pero él —fiel a su carácter— insistió en darle un beso en la boca con todas las de la ley, esgrimiendo su derecho como esposo. Al día siguiente, ella bailó para él una danza española. Y al siguiente, los dos soberanos se separaron: Carlos partió hacia Lisboa, para casarse allí con su princesa portuguesa, Isabel, la hija del rey Manuel, y Francisco emprendió el camino de vuelta a París, tras haberse acordado que su nueva prometida le seguiría a su debido tiempo.

Pero quedaba por completar una pequeña y desagradable ceremonia antes de que el monarca francés pudiera regresar a su tierra. Tuvo lugar en el pequeño río Bidasoa, que delimitaba entonces —como ahora— parte de la frontera entre Francia y España. No lo salvaba ningún puente y solo podía cruzarse con un bote. Temprano por la mañana del 17 de marzo de 1526, dos botes remaron hacia un pontón que flotaba en el centro del río. En uno iban el rey, el virrey de Nápoles y Alarcón; en el otro, dos niños pequeños: el Delfín, que tenía ocho años, y su hermano Enrique, duque de Orleans, que tenía siete. Ambos todavía estaban recuperándose de un grave ataque de sarampión e iban a permanecer en España durante un período indefinido como rehenes, para garantizar la buena conducta de su padre. Cuando los dos botes llegaron al pontón, intercambiaron a sus pasajeros. Francisco, con

---

* También, dicho sea de paso, devolvió todas las tierras en disputa al duque de Borbón, «con la condición de que nunca lo volvamos a ver», pero esa devolución no tendría lugar en vida del duque.

lágrimas en los ojos, hizo la señal de la cruz sobre sus hijos y les prometió —uno se pregunta si con auténtica esperanza— que enviaría a buscarlos tan pronto como pudiera. Finalizado el intercambio, los botes regresaron a sus amarraderos.

Enrique VIII había recibido con alegría las noticias de la captura de Francisco en Pavía, pero las de su capitulación en Madrid causaron otra reacción muy distinta en Londres. El cardenal Wolsey simplemente no podía creer lo que le contaban. ¡Si Carlos recuperaba Borgoña y su hermana Leonor se convertía en reina de Francia…! Y ¿qué pasaría si Carlos y su hermano Fernando morían sin legítimos herederos? Todos sus territorios revertirían en su hermana y en su marido, Francisco. El futuro de Europa parecía, desde luego, muy peligroso.

Francisco, por otro lado, pasó un delicioso verano cabalgando tranquilamente por su reino y no llegó a París hasta entrado el otoño; para entonces, parte de la indignación que habían provocado los términos del Tratado de Madrid había remitido un poco…, aunque los Estados de Borgoña todavía se desgañitaban protestando porque, según se decía, el rey no tenía derecho a enajenar una provincia del reino sin el consentimiento de su pueblo. Francisco contestó, simplemente, que no tenía ninguna intención de hacerlo. No cabía la menor duda: las promesas extraídas en prisión no eran vinculantes. No deseaba enemistarse con Carlos más de lo necesario, pues, aparte de todo lo demás, quería recuperar a sus hijos. Al mismo tiempo, el equilibrio de poder se había visto seriamente afectado; el emperador era, una vez más, demasiado poderoso, y estaba claro que había que hacer algo para cortarle las alas.

En cuanto al papa Clemente, quedó horrorizado: sin presencia francesa en Italia, ¿cómo iba a defenderse de la presión del Imperio? Se apresuró a reclutar a Milán, Venecia y Florencia en una liga contra el Imperio para defender una Italia libre e independiente… e invitó a Francia a unirse a ella. Aunque todavía no se había secado la tinta con que se había escrito el Tratado de Madrid y pese al tan distinto parecer del papa sobre el futuro de Milán —el papa favorecía a los Sforza, mientras que Francisco quería la ciudad para sí mismo—, el 22 de mayo de 1526 el rey, con su habitual floritura caligráfica, añadió su nombre a lo que se llamaría la Liga de Cognac. Eso comportaba, bien lo sabía, que pasaría mucho tiempo —quizá otros tres o cuatro años, a menos que pudiera persuadir a Carlos de que aceptara un rescate en metálico— hasta que volviera a ver a sus hijos, pero sabía que, al menos, estarían bien cuidados. También aprenderían español y conocerían a una serie de personas que podrían resultarles muy útiles en el futuro.

Para Carlos, por supuesto, todo esto era lisa y llanamente una traición. No podía siquiera concebir la idea de un rescate, si es que alguna vez había sido concebible. El abuso de confianza de Francisco lo había horrorizado y afectado profundamente: simplemente, ¡los monarcas no se comportan así, con tan poca vergüenza! Había planeado ir a Italia para ser coronado por el papa, pero ahora ese viaje tendría que posponerse indefinidamente. «Está inmensamente triste», informó un enviado inglés, «y, en ocasiones, musita en solitario hasta tres o cuatro horas seguidas. No disfruta ni goza de nada». Al embajador francés, en cambio, no le ocultó su ira:

> No los entregaré [a los dos pequeños príncipes] a cambio de dinero. Si rechacé dinero por el padre, mucho menos lo aceptaré por los hijos. Gustosamente los entregaré por un tratado razonable, pero no por dinero, ni confiaré de nuevo en ninguna de las promesas del rey, pues me ha engañado, y no como un noble príncipe. Y cuando se excusa diciendo que no puede cumplir algunas promesas por no provocar el resentimiento de sus súbditos, que cumpla entonces lo que está en su poder cumplir, lo que prometió cumplir por su honor de príncipe; esto es, que si no podía cumplir con sus compromisos, retornaría a la prisión de la que marchó.

La Liga de Cognac —a la que el rey Enrique alentó al tiempo que evitó cuidadosamente unirse— introdujo una apasionante novedad en los asuntos italianos. Quizá por primera vez, existía un acuerdo dedicado a la idea de que Milán y, por extensión, todos los demás estados italianos, no deberían estar sometidos al dominio de una potencia extranjera. El lema era «Libertad». Claramente no podía haber libertad para toda Italia, pues entonces no era más que una expresión geográfica; al mismo tiempo, quedaba claro a todos los signatarios italianos de la Liga que la única esperanza de resistir al poder de Carlos V (o Francisco I, ya puestos) consistía en dejar a un lado sus disputas internas, sumar sus fuerzas y presentarse firmemente unidos ante cualquier potencial invasor. Faltaban todavía tres siglos para el *Risorgimento,* pero quizá aquí saltaron las primeras chispas que más tarde prendieron el sentimiento nacional.

Francisco, sin embargo, todavía se sentía amenazado. Carlos y su hermano Fernando parecían decididos a dominar toda Europa, y su propio reino ya estaba rodeado por territorios potencialmente hostiles. Si pretendía sobrevivir y no ser conquistado, su mejor opción era encontrar un aliado en Oriente, y el único candidato posible era el sultán otomano. La primera misión diplomática francesa ante Solimán partió temprano, en 1525 —inmediatamente después de Pavía— por orden de la reina madre, incluso antes de que el rey regresara de su cautiverio. No nos ha llegado el nombre del embajador, pero sabemos, sin embargo, que llevó consigo muchos y muy valiosos presentes —quizá demasiado valiosos, porque tanto él como todo su séquito fueron emboscados y asesinados a medio camino por el pachá de Bosnia, que se adueñó de todos los tesoros que transportaban. Cuando Francisco, tras su liberación, se enteró del desastre, parece que lo aceptó con filosofía. Ordenó inmediatamente que partiera una nueva misión, esta vez encabezada por Juan Frangipani, un noble croata al servicio de Francia a quien, si el pachá seguía con su humor asesino, al menos podría protestar en su propia lengua. De hecho, Frangipani —quien llevaba una carta de su señor escondida en la suela de su bota— llegó sin sobresaltos a Estambul en diciembre, donde fue recibido con la más cálida de las bienvenidas. El penitente pachá fue convocado por la Sublime Puerta y obligado a devolver cuanto había robado, y Solimán no tardó en acordar —aunque sin hacer ninguna promesa concreta— que él y sus nuevos amigos franceses no escatimarían esfuerzo alguno para asegurar que el emperador no se convirtiera en el «gobernante del mundo».

Frangipani también expuso una serie de peticiones menores; el sultán accedió de inmediato en todas ellas, excepto en una, que se refería a una iglesia en Jerusalén, que había sido convertida en mezquita y que se negó a retornar al culto cristiano. Las leyes del islam, explicó educadamente a los franceses, no permitían que una mezquita cambiara su función. Pero incluso esta píldora fue convenientemente dorada:

> Los lugares que no sean la mezquita permanecerán en manos cristianas. Nadie molestará a los que permanezcan allí durante nuestro justo reinado. Vivirán tranquilos, bajo nuestra ala protectora […] y retendrán con total seguridad todos los oratorios y demás edificios que ahora ocupan, sin que a nadie se le permita oprimirlos o atormentarlos en modo alguno.

Al establecer relaciones tan amistosas con la Sublime Puerta, no hay duda de que Francisco mejoró la situación de los cristianos en Oriente; pero nunca perdió de vista su objetivo principal: conseguir la ayuda de los otomanos contra Carlos. Sus negociaciones con el sultán ya eran de dominio público en toda Europa; como Thomas Cromwell afirmó en una ocasión, ningún escrúpulo cristiano impediría que el rey de Francia llevara al turco y hasta al mismísimo diablo al corazón de la cristiandad si con ello podía recuperar Milán. El propio Francisco lo admitió:

No puedo negar que deseo fervientemente que el turco sea poderoso y esté listo para la guerra, no por mí, puesto que es un infiel y nosotros somos cristianos, sino para minar el poder del emperador, para forzarle a gastar grandes sumas de dinero en sí mismo y en intentar calmar a todos los demás gobiernos ante un enemigo tan poderoso.

Para sus enemigos, «Su Cristianísima Majestad» se había convertido ahora en «el Verdugo de la Cristiandad». Si, como se rumoreaba, los turcos planeaban otra campaña por el Danubio, sin duda los franceses estarían detrás de ello. Francisco se vio balanceándose sobre una cuerda floja. Estaba obligado a convencer a Europa de su completa lealtad a la causa cristiana; al mismo tiempo, era vital que el sultán siguiera confiando en él y convencerlo de que esas declaraciones públicas que Francisco se veía obligado a hacer de vez en cuando en verdad no querían decir nada. Era consciente de que necesitaba a Solimán mucho más de lo que Solimán lo necesitaba a él; sin la ayuda del sultán, ¿qué posibilidades tenía de resistir el inmenso poder del Imperio, que lo rodeaba tanto por oriente como por occidente? Si no era de este modo, finalmente, ¿cómo iba a cumplirse el antiguo sueño de los Valois de gobernar Italia?

La misión de Frangipani fue un éxito mientras duró, aunque ya entonces Solimán tenía otras cosas en la cabeza. Por un lado, tenía asuntos pendientes en Hungría y había llegado el momento de volver a la carga. Y así fue como, el lunes 21 de abril de 1526, él e Ibrahim Pachá —quien ya era su Gran Visir— salieron por la puerta de Adrianópolis de Estambul y partieron hacia el oeste al frente de otro vasto ejército. Era una ruta familiar que los llevó de nuevo por Sofía y Belgrado, y desde allí prosiguió siguiendo el Danubio hasta Buda. El tiempo era pésimo; Solimán tuvo muy mala suerte con los elementos toda su vida. Los ríos estaban crecidos, la corriente había arrastrado muchos puentes y las carreteras, o lo que quedaba de ellas, se habían convertido casi todas en un espeso y profundo barrizal por el cual era casi imposible mover los cañones. Y, aun así, de alguna manera, el ejército siguió adelante, con el sultán manteniendo siempre la férrea disciplina por la que era famoso: los soldados que pisaban campos sembrados o no respetaban a los lugareños eran ejecutados sumariamente. Cuando llegaron a la ciudad de Osijek, se vieron obligados a construir un puente sobre el río Drava de 332 metros de largo, que se terminó en cinco días. En cuanto

«Pero no importa, más se perdió en el campo de Mohács».
Solimán en la batalla de Mohács, 29 de agosto de 1526.

el último hombre lo hubo cruzado, fue destruido. La retirada no era una opción, nunca lo fue. Al fin llegaron a la llanura de Mohács, a unos veinticinco kilómetros de la confluencia del Drava y el Danubio, donde el rey Luis —el cuñado del emperador— los esperaba.

Para Luis, la situación era realmente grave. Su país estaba profundamente dividido. Muchos de los campesinos vivían tan miserablemente que estaban dispuestos a recibir a los turcos como libertadores. Mientras tanto, un ambicioso noble llamado Juan Zápolya había puesto sus miras en la corona, y la mayoría del resto de los boyardos no tenía el menor interés en reforzar la posición del rey o la de los Habsburgo. Hasta tal punto detestaban a los alemanes que pidieron su expulsión del reino justo entonces, cuando el país necesitaba toda la ayuda que pudiera conseguir. Luis había hecho cuanto estaba en su mano para conseguir ayuda en otros países de Europa. «Si la ayuda de Su Majestad no llega pronto», escribió al rey Enrique de Inglaterra, «mi reino está perdido»; Enrique, no hay ni que decirlo, no movió un dedo para socorrerlo. Carlos V tampoco se mostró entusiasmado: de todas formas, estaba en España, con otros asuntos de los que preocuparse. Por lo demás, cuestiones como esta eran responsabilidad de su hermano; ¿para qué, si no, había dividido el imperio en dos? Desesperado, Luis llegó incluso a suplicar ayuda al sah de Persia para que creara una distracción en el este, pero no recibió respuesta. Como último recurso, apeló a la Dieta de los príncipes alemanes, pero estos condicionaron cualquier ayuda a que se convocara un concilio general para debatir sus problemas religiosos. Tras largas negociaciones, y a cambio de la promesa de que ese concilio se celebraría en los dieciocho meses siguientes, acordaron enviar veinticuatro mil hombres, pero, para entonces, ya era demasiado tarde: la batalla de Mohács se había librado… y se había perdido.

Para el bando de los húngaros, Mohács es el ejemplo perfecto de cómo no hay que librar una batalla. De entrada, ninguno de los boyardos de Luis respondió a su llamada a las armas. Los había convocado para que se reunieran el 2 de julio, pero el día señalado no se presentó nadie. De hecho, ni siquiera se presentó el propio Luis; solo tras su llegada, uno o dos días después, empezó a formarse el ejército. Los miembros de la nobleza que se mostraban dispuestos a combatir presionaron al rey para que se enfrentara al enemigo de inmediato, sin esperar siquiera a los ejércitos de Juan Zápolya o del conde croata Christoph Frankopan —que entre ambos sumarían, quizá, entre treinta y cuarenta mil soldados— que estaban a tan solo unos pocos días de marcha. El mando supremo, quién sabe por qué, se le había otorgado a un monje católico, el arzobispo Pablo Tomori de Kalocsa, cuya asombrosa y excesiva arrogancia nacía, probablemente, de su fe ciega en la caballería húngara, cuyos jinetes y caballos estaban tan completamente cubiertos de corazas que prácticamente no se pudieron mover cuando sus homólogos turcos, más ligeramente armados, los atacaron y se infiltraron en sus filas, una y otra vez, aniquilándolos metódicamente. El arzobispo había olvidado también —si es que alguna vez llegó a comprenderla— la potencia de la artillería turca y sus pesadas piezas, capaces de disparar balas de hierro que reventaban al chocar contra sus blancos.

La batalla se inició hacia las dos de la tarde y lo más posible es que acabara alrededor de las seis. Casi todo ese tiempo estuvo lloviendo torrencialmente. Ambos bandos lucharon con extraordinario valor y el sultán, siempre en lo más recio del combate, salió con vida de milagro. Varios de sus guardaespaldas murieron, y él sobrevivió solo gracias a que un destacamento de sus jenízaros lo rodeó y desjarretó a los caballos de sus atacantes. Y pocos fueron más valientes que el propio arzobispo. Según la improbable crónica de Ibn Kemal, un historiador turco:

> Como si fuera de hierro colado, cuanto más lo golpeaba la batalla, más en ella se adentraba y de ella extraía sus fuerzas. Como una víbora o un elefante, se mantuvo firme pese a los zarpazos del combate o las pedradas recibidas durante la batalla. Cubierto de heridas, revi-

vía como un perro rabioso. Cuando se lanzaba a la carga, impetuoso como el Nilo, gritaba como barritan los
elefantes cuando hacen huir a los tigres y a los leones.

Incapaces o poco dispuestos a seguir el ejemplo de su líder,
la mayoría de sus compatriotas pusieron pies en polvorosa.
El rey Luis abandonó el campo de batalla al caer la noche,
pero fue derribado de su caballo mientras cruzaba un río. El
peso de su armadura hizo el resto. Entre los quince mil que
murieron con él se encontraba la mayor parte de la nobleza
húngara. Hasta medianoche, se nos dice, las fanfarrias turcas
sonaron para celebrar la victoria. A la mañana siguiente, Solimán, sentado en un trono dorado bajo una carpa escarlata,
recibió felicitaciones y distribuyó recompensas; ante él se al-
zaba una pirámide formada por dos mil cabezas humanas,
entre ellas las de siete obispos húngaros. Llamó a su lado al
gran visir y le colocó personalmente en su turbante una pluma de garza decorada con diamantes, «cuya sombra lo cubría
como el ala de la Felicidad».

La batalla de Mohács puso fin de forma efectiva a Hungría como Estado independiente durante generaciones. Toda
Europa Occidental quedó horrorizada, pero también fue
consciente de su propio fracaso colectivo, una repetición de
lo que había sucedido en Constantinopla setenta y tres años
antes: a pesar de las cada vez más desesperadas súplicas del
rey Luis, nadie había acudido en su ayuda. El país nunca se
recobró del todo, y su más memorable derrota entró en su
folclore. Una antigua canción húngara narra una serie de desastres domésticos; tras cada uno de ellos se canta el estribillo:
Több is veszett Mohácsnál («Pero no importa, más se perdió en
el campo de Mohács»). En la Hungría moderna, esa frase se
ha convertido en un refrán.

Solo unos pocos meses antes de Mohács, en marzo de 1526,
el emperador Carlos —abandonada definitivamente la idea

de una princesa inglesa— se casó con su prima, Isabel, hija del rey Manuel I de Portugal, en el Alcázar de Sevilla. Había sido bautizada en honor de su abuela materna, la reina Isabel de Castilla. El matrimonio empezó como una unión política pura y dura. Sencillamente, Carlos necesitaba que un miembro de su dinastía gobernase España, Castilla y Aragón, durante sus largas ausencias, y la pareja no se conocía antes de casarse. Sin embargo, pronto se convirtió en una historia de amor. Un testigo dijo que, durante lo que pasó por ser su luna de miel, «cuando están juntos, aunque haya mucha gente alrededor, no reparan en nadie; hablan y se ríen y nada los distrae». El 21 de mayo de 1527, Isabel dio a luz a un hijo, el futuro Felipe II, acontecimiento que su marido celebró de manera muy española: con una corrida de toros. Según cuentan, el mismo emperador ofició de torero y dio muerte al toro.

Otras dos hijas de Isabel, María y Juana, llegarían a la edad adulta. Ella misma permaneció toda su vida en España y pasó con su marido poco más de la mitad de sus trece años de matrimonio; pero el emperador, a pesar de sus largas ausencias, la amó profundamente y parece que le fue fiel hasta su muerte. Una muerte que alcanzaría a Isabel demasiado pronto. La adorable emperatriz murió, tras su sexto embarazo, en 1536, con apenas treinta y tres años, y su fallecimiento partió el corazón a su esposo, que nunca más se volvió a casar y vestiría de negro durante el resto de su vida.

El 30 de agosto de 1525, el rey Enrique VIII firmó un tratado de paz con Francia. Lo hizo en buena medida contra su voluntad. Con mucho, de haber podido, habría preferido aprovechar el cautiverio del rey francés para invadir su reino y conquistar cuanto pudiera. Pero no había sido solo la falta de entusiasmo de Carlos lo que lo había impedido: estaba también el asunto de las finanzas. El coste de una operación de ese tipo se había estimado en ochocientas mil libras, y el Parlamento se había negado en redondo a pagarlas. Las anteriores aventuras del rey en Francia no habían sido particularmente rentables y la cámara no tenía la menor intención de sufragar ninguna más. Por lo tanto, el cardenal Wolsey probó suerte con una vía alternativa para conseguir dinero, a la que denominó «Amistosa Subvención», que, de hecho, no era otra cosa que la confiscación de un tercio de los bienes del clero y entre una sexta y una décima parte de aquellos de los laicos. El resultado quedó lejos de ser amistoso; hubo manifestaciones de indignación por todo el país y en muchos lugares, directamente, se negaron a pagar el tributo. En Lavenham, en Suffolk, diez mil hombres planearon reunirse para protestar y se dice que su plan fracasó solo porque se retiraron los badajos de las campanas de las iglesias que tenían previsto hacer sonar para señalar el inicio de su rebelión.

Wolsey pisaba sobre arenas movedizas, bien lo sabía. Sin la aprobación del Parlamento, no tuvo más opción que abandonar la idea, una humillante rectificación que puede que contribuyera a su caída en desgracia, cuatro años después, ya que fue la primera ocasión en la que fracasó en cumplir la voluntad de su señor. Fue en este momento, en un intento de reforzar su posición, cuando regaló Hampton Court al rey, aunque, por lo que sabemos de Enrique, podemos estar seguros de que, por agradecido que estuviera por el presente, la frustración de su deseo de conquistar Francia siguió reconcomiéndolo. Sin embargo y por el momento, no había otra opción que la paz, y por ello, en abril de 1527, con Francisco de vuelta en París tras su cautiverio y en una situación muy distinta a la que había habido dos años antes, esa paz se convirtió en una alianza, que fue ratificada cuando Wolsey se reunió con Francisco en Amiens el agosto siguiente. Poco después, Inglaterra y Francia declararon la guerra al Imperio, aunque Carlos tenía tantas cosas sobre la mesa que parece que apenas se dio cuenta de ello.

También Enrique tenía otras preocupaciones. Había llegado a la conclusión de que tenía que dejar a su esposa. Le horripilaba la idea de decírselo a ella, y por ese motivo lo pospuso cuanto pudo; pero un día, en pleno verano de 1527, fue a ver a Catalina en sus aposentos privados. Le habían advertido, le dijo, de que su matrimonio no era válido: durante los últimos dieciocho años habían estado viviendo en pecado. El libro del Levítico (20:21) lo dejaba muy claro: «Y el que tomare la mujer de su hermano, comete inmundicia; la desnudez de su hermano descubrió; sin hijos serán».* Catalina y él no podían sino separarse de inmediato, mientras él trataba de conseguir que el papa anulara oficialmente su matrimonio. Mientras tanto, por supuesto, su más sincero deseo era que ella siguiera viviendo con comodidad. ¿A dónde, precisamente, prefería marcharse?

Durante un largo rato, Catalina se quedó mirándolo en silencio; luego rompió a llorar. Pero no eran lágrimas de pesar, sino de ira: ira por ser condenada como una adúltera, ira porque su hija estaba siendo declarada bastarda, pero también ira ante la ridícula excusa que el rey ofrecía para su separación. De momento, todavía no sabía nada de Ana Bolena, así que tomó las palabras de su marido al pie de la letra. Ella, por su parte, no tenía la menor duda de que su matrimonio con Enrique había sido legítimo. Había sido la primera ceremonia, con el joven príncipe Arturo, la que había sido nula y sin efecto, simplemente porque el matrimonio no había sido consumado. Había llegado a Enrique siendo virgen, como él mismo habría comprobado, de haber estado dispuesto a hacerlo; se había casado con él —y, de hecho, había sido coronada con él— en presencia de los más grandes y eruditos clérigos de Inglaterra y España y, durante los dieciocho años transcurridos, nadie había planteado ninguna duda. Si sencillamente hubiera sido honesto con ella y le hubiera dicho que temía por su sucesión y que debía volver a casarse para engendrar un hijo, ella, al menos, lo habría comprendido, aunque quizá su respuesta hubiera sido la misma. Por lo que

---

* El rey tendía a citar mucho menos el Deuteronomio (25:5): «Cuando hermanos habitaren juntos, y muriere alguno de ellos, y no tuviere hijo, la mujer del muerto no se casará fuera con hombre extraño; su cuñado se llegará a ella, y la tomará por su mujer, y hará con ella parentesco».

a ella concernía, era la legítima esposa de su marido y reina de Inglaterra, y lo seguiría siendo hasta su muerte. Y en cuanto a dónde prefería ir, tenía toda la intención de permanecer donde estaba; si se la obligaba a mudarse, se iría a la Torre de Londres, pues así, al menos, el pueblo de Inglaterra sabría qué le habían hecho y podría rezar por ella. En cualquier caso, una anulación era inconcebible. Como escribió a su sobrino, el emperador:

> Que el actual papa deshaga lo que sus predecesores hicieron pesaría sobre su honor y su conciencia, y traería gran descrédito a la Sede Apostólica, que debería sostenerse firme sobre la piedra que es Cristo. Si el papa flaquea ahora, en este caso, muchos podrían ser llevados por el mal camino y creerse abandonados por el derecho y la justicia.

Catalina de Aragón era una mujer de acero. Puede que se doblara para su marido, hasta donde se lo exigiera su sentido del deber; pero jamás se quebraría.

La Liga de Cognac fracasó estrepitosamente en su objetivo de expulsar al Imperio de Italia, pero Carlos no consiguió fondos para pagar a los soldados que la habían combatido con tanto éxito. El resultado fue que unos treinta y cuatro mil hombres profundamente descontentos se insubordinaron y saquearon la ciudad más rica que pudieron alcanzar… y esa ciudad fue Roma. A principios de 1527, el ejército bajo el mando del duque de Borbón —que tuvo poco margen de maniobra en todo este asunto— avanzó sobre los Estados Pontificios. A pesar de la traición a su rey, el Borbón seguía siendo una figura carismática, universalmente admirada por su valor. Nunca eludió un enfrentamiento y siempre se lo hallaba donde el combate era más intenso; era, además, inmediatamente reconocible por la sobreveste blanca y plateada que lucía siempre y por su estandarte negro, blanco y amarillo adornado con el lema *Espérance*. Dejando atrás tantas grandes ciudades a lo largo de su ruta, condujo al ejército directamente hasta Roma y lo desplegó en la colina del Janículo, justo al norte de las murallas de la ciudad. A las cuatro en punto de la mañana del 6 de mayo de 1527, dio comienzo el ataque.

Como carecía de artillería pesada, el Borbón optó por escalar las murallas, una técnica mucho más difícil y peligrosa que simplemente bombardearlas hasta que se desmoronasen. Él mismo fue una de las primeras bajas; estaba colocando la escalera de asalto contra la muralla cuando lo mató la bala de un arcabuz enemigo que le atravesó el pecho, disparada, si damos crédito a su propio testimonio, por el mismísimo Benvenuto Cellini. La sed de venganza azuzó a sus hombres e hizo que poco después de las seis de la tarde el ejército imperial, ahora comandado por Filiberto de Chalôns, príncipe de Orange, irrumpiera en la ciudad. Los romanos abandonaron la muralla para defender sus casas y muchos soldados de las tropas pontificias se unieron al enemigo para salvar su pellejo. Solo la guardia suiza personal del papa luchó heroicamente hasta que no quedó ni un hombre en pie, masacrada en las mismas escaleras de San Pedro.

Cuando los invasores se acercaban al Vaticano, el papa fue sacado de sus aposentos y conducido por el corredor del Borgo —el pasadizo elevado y cubierto que todavía une la Ciudad del Vaticano con el Castillo de Sant'Angelo— hasta el castillo, que ya estaba atestado de familias aterrorizadas que buscaban refugio. Tal era la multitud ahí apretujada que resultó muy difícil bajar el rastrillo. Un cardenal pudo entrar por una ventana a base de empujones; otro tuvo que ser izado en una cesta. Fuera, en el Borgo y el Trastévere, a pesar de las órdenes expresas de sus comandantes, el ejército imperial —hambriento y sin cobrar— se embarcó en una orgía homicida. El cardenal Giovanni Maria Ciocchi del Monte, el futuro papa Julio III, fue colgado por los cabellos. Casi todos los pacientes del hospital del Santo Spirito fueron asesinados; de los huérfanos de la Pietà no quedó ni uno con vida.

Justo antes de medianoche, los invasores cruzaron el Tíber. El saqueo que se produjo a continuación ha sido descrito como «uno de los más horribles que registra la historia». Prosiguió el baño de sangre; aventurarse a salir a la calle era enfrentarse a una muerte segura y permanecer encerrado en casa no era mucho mejor: casi ninguna iglesia, palacio, casa grande o pequeña escapó al pillaje y la devastación. Los monasterios fueron saqueados y se profanaron los conventos, cuyas monjas más atractivas fueron puestas a la venta en las calles. La Biblioteca Vaticana se salvó solo porque Filiberto había establecido allí su cuartel general. Al menos dos cardenales que no habían logrado escapar al castillo de Sant'Angelo fueron arrastrados por la ciudad y torturados; uno de ellos, que pasaba de los ochenta años, murió después a causa de sus heridas. «El infierno», informó un testigo veneciano, «no tiene nada que pueda compararse al presente estado de Roma».

No se restauró una mínima apariencia de orden hasta la llegada del cardenal Pompeo Colonna —un enemigo jurado del papa Clemente— y sus dos hermanos al mando de ocho mil hombres, el 10 de mayo. Para entonces, prácticamente todas las calles de la ciudad se habían destrozado y aparecían sembradas de cadáveres. Un zapador español capturado después dijo que solo en la orilla norte del Tíber él y sus compañeros habían enterrado a casi diez mil personas y habían tirado a otras dos mil al río. Seis meses más tarde, debido a la hambruna generalizada y a una epidemia de peste —causada, probablemente, por los miles de cuerpos que quedaron insepultos durante la estación más calurosa del año— la población de Roma se había reducido a menos de la mitad respecto a antes del asedio. Por no hablar de la cultura: las pérdidas fueron incalculables. Pinturas, esculturas y bibliotecas fueron arrasadas y destruidas, y los archivos pontificios fueron saqueados. El pintor Parmigiano fue encarcelado y salvó la vida solo porque retrató a sus carceleros. Y el papa Clemente permaneció

en el castillo de Sant'Angelo, prisionero de los imperiales.*
Lejos, en España, el emperador no se enteró de lo que se
había hecho en su nombre hasta que todo hubo pasado.
Como es natural, quedó consternado, pero no había nada
que pudiera hacer.

En medio de esta crisis, Wolsey vio su oportunidad. En
estos tiempos, sus pensamientos, al igual que los de Enrique,
estaban dominados por lo que siempre se llamaba «el gran
asunto del rey». Sabía que era muy poco probable —por decirlo suavemente— que Clemente confirmara la anulación
del matrimonio de la reina mientras fuera prisionero del sobrino favorito de Catalina; en consecuencia, si se deseaba obtener alguna vez esa confirmación, tendría que ser mientras
el papa estuviera todavía en el castillo de Sant'Angelo. El 22
de julio embarcó hacia Francia. Su plan era, como mínimo,
ambicioso. En Aviñón se reuniría con un grupo de cardenales
afines a su causa y aprovecharía el cautiverio del papa para
hacerse con el control de la administración de la Iglesia y
luego apresurar una aprobación oficial de la nulidad y el nuevo matrimonio del rey. Llegó a redactar unos poderes para
que fueran firmados por Clemente en los que se le concedía
absoluta libertad «incluso para relajar, limitar o moderar la
ley divina». Pero Clemente, aunque permanecía todavía cautivo, era capaz de conservar, según parece, cierto grado de
control; intuyendo el peligro, prohibió a todos sus cardenales
abandonar el Vaticano. Wolsey recibió esta noticia cuando
estaba llegando a Compiègne, pero la frustración que le causó quedó en nada cuando descubrió, con gran alarma por su
parte, que uno de los secretarios del rey, William Knight, iba
de camino a Roma con una carta de Enrique para el papa.
En esta carta, el rey pedía nada menos que una dispensa para

---

* Fue durante este medio año de cautividad cuando Clemente se dejó
crecer una poblada barba negra, como señal de duelo por el saqueo de
Roma. Hasta entonces, el derecho canónico había exigido que los sacerdotes fueran afeitados, pero el ejemplo de Clemente fue seguido por su
sucesor, Pablo III, y por los veinticuatro papas que lo siguieron, y perduró
hasta Inocencio XII, que murió en 1700.

volverse a casar, incluso si su matrimonio con Catalina no era anulado; lo que es lo mismo, pedía licencia para la bigamia. Era una petición insensata, pero para el cardenal tenía connotaciones mucho más siniestras: había sido enviada sin su conocimiento ni aprobación. Parecía que Enrique había decidido intervenir personalmente en los asuntos de la política.

Wolsey consiguió detener la carta; pero un día o dos después llegó otra con una nueva propuesta: si su primer matrimonio era anulado, el rey solicitaba que se le concediera permiso para casarse con cualquier mujer, incluso si estaba emparentada con él por el primer grado de afinidad, incluso si esa afinidad con él procedía de relaciones ilícitas e incluso si se trataba de una mujer con la que él mismo ya hubiera tenido relaciones. El texto era, en muchos sentidos, un documento extraordinario que daba a entender con claridad la intención del rey de casarse con Ana Bolena, donde además confesaba implícitamente su aventura con su hermana. No tuvo, por supuesto, ningún efecto, aparte de infundir pavor en el corazón de Wolsey. Incluso en asuntos de la mayor trascendencia, Enrique ya no solicitaba ni aceptaba sus consejos. Sus temores se acrecentaron cuando, regresando presuroso a Londres, descubrió que el rey vivía con Ana; ahora, por primera vez, se veía aislado de su soberano, que se negaba en redondo a recibirlo hasta que su amante le diera permiso para ello.

La paz entre Francia y el Imperio, cuando finalmente se alcanzó, fue el resultado de las negociaciones emprendidas durante el invierno de 1528 a 1529 entre la madre de Francisco, Luisa de Saboya, y su cuñada (y tía del emperador) Margarita de Austria. Las dos se encontraron en Cambrai el 5 de julio de 1529 y el tratado resultante se firmó la primera semana de agosto. La Paz de las Damas, como vino a llamarse, fue un documento asombrosamente largo y enrevesado, pero que, en esencia, confirmaba el dominio del Imperio en Italia.

Francisco renunciaba a todos sus derechos sobre Milán, Génova y Nápoles, por los que tanto él como sus predecesores habían luchado tan denodadamente durante casi cuarenta años. Carlos, por su parte, aceptó un rescate por los dos hijos del rey, pese a todo lo que había dicho antes sobre este asunto —aunque exigió nada más y nada menos que un millón de ducados,* y prometió no reclamar sus derechos sobre Borgoña, Provenza y el Languedoc. Para el propio Francisco, y para sus aliados en la Liga de Cognac, que no habían sido consultados durante las negociaciones y se sintieron traicionados, fue un acuerdo triste y vergonzoso. Pero, al menos llevó la paz a Italia y puso fin a un largo y poco edificante capítulo de su historia, un capítulo que no trajo a los italianos nada más que ruina y devastación.

El ejército imperial había sufrido casi tanto como los romanos. También carecía casi por completo de comida y sus soldados —que llevaban meses sin cobrar— tenían la moral por los suelos y solo les interesaba el botín y el pillaje. La disciplina había desaparecido: la tensión entre alemanes y españoles era insoportable. Sin embargo, al papa Clemente no le quedaba otra vía que capitular de nuevo. El precio oficial que pagó fueron las ciudades de Ostia, Civitavecchia, Plasencia y Módena, más la suma de 400 000 ducados, una cantidad de dinero que solo pudo obtener fundiendo todas las tiaras papales y vendiendo las joyas que llevaban incrustadas. Los Estados Pontificios, en los que se había desarrollado el primer gobierno eficiente de la historia, se desintegraron. El propio Clemente escapó del castillo de Sant'Angelo a principios de diciembre de 1527. Roma seguía siendo inhabitable, así que el desventurado papa, disfrazado como un pedigüeño, viajó junto a un puñado de cardenales hasta Orvieto, donde se asentó lo mejor que pudo en el ruinoso palacio del obispo del lugar, un caserón frío y azotado por las corrientes de aire. Fue allí donde recibió a los embajadores del rey Enrique. Uno de ellos escribió luego:

* Finalmente fueron devueltos el 1 de julio de 1530.

El papa descansaba en un viejo palacio de los obispos de la ciudad, ruinoso y decadente; al llegar a sus aposentos privados, atravesamos tres cámaras, todas ellas desnudas, sin tapices ni adornos, donde se había desplomado el techo y donde, a ojo de buen cubero, unas treinta personas —chusma y demás— permanecían en pie en medio de ellas como único adorno. Y en cuanto al dormitorio del papa, todo cuanto había en él no valía ni veinte nobles. [...] Quizá fuera mejor permanecer preso en Roma que libre aquí.

He aquí una oportunidad de resarcir, al menos en parte, las finanzas papales. Clemente solo tenía que acceder a la anulación que pedía el rey de Inglaterra y Enrique estaría encantado de compensarlo generosamente por sus molestias. Pero el papa todavía seguía eludiendo la cuestión. Siempre le había resultado difícil tomar decisiones, pero esta era todavía más difícil que la mayoría, porque, más allá de las consideraciones políticas, tenía miedo: miedo del emperador y de sus repugnantes lansquenetes, que ya habían provocado el terror en la Ciudad Santa y estarían encantados, si se les presentaba la oportunidad, de volverlo a hacer. Finalmente, el embajador inglés presentó un borrador que no iba a ninguna parte ni demasiado lejos, aunque parecía que era lo máximo que el papa podría aceptar. Los cardenales se lanzaron contra el texto «como si hubiera un escorpión debajo de cada palabra». El documento resultante, todavía más insustancial, fue sellado el 13 de abril de 1528. Los embajadores advirtieron a Clemente que no había ninguna posibilidad de que su señor lo aceptara, pero el papa replicó que incluso ese redactado era una declaración contra el emperador por la que no tenía duda alguna de que sería castigado.

Carlos, en cambio, se encontró en una situación inusualmente fuerte, lo bastante fuerte como para exigir su coronación como emperador. Ya no se trataba de una ceremonia tan indispensable como había sido en siglos anteriores; Maximiliano, su abuelo, había prescindido de ella por completo. Él mismo había sido coronado en Aquisgrán diez años atrás y durante todo ese tiempo se había visto privado de esa confirmación definitiva de su autoridad. Pero hasta que el papa no lo ungiera y pusiera la corona sobre su cabeza, no sería técnicamente emperador del Sacro Imperio Romano Germánico y, para alguien tan imbuido del sentimiento de estar llevando a cabo una misión divina, tanto el título como el sacramento eran importantes.

Las coronaciones imperiales se celebraban tradicionalmente en Roma. Pero tras desembarcar en Génova a mediados de agosto de 1529, el emperador recibió noticias alarmantes. El sultán Solimán, al mando de un enorme ejército, avanzaba implacable hacia Viena. Estaba claro que, en tales circunstancias, el viaje previsto hasta el centro de la península itálica sería una locura, llevaría demasiado tiempo y le dejaría peligrosamente al margen en un momento de crisis. Se mandaron a toda prisa mensajeros al papa Clemente, que aceptó que, dadas las circunstancias, la ceremonia se celebrara en Bolonia, una ciudad profundamente leal al papado, mucho más accesible que la propia Roma. Incluso entonces no desapareció la incertidumbre. De camino a Bolonia, en septiembre, Carlos recibió una petición urgente de ayuda de su hermano Fernando desde Viena y estuvo a punto de cancelar su coronación en ese preciso momento. Pero, tras reflexionar a fondo, decidió no hacerlo. No tenía sentido postergarla, pues, para cuando hubiera llegado a Viena, la ciudad ya habría caído o el sultán se habría retirado a sus cuarteles de invierno. En cualquiera de los dos casos, bien poco podría haber hecho el pequeño contingente que le seguía en su viaje por Italia.

Y así, el 5 de noviembre de 1529, Carlos V hizo su entrada triunfal en Bolonia, donde esperaba para recibirlo, en los escalones de la gran basílica de San Petronio, el papa Clemente. Había mucho que hacer, quedaban muchas cuestiones por discutir y resolver antes de que la coronación tuviera lugar. Después de todo, habían pasado apenas dos años desde que la Roma pontificia sufrió un saqueo por parte de tropas imperiales, mientras el propio Clemente se había convertido virtualmente en prisionero de Carlos en el castillo de Sant'Angelo; de algún modo tenían que restablecerse las buenas relaciones entre ambos. Solo después de que se hubiera instaurado la paz en toda la península, Carlos se sentiría perdonado al arrodillarse ante el papa para recibir la Corona imperial. Se estableció que el día de la coronación fuera el 24 de febrero de 1530; el emperador y el papa se habían dado algo menos de cuatro meses para decidir el futuro de Italia.

Fueron suficientes. Se firmó la paz. La Liga de Cognac de Clemente y el saqueo de Roma de Carlos fueron, si no olvidados, al menos apartados de los pensamientos de todos y el día previsto, en San Petronio, Carlos fue ungido y luego recibió de manos del papa la espada, orbe, cetro y, finalmente, la corona del Sacro Imperio Romano Germánico. La ceremonia se agrió un poco cuando un puente provisional de madera que unía la iglesia con el palacio se hundió mientras lo utilizaba el séquito del emperador, pero, una vez se comprobó que no había muerto nadie realmente importante, los ánimos revivieron enseguida y las celebraciones continuaron hasta altas horas de la noche.

El 24 de febrero de 1530, el papa Clemente VII coronó a Carlos V emperador del Sacro Imperio Romano Germánico en Bolonia.

Fue la última vez en la historia que un papa coronaría a un emperador; ese día, esa tradición, que tenía setecientos años de antigüedad y que se había iniciado en el 800 d. C., cuando el papa León III impuso la corona imperial sobre las sienes de Carlomagno, terminó para siempre. El Imperio no estaba, ni mucho menos, acabado, pero nunca más sería recibido, ni siquiera simbólicamente, de manos del vicario de Cristo en la tierra.

El sultán Solimán estaba en la cresta de la ola. Después de Mohács, había saqueado Buda. No tomó posesión de la ciudad, pero destruyó el palacio, que poseía una colección de arte renacentista que rivalizaba con las mejores de Italia, y vació su biblioteca, cuyos volúmenes, junto con las colecciones de Matías Corvino, se enviaron a Estambul. Fue la primera gran victoria de los turcos en el corazón de la cristiandad latina. Ahora, la cuestión era quién iba a gobernar en Hungría. El rey Luis había muerto sin descendencia y el camino parecía despejado para que Juan Zápolya —que había tenido buen cuidado de no intervenir en la batalla de Mohács— se situara bajo la protección del sultán y persuadiera a Esteban Podmaniczky, el decano de los obispos húngaros después de que siete de sus colegas murieran en combate, para que lo coronara rey. Pero cuando, el 22 de octubre de 1526, el cuñado de Luis, el archiduque Fernando, fue elegido primero rey de Bohemia y luego rey de Hungría, Podmaniczky decidió que la coronación de Zápolya había sido un error y, el 17 de diciembre, coronó también a Fernando. El resultado fue que ahora había dos reyes de Hungría: uno reconocido por el sultán y el otro, por el emperador.

El deseo de destruir a Fernando —y, por tanto, de poner a toda Hungría bajo su dominio— podría ser uno de los motivos que impulsó al sultán a atacar Viena en 1529, pero lo más probable es que habría sucedido igualmente, pues era parte ineludible de su gran plan para conquistar Europa

Oriental. Las defensas de Viena eran, según creía Solimán, muy débiles, a pesar de la importancia de la ciudad, y sería fácil superarlas y someter la plaza. Estaba a solo ciento cincuenta kilómetros de la frontera turca y la campaña prometía ser relativamente fácil. Quizá por eso parece que el sultán procedió sin prisa, pues no partió de Estambul hasta mayo y pasó mucho tiempo en Hungría; primero, para reunirse formalmente con Juan Zápolya, y luego, para asaltar Buda, donde las tropas imperiales se rindieron en menos de una semana. Como consecuencia de estos retrasos, el ejército emprendió el camino hacia Viena con el año demasiado avanzado y su viaje se vio entorpecido —como siempre— por el mal tiempo, que se prolongó todo el verano. Los trenes de artillería pesada se quedaban atascados, a veces, durante varios días seguidos, con las ruedas de las cureñas hundidas en el barro hasta los ejes. Muchos de los varios miles de camellos con que se pretendió arrastrar los cañones simplemente murieron de agotamiento; en consecuencia, los cañones más grandes y potentes jamás llegaron al asedio. El ejército no apareció ante

Solimán en el asedio de Viena, 27 de septiembre-mediados de octubre de 1529: ya empezaba a hacer mal tiempo.

las murallas de la ciudad hasta el 27 de septiembre. Un gran número de sus soldados estaban demasiado enfermos o agotados como para moverse, por no decir combatir; pero con todo el sultán plantó su campamento y comenzó el asedio.

Pronto descubriría que las defensas de Viena eran mucho más formidables de lo que creía. Dentro de la ciudad, los defensores —que hacía tiempo que permanecían alerta ante la amenaza que se cernía sobre ellos— habían traído varios regimientos de mercenarios europeos, entre ellos un regimiento de mosqueteros españoles y otro de piqueros alemanes, los célebres lansquenetes. El propio Fernando no estaba presente: había preferido quedarse en Linz, desde donde podía organizar los refuerzos, si eran necesarios, y mantener, de alguna manera, el contacto con su hermano, el emperador. Por esa razón, se otorgó el mando del ejército en campaña al conde Nicolás de Salm, un mercenario alemán de setenta años que se había distinguido por su extraordinario coraje en la batalla de Pavía. En cuanto recibió el mando, ordenó bloquear inmediatamente las cuatro puertas de la ciudad, reforzó las murallas allí donde consideró necesario y construyó un enorme terraplén interior. Estaba, en pocas palabras, retando al sultán a que intentara tomar la ciudad.

Como era habitual en las tácticas de asedio turcas, los zapadores se pusieron manos a la obra de inmediato, excavando una red de túneles bajo las fortificaciones y excavando minas en puntos estratégicos; pero los defensores detectaron y detonaron las minas casi tan pronto como fueron excavadas. El 6 de octubre, Salm envió un contingente de ochocientos hombres que acabó de forma definitiva con los zapadores y los túneles, pero luego siguió el intento de una salida que acabó en desastre; esa misma tarde, los turcos apilaron quinientas cabezas cristianas para celebrarlo. No obstante, a pesar de estas pequeñas victorias, la perspectiva de un asedio largo y difícil iba asentándose poco a poco entre los turcos. Seguía lloviendo con persistencia y el viento era cada vez más frío. Los soldados enfermos empeoraban en vez de mejorar y las municiones y los suministros comenzaban a escasear. Al final, los jenízaros —el regimiento de élite del sultán, en quien este confiaba por encima de cualquier otro— empezaron a manifestar su impaciencia. A mediados de mes, antes de lo habitual, aunque de modo predecible, la lluvia se convirtió en nieve y el frío se intensificó. Solimán reunió a todas las tropas disponibles para un último y desesperado asalto; cuando fracasó, no tuvo más remedio que retirarse.

En Viena, tañeron y repicaron las campanas de las iglesias y se dispararon grandes salvas de artillería mientras el ejército otomano desaparecía por el horizonte. Los problemas de los turcos, sin embargo, no habían terminado. Les esperaba una marcha larga y terrible hasta el Bósforo. La mayor parte de la artillería y buena parte del equipaje se perdió o tuvieron que abandonarlo, la comida escaseaba y muchos de los prisioneros murieron durante el trayecto. Para el sultán, personalmente, la campaña había sido un desastre. Señalaría no solo el límite máximo de su avance hacia Occidente, sino también —aunque él no llegaría a saberlo nunca— un punto de inflexión que marcaría el inicio de un continuo declive del Imperio otomano a lo largo de los siguientes cuatro siglos.

4

«¡BASTA, HIJO MÍO!»

Durante los primeros años, el matrimonio de Enrique con Catalina de Aragón fue bastante feliz. Quizá no sintiera por ella la pasión que luego, sin duda, albergó, si bien brevemente, por Ana Bolena, pero aun así la amó y estuvo orgulloso de ella, orgulloso de su juvenil belleza y orgulloso, sobre todo, de su formidable inteligencia, que reconoció siempre como superior a la suya. Lo había acompañado a todas partes; en las justas se había hecho llamar «*sir* Corazón Leal» y había llevado las iniciales de su esposa en la manga. A su regreso de su primera campaña en Francia, cabalgó directamente hasta ella y puso a sus pies las llaves de Thérouanne y Tournai. Pero en 1527 hacía ya mucho tiempo de todo eso; él era todavía joven y viril; ella, cinco años mayor que él, estaba engordando (aunque ni mucho menos tanto como él) y era profundamente —quizá incluso un tanto cansinamente— piadosa. Sabemos de Bessie Blount y del duque de Richmond; sabemos también de María Bolena, la hermana de Ana, con quien también se rumoreaba que había tenido un hijo aunque, si fue así, él nunca lo reconoció; al elevar a Ana hasta el trono, no puede sorprendernos que invitaran a María a abandonar la corte. Y por aquel entonces, por supuesto, Ana ya estaba presente.

«La señora Ana», escribió uno de los emisarios venecianos, «no es una de las mujeres más bellas del mundo. Es de mediana estatura, de tez morena; tiene un cuello largo, una boca ancha y sus pechos no son muy grandes. De hecho, no posee otra cosa que no sea el deseo del rey… y sus ojos, que son negros y bellos». Además tenía un curioso y rudimentario sexto dedo en su mano izquierda, que inducía a muchos hombres y mujeres piadosos a santiguarse a escondidas para evitar el mal de ojo. Pero Ana también estaba dotada de la inteligencia suficiente para ver que, si simplemente se entregaba a Enrique, seguiría el mismo camino que su hermana

María o la señora Blount, sería una más. Por fortuna, había una alternativa. Todo el mundo sabía que Enrique estaba decidido a prescindir de Catalina, con quien había abandonado toda esperanza de tener un hijo.[*] El divorcio —o la anulación— flotaba en el aire. Ana sabía que, si jugaba sus cartas con cuidado, el trono podía ser suyo. Y, de hecho, jugó su mano de forma magistral —con una habilidad que pronto tendría motivos para lamentar—, rechazando todas sus súplicas y manteniéndose alejada de su lecho.

También tuvo mucha suerte. Sobrevivió al «sudor inglés», que asoló Londres en el verano de 1528 y que dio, según el embajador francés, más trabajo a los sacerdotes que a los médicos.[†] Ana estuvo gravemente enferma durante varios días y, si hubiera muerto, la historia de Inglaterra en los últimos seis siglos habría sido radicalmente distinta. Enrique no hizo ningún intento de visitarla; había escapado raudo como una centella a Hunsdon, en Hertfordshire, y allí iba a misa tres veces al día, se confesaba diariamente y escribió a Ana suplicándole, sin demasiado tacto, que no regresara a la corte demasiado pronto. También escribió a Wolsey, que también se había retirado, pero solo hasta Hampton Court, dándole consejos médicos y urgiéndole a que se cuidase.

El cardenal debió tranquilizarse al comprobar las atenciones que recibía de su señor. Durante este último año, su

---

[*] Desde luego, no fue porque ella no lo intentara. Además de varios abortos, le dio dos niños y una niña que o bien nacieron muertos o bien vivieron apenas unas pocas horas, y otro niño y otra niña que murieron al cabo de una o dos semanas. Solo María sobrevivió hasta convertirse en una mujer adulta.

[†] El sudor inglés fue una enfermedad muy contagiosa y con una alta tasa de mortalidad que afectó a Inglaterra en varias oleadas durante los siglos xv y xvi. Su primer brote fue en 1485 y luego se extendió a la Europa continental. Solía darse en verano u otoño, los síntomas (dolor de cabeza y en otras partes del cuerpo, sudor, escalofríos, palpitaciones) se presentaban de súbito y la muerte se producía en pocas horas. Un episodio, además, no producía inmunidad, y se podían sufrir varios antes de morir. Se sospecha, aunque no está totalmente confirmado, que pudo tratarse de algún tipo de hantavirus. De ser así, la tasa de mortalidad debió de rondar el cuarenta por ciento de los enfermos. (N. del T.)

ansiedad y miedo habían ido en aumento. Sus temores habían empezado en 1527, cuando regresó de Francia y se encontró con que se le negaba el acceso a los aposentos del rey, que en adelante dependería de la voluntad de Ana. Durante los doce meses que siguieron, consciente de que había perdido gran parte de la confianza y afecto del rey, sintió que su posición era cada vez más insegura. Tenía, no obstante, una importante tarea que llevar a cabo: copresidir, junto con Lorenzo Campeggio, obispo de Salisbury,* una «corte legatina» convocada por decisión papal, que se celebraría en la cámara del parlamento del antiguo priorato dominico de Blackfriars, con órdenes de resolver el problema de la anulación de una vez por todas. La corte comenzó a deliberar el 18 de junio de 1529 y el 21 prestaron testimonio ante ella Enrique y Catalina.[†]

Debió de ser un espectáculo extraordinario. El rey estaba en plena regalía, entronizado bajo palio; los dos jueces —con toda la pompa cardenalicia— bajo él, y luego, solo un poco más baja, la reina. A sus pies estaban el arzobispo de Canterbury, William Warham, y un banco lleno de obispos. Nadie había visto antes nada parecido: un rey y una reina todavía en el trono acudiendo, en su propio país, a un tribunal convocado por una autoridad extranjera. Años atrás, Enrique no se habría ni siquiera planteado comparecer en un proceso así, pero ahora, si era eso lo que hacía falta para conseguir la anulación que tanto deseaba, estaba dispuesto a ello. Por lo que a él concernía, la anulación era lo único que importaba.

Catalina habló primero. Ya había comparecido brevemente tres días antes de que el tribunal iniciara sus trabajos: había denunciado que la corte le era hostil y que los jueces tenían prejuicios hacia ella. (Y era cierto: Wolsey había sido su enemigo durante años). Además, ¿no estaba su caso *sub iudice* en Roma? Si así era, ¿qué hacía exactamente este tribunal? En esta segunda aparición, optó por un tono muy distinto:

* Un milanés, que había sido enviado a Inglaterra por León X en 1518 y había permanecido allí desde entonces.
† Ver Shakespeare, Enrique VIII, Acto II, escena IV.

Señor, os lo ruego por todo el amor que ha habido entre nosotros, dejad que se me haga justicia y se reconozca mi derecho, tened un poco de piedad y compasión. [...]

Tomo a Dios y a todo el mundo por testigo de que he sido para vos una esposa fiel, humilde y obediente, siempre conforme con vuestra voluntad y deseos. [...] Amé a aquellos a los que vos amabais solo por vos, tuviera o no razones para ello, fueran mis amigos o mis enemigos. Estos veinte años o más en los que he sido vuestra fiel esposa, habéis tenido conmigo varios hijos, aunque ha querido Dios llevárselos de este mundo. [...]

Y cuando vos me tuvisteis por vez primera, y tomo a Dios por juez, yo era doncella verdadera a la que no había tocado hombre alguno. Y si esto que digo es cierto o no lo es, lo someto a vuestra conciencia. [...]

Por lo tanto, os pido humildemente que me evitéis el extremo de esta nueva corte. [...] Y si no deseáis hacerlo, confío a Dios mi causa.

Tras lo cual, después de hacer una profunda reverencia al rey, abandonó la sala. Un ujier la llamó para que volviera, pero se negó a escucharlo. Ya había dicho lo que tenía que decir. La corte le era hostil, no iba a darle más pábulo.

En su ausencia, el obispo John Fisher de Rochester se batió como un tigre en su defensa. Todo ello se comunicó de inmediato a Roma, donde el papa Clemente comprendió que aquella corte no lograría nada y se arrepintió amargamente de haberla autorizado. El 13 de julio decidió ponerle fin. Pero, ya entonces, el proceso en Blackfriars había llegado a un punto de extrema confusión; quince días después, Wolsey informó de que la corte se había empantanado en una serie de disputas insignificantes y hacia el final de ese mes había quedado en nada. Las instrucciones papales para su abrogación no llegarían hasta muchas semanas después, acompañadas de una convocatoria de Enrique a Roma.

Enrique, por supuesto, no tenía la menor intención de obedecer a la citación papal; pasó casi un año entero sin que sucediera nada más y, en el verano de 1532, la impaciencia se apoderó del rey. Ya habían pasado cinco años desde que había revelado sus intenciones a Catalina y, sin embargo, ahí seguía ella, todavía a su lado, todavía como la esposa que siempre había sido. Empezaba a lamentar desesperadamente la forma en que había tratado a Wolsey. El golpe final cayó sobre él en otoño de 1529, solo unas pocas semanas después del fiasco de Blackfriars. Wolsey fue arrestado, juzgado y condenado, y se le ordenó que devolviese el Gran Sello. Luego, el rey lo puso en libertad, pero hizo que Tomás Moro lo reemplazara como canciller.* Wolsey fue a todos los efectos desterrado a Esher —Enrique ya se había apropiado de Hampton Court— donde él y su séquito vivían sin «camas, sábanas, manteles, copas ni platos», y donde tenía que suplicar a sus capellanes que le prestaran dinero para poder pagar el sueldo a sus criados. En ese momento, se le informó de que el rey también se había adueñado de su residencia en Westminster, York Place, a pesar de que técnicamente no era de su propiedad, sino del arzobispado de York. Su único consuelo era que seguía siendo arzobispo y, en la primavera de 1530, partió hacia el norte —fue, de hecho, la primera vez en su vida que lo hizo— para, presumiblemente, pasar su forzado retiro en su propia diócesis. Pero, ¡ay!, iba a ser un retiro muy corto. Ese mismo otoño se emitió una nueva orden de arresto contra él, esta vez por el cargo de alta traición; se acusaba al cardenal de haber «conspirado [...] tanto dentro como fuera del reino», y de haber cometido «presuntas prác-

---

* Moro aceptó el cargo con reticencias. Era un ferviente defensor de la fe católica, de la que el rey se estaba apartando cada vez más; peor aún, estaba radicalmente en contra del divorcio, aunque tuvo buen cuidado de no manifestarlo. Tras poco más de dos años en el cargo, dimitió y se retiró de la vida pública. Enrique había prometido no «molestarlo», pero después de que se negara a asistir a la boda real fue arrestado, condenado por alta traición y enviado a la Torre de Londres. Fue decapitado el 6 de julio de 1535.

ticas siniestras hechas ante la corte de Roma para reducir [al rey] a sus anteriores estados y dignidades». El 4 de noviembre fue arrestado mientras cenaba. Desesperado, inició el viaje de vuelta a Londres para ser juzgado y, con toda probabilidad, ejecutado; pero la fortuna quiso ahorrarle ese calvario. No había ido más allá de Leicester cuando cayó enfermo. Murió tranquilo, en aquella abadía, el 29 de noviembre. Tenía cincuenta y siete años.

La caída de Wolsey se suele atribuir a su fracaso a la hora de conseguir la anulación del matrimonio de su señor, pero también hubo otros motivos. Su relación con Ana Bolena no fue mejor que la que había tenido con Catalina y, en sus conversaciones con el rey, no hay duda de que Ana aprovechó la más mínima oportunidad para hablar mal de él, cuestionar su lealtad y sembrar dudas en el corazón de Enrique. ¿De verdad al cardenal le preocupaba el divorcio? ¿Empleaba todas sus fuerzas para conseguirlo? Y no es que Ana fuera su única enemiga: tras ella estaba el partido aristocrático de la corte, en el que a los duques de Norfolk y Suffolk siempre les había irritado la pompa y la ceremonia con la que se adornaba Wolsey y la arrogancia con la que el hijo de un tendero de Ipswich trataba a patadas a los más nobles del reino. En su fulgurante carrera, Wolsey nunca se había preocupado de apaciguar los rencores que había sembrado por el camino; y Enrique, siempre proclive a creer lo que le había dicho la última persona con la que había hablado y con el juicio más ofuscado si cabe por el amor que sentía hacia su prometida, se mostró él mismo curiosamente falto de la lealtad que exigía siempre a todos los demás.

Vista desde esta perspectiva, la caída de Wolsey era inevitable; y, sin embargo, para Enrique, una vez todo hubo pasado, se trató de una pérdida muy dolorosa. Entre sus muchas virtudes, por ejemplo, el cardenal siempre había sabido manejar a la Curia mejor que nadie; en un intento de reforzar los apoyos que tenía en Roma, Enrique había tratado de obtener unos cuantos solideos rojos para sus amigos, pero sin la ayuda de Wolsey había fracasado lamentablemente. Sus agentes, mientras tanto, habían barrido las universidades y monasterios de Inglaterra y el continente en busca de eruditos y teólogos, griegos y hebreos, cristianos y judíos, que estuvieran dispuestos a certificar que su matrimonio con Catalina debía, de hecho, anularse; pero sus incontables testimonios no habían hecho la menor mella en el parecer de Roma. Al contrario, simplemente habían animado a los paladines de Catalina a acudir en su defensa.* Parecía que el asunto no iba a ninguna parte y el rey ya había decidido que, si las negociaciones fracasaban por completo, tomaría él mismo las riendas de este asunto.

Afortunadamente para él, había una estrella en alza en el firmamento político que tomó rápidamente el relevo de Wolsey. Hijo de un herrero de Putney, los orígenes de Thomas Cromwell eran todavía más humildes que los del cardenal. Sabemos relativamente poco sobre su infancia y juventud, excepto que, de algún modo, recibió una mínima formación legal y que se sentó durante algún tiempo en la Cámara de los Comunes, antes de entrar al servicio de Wolsey. A principios de 1530, cuando ya tenía cuarenta y cuatro años, pasó a trabajar para el rey; tres años más tarde, se convirtió en el principal ministro de Enrique. Tras perder a su esposa y a sus dos hijas en la epidemia de sudor inglés, no tenía familia y, hasta donde sabemos, notablemente pocos amigos; además —a diferencia de su magnificente predecesor— no era amigo de las extravagancias; así pues, disponía de catorce o quince horas al día que dedicar a los intereses de su soberano. Estuvo en el poder solo

---

* El obispo Fisher escribió al menos siete libros y pronunció varios sermones en su defensa. Fue enviado a la Torre de Londres en 1534, pero en mayo de 1535 Pablo III lo nombró cardenal con la esperanza de provocar con ello su liberación. Pero, ¡ay!, el gesto del papa tuvo el efecto contrario: Enrique prohibió que su mitra entrara en Inglaterra y declaró que prefería enviar su cabeza a Roma. Fisher fue ejecutado en la colina de la Torre el 22 de junio.

durante siete años, mientras que Wolsey estuvo quince, pero sus logros fueron mucho mayores que los del cardenal. Fue él quien manejaría la separación de Roma que se avecinaba, el establecimiento de la Supremacía Real, la disolución de los monasterios y muchas cosas más. Era un administrador de extraordinario talento, pero también un excelente publicista, el primero en Inglaterra en reconocer y utilizar el inmenso poder de la imprenta, que William Caxton había introducido en el país un par de generaciones antes.

Cromwell, pues, ya acumulaba un considerable poder cuando, en 1532, Enrique decidió que tenía que volver a reunirse con Francisco. Era perfectamente consciente de que detrás de los constantes titubeos y vacilaciones del papa sobre la anulación de su matrimonio con Catalina estaba el miedo a ofender a su sobrino, el emperador. ¿No era más probable que dos reyes juntos consiguieran persuadir a Su Santidad de que dejara a un lado esos temores en aras de mantener a Inglaterra en el rebaño católico? Sin duda, se trataba de una idea que valía la pena explorar. En junio de 1532, el gobierno inglés y el francés firmaron una alianza secreta en la cual se acordaba que Enrique cruzaría el canal de la Mancha el octubre siguiente. En un gesto osado, decidió llevar consigo a Ana, que ahora era marquesa de Pembroke por derecho propio.*

Pero había un segundo motivo para la visita, uno que interesaba especialmente a Francisco: la cuestionable posición del emperador en relación a los príncipes protestantes alemanes. En enero de 1531, Fernando, el hermano de Carlos, había sido elegido rey de romanos y, en consecuencia, heredero del Imperio. Una elección así, en vida del emperador reinante, no tenía precedentes y era, según se decía, inconstitucional; a ello añádase que los príncipes que habían adoptado las enseñanzas de Martín Lutero estaban comprensiblemente alarmados por la elección de un católico. En consecuencia, habían pedido ayuda a Francisco —cuyo propio

* Y, por lo tanto, no marquesa viuda.

catolicismo se veía compensado por el hecho de que seguía siendo el principal enemigo del emperador— y a finales de febrero de ese mismo año seis príncipes protestantes y diez ciudades formaron una liga en el ayuntamiento de Esmalcalda, en Turingia, para proteger sus intereses políticos y religiosos. Dos años antes, en Cambrai, Francisco se había comprometido a no entrometerse en los asuntos de Alemania, pero la tentación de responder a la petición de ayuda de los príncipes alemanes fue irresistible: él y Enrique necesitaban ahora discutir qué política seguir para causar al emperador las máximas molestias posibles.

La tercera razón, Enrique se guardó de mencionarla. Francisco le fascinaba. Era, casi con toda seguridad, una fascinación rayana a los celos. Su mente regresaba a menudo al Campo del Paño de Oro, trece años antes, donde había conocido a su cautivador homólogo; desde entonces nunca había perdido una oportunidad de preguntar por él: cuál era su aspecto y apariencia, cómo vestía, cuáles eran sus gestos, sus amantes, cualquier cosa que pudiera saber de él. Pero, insistió, esta nueva reunión no debía ser de ningún modo una repetición de la anterior; no debía haber «ningún adorno precioso de oro, ni bordados ni ninguna otra tontería». Debía ser un encuentro informal entre amigos; su propio séquito, añadió con modestia, estaría formado por sus sirvientes personales, más seiscientos soldados… sin olvidarnos, por supuesto, de la cama real. (El tamaño y peso de este último objeto bien puede imaginarse, pero Enrique jamás se desplazaba sin él). Se acordó que la reina Leonor no estuviera presente en la reunión; como hermana del emperador y sobrina de Catalina de Aragón, habría sido un poco incómodo. Francisco pidió a su hermana Margarita, duquesa de Alençon, que hiciera los honores en su lugar, pero ella se negó en redondo a conocer a «la ramera del rey de Inglaterra».

Enrique y Ana se embarcaron en el *HMS Swallow* a primeras horas del viernes 11 de octubre de 1532. El mar estaba calmo y precioso y arribaron a Calais a media mañana. Deliberadamente o no, Francisco los hizo esperar bastante tiempo: no se presentó en Boulogne hasta el 19. La reunión, que se había preparado con tanta antelación, tuvo lugar finalmente la mañana del 21, en un lugar que los franceses llamaban Saint-Inglevert y los ingleses —a quienes pertenecía entonces— se esforzaban por llamar Sandyngfield. Ya habían pasado doce años desde el último encuentro de ambos reyes, doce años que no habían tratado bien a ninguno de los dos. Francisco mostraba los efectos de una vida llena de vino y mujeres, pero tenía treinta y ocho años y su pasión por la caza lo mantenía en moderada buena forma. Enrique, aunque solo era tres años mayor, lucía una panza enorme y aparentaba estar más cerca de los cincuenta que de los cuarenta. Ambos, sin embargo, se encontraban todavía lo bastante en forma como para galopar por un ancho prado hasta el lugar de reunión, abrazarse mientras estaban todavía en la silla y cabalgar mano a mano hasta el territorio francés de Boulogne, donde fueron recibidos —se dice— por mil salvas.

A pesar de la petición de Enrique de que se relajara la pompa y circunstancia del encuentro, estaba claro que Francisco había decidido que aquel segundo encuentro no podía ser un anticlímax respecto al primero. De nuevo sería tedioso repasar todo el programa: las misas diarias, los banquetes, los diversos acontecimientos deportivos (aunque, en esta ocasión, no hubo ni lucha libre ni justas, pues los protagonistas eran demasiado viejos para ese tipo de cosas) y los interminables intercambios de regalos absurdamente lujosos que ninguno de los dos podía permitirse. Cuatro días más tarde, la fiesta se trasladó a Calais, donde Enrique pasó a ejercer de anfitrión. Fue allí donde Francisco conoció a Ana, a quien —a pesar del hecho de que ya estaba engalanada hasta las cejas con las joyas de Catalina de Aragón (que, huelga decir, Catalina había devuelto con gran pesar de su corazón)— regaló esa primera tarde un enorme diamante. Parece que los dos se cayeron notablemente bien, pues bailaron juntos y estuvieron charlando durante una hora sentados junto a una ventana.

Las festividades concluyeron el martes 29 de octubre. Enrique acompañó a Francisco durante algo más de diez kilómetros en su camino de regreso hasta suelo francés. No está claro cuándo ambos habían encontrado un momento para debatir cuestiones serias, la semana anterior, pero el caso es que se acordó que Francisco haría cuanto estuviera en sus manos para acelerar la anulación de su amigo y se mostró muy favorable a su boda con Ana. Los dos reyes se comprometieron a tomar las armas contra el Turco, aunque en los años que siguieron ninguno de los dos mostró intención de hacerlo. También acordaron que había que hacer algo con el papa y el emperador, pues este último planeaba regresar a Italia, y eso eran pésimas noticias para Francisco. Por último —aunque en el fondo de su corazón probablemente no se gustaban y ciertamente no confiaban el uno en el otro—, habían mostrado al mundo, y especialmente al papa y al emperador, que eran hermanos. No hay duda de que Enrique sintió que la reunión había sido un éxito; la única mala fortuna fue que, justo cuando Ana y él se disponían a embarcar para volver a Inglaterra, el tiempo empeoró repentinamente y tuvieron que dejar pasar doce días de tormentas y densa niebla en el canal de la Mancha antes de poder regresar a Dover.

Clemente VII empezó a perder seriamente los papeles. Parecía incapaz de tomar ninguna decisión sobre nada.* Francisco y Enrique habían resuelto emprender una iniciativa formal enviando ante el papa a dos poderosos cardenales franceses con cartas redactadas con un lenguaje muy contundente —la de Enrique sobre su anulación y la de Francisco sobre Italia—, que no dejaban la menor duda sobre el descontento e insatisfacción de ambos monarcas. El papa estaba entonces residiendo de nuevo en Bolonia y, cuando llegaron los dos cardenales, a principios de enero, descubrieron que el emperador ya estaba allí, ocupado en debatir la posibilidad de celebrar un Concilio General de la Iglesia, que creía que sería la única forma de arreglar de una vez por todas los proble-

---

* En marzo de 1532, el embajador francés informó de que el papa tenía tanto miedo de una invasión turca que estaba considerando seriamente reunir todo el dinero que pudiera y huir a Aviñón, dejando Italia para que se valiera como pudiera.

mas que planteaba la Reforma. Los cardenales, sin embargo, fueron recibidos con sorprendente amabilidad y, a finales de mes, pudieron informar a sus señores de que habían conseguido dos grandes triunfos: el papa había accedido a reunirse con Francisco y, más significativo todavía, había dado su consentimiento al matrimonio entre su sobrina Catalina de Médici y el segundo hijo del rey, el duque de Orleans.

El sultán Solimán se había sentido profundamente humillado por su fracaso en la conquista de Viena. Decidido a intentarlo de nuevo, el 25 de abril de 1532 partió de Estambul una vez más, con su gran visir, Ibrahim Pachá, para una nueva campaña a lo largo del Danubio. Con él avanzaban cien mil hombres; entre ellos, doce mil jenízaros y un tren de 300 piezas de artillería. En Belgrado le esperaban otros quince mil hombres, esta vez tártaros de Crimea, que había puesto a su disposición Giray, su kan. Quién sabe por qué, el sultán había asumido que el ejército cristiano estaría a las órdenes de Carlos en persona, pues cuando llegó a Niš, en Serbia, y los enviados de Fernando le ofrecieron cien mil ducados si reconocía a su señor como rey de Hungría, los rechazó con las siguientes palabras:

> El rey de España ha dicho siempre que quiere enfrentarse a los turcos. Por la gracia de Dios, ahora voy camino a enfrentarme a él con mi ejército. Si su corazón es grande, me esperará en el campo de batalla y dejará que se haga la voluntad de Dios. Si no desea encontrarme, que envíe un tributo a mi imperial majestad.

El ejército se detuvo el 5 de agosto al llegar a Güns, una pequeña ciudad fortificada a unos cien kilómetros de Viena (ahora se llama Köszeg y está justo un poco más allá de la frontera con Hungría). Por el motivo que fuera, Solimán se había quedado un poco rezagado y el ejército estaba temporalmente bajo el mando de Ibrahim. Empezó el asedio y la guarnición húngara de ochocientos hombres combatió con denodado coraje y férrea determinación, rechazando diecinueve asaltos generales en veinticinco días. Al sexto día, el gran visir exigió al comandante de los defensores, Nicolas Jurisics, que se rindiera y pagara un tributo anual de 2 000 florines. Jurisics replicó que no tenía dinero y que, en cualquier caso, ¿cómo iba él a rendir un castillo que no le pertenecía a él, sino a su señor, el archiduque Fernando? Así que los combates continuaron, y, en palabras de un contemporáneo:

> Los jenízaros se lanzaron al ataque y plantaron ocho de sus estandartes sobre las murallas. Protegidos por debilísimas defensas y aplastados contra las murallas, los habitantes aguardaban su última hora; entonces, los ancianos, mujeres y niños prorrumpieron en un grito tan lamentable y desgarrador que los atacantes se retiraron aterrorizados e incluso dejaron dos de sus estandartes en manos de los defensores. Este cambio de fortuna se produjo de forma tan repentina y pareció tan milagroso a ambos bandos que los turcos creyeron ver a un caballero celestial que blandía su espada contra ellos, y los cristianos creyeron reconocer en la batalla a San Martín, el intrépido patrón de Hungría.

Que las cosas sucedieran tal y como se describen en esta crónica es, como mínimo, muy improbable; pero tan impresionado quedó Ibrahim con el coraje del comandante que, pocos días más tarde, lo invitó bajo salvoconducto al campamento turco, donde Jurisics, que había perdido a la mitad de sus hombres y gastado toda su pólvora, estuvo encantado de aceptar los generosos términos de la rendición que se le ofreció. El gran visir lo trató con refinada cortesía, lo felicitó a él y a su guarnición y —aunque en adelante en nombre del sultán— dejó que permaneciera al mando del castillo.

Es una historia fascinante, desde luego, pero Güns era una ciudad pequeña, sin importancia, y su captura había costado todo un mes del mejor tiempo de campaña. ¿Fue quizá por ello que Solimán, al reunirse de nuevo con el ejército, decidió abandonar su marcha sobre Viena y avanzar en su lugar por la región de Estiria, en el sureste de Austria? Viena había sido, al fin y al cabo, el objetivo de toda su expedición. Pero entonces, si el retraso en Güns fue realmente el motivo del cambio de planes, ¿no habría mostrado el sultán al menos cierto grado de descontento con su gran visir por haber perdido tanto y tan valioso tiempo ante sus muros? No existe ningún indicio de que manifestara la menor contrariedad. Una explicación alternativa, mucho más probable, y que se deriva de sus palabras en Niš, es que de algún modo creyera que Carlos, al mando del ejército imperial, andaba por ahí cerca. En ese caso, lo más probable era que el sultán hubiera optado por la táctica que tan bien le había funcionado en la campaña de Mohács: entablar primero batalla con el enemigo en campo abierto y solo después de haberlo destruido, avanzar sobre la capital. Si fue así, le esperaba una decepción. Carlos estaba, en efecto, de camino a Viena, pero no al mando de un ejército y, desde luego, no tenía la menor intención de enfrentarse al ejército otomano en una batalla campal de la que probablemente saldría derrotado.[*]

Solimán pasó el mes de septiembre saqueando tantas ciudades estirias como pudo; luego regresó, vía Belgrado, a su capital, a la que llegó el 18 de noviembre. Las celebraciones por sus victorias duraron cinco días, pero debieron de sonarle un poco huecas. Esta segunda expedición había tenido todavía menos éxito que la primera. Ni siquiera se había aproximado a Viena y mucho menos la había atacado. No habría ningún intento más. La ciudad —la que deseaba conquistar más que ninguna otra— permanecería en manos cristianas.

* De hecho, el emperador llegaría a Viena el 23 de septiembre —fue su primera y única visita a la ciudad— y se quedaría allí solo diez días para luego marcharse y reunirse con el papa Clemente en Bolonia.

Quizá fue en parte debido a los ánimos que le dio Francisco, quizá porque, sencillamente, se le acabó la paciencia. El caso es que, por el motivo que fuera, Enrique se casó con Ana Bolena en una boda secreta casi inmediatamente después de regresar a Dover. A las pocas semanas, ella se quedó embarazada y una segunda ceremonia —pública— tuvo lugar el 25 de enero de 1533. El 23 de mayo, el arzobispo de Canterbury, Thomas Cranmer, presidiendo un tribunal especial reunido en el priorato de San Pedro en Dunstable, declaró que el matrimonio del rey con Catalina de Aragón era nulo, porque su anterior matrimonio con Arturo sí había sido consumado, y unos pocos días después dictaminó que el de Enrique y Ana —cuyo embarazo ya no podía ocultarse— era válido. Catalina fue formalmente desposeída de su título de reina; se anunció que, como viuda del príncipe Arturo, se la conocería en adelante como la princesa viuda. Su hija, María, fue declarada ilegítima y, por lo tanto, se la excluyó de la línea sucesoria. Es fácil imaginar la reacción del papa Clemente ante estas noticias. El 11 de julio anunció su condena formal del matrimonio del rey y le amenazó con la excomunión si Enrique no volvía con Catalina durante el mes de septiembre.

Es imposible no sentir compasión por la pobre Catalina. Había servido bien tanto a su país natal como a su patria adoptiva; el embajador veneciano, Ludovico Falier, informó de que «los isleños la adoraban más que a cualquier otra de todas sus reinas». Su nombramiento en 1507 como plenipotenciaria oficial del reino de España ante Inglaterra la convirtió en la primera mujer embajadora de la historia de Europa. Enrique la había nombrado regente, o gobernadora de Inglaterra, durante su ausencia en la campaña de 1513, y cuando los escoceses invadieron Inglaterra en septiembre, ella cabalgó hasta Buckingham antes de que le comunicaran que habían sido derrotados en Flodden, a pesar de que en esos momentos estaba en un avanzado estado de gestación. Solo un mes después de la victoria, dio a luz a un bebé muerto; si hubiera permanecido quieta en palacio, quizá toda la historia posterior de Inglaterra habría sido distinta.

Amó sinceramente a su marido y le seguiría siendo leal durante el resto de sus días, afirmando siempre ser su legítima esposa y la única y verdadera reina de Inglaterra. Por este motivo, se había negado siempre categóricamente a aceptar las sugerencias de Wolsey —que luego se convertirían en súplicas— de que renunciara a su matrimonio y se retirara a un convento. No, dijo ella, eso jamás. Había llegado virgen a Enrique; Dios la había llamado al matrimonio, no a la vida monacal. Tras negarse a tener una vida de monja, fue a vivir a The More —un palacio en Hertfordshire—,* del que luego se mudaría, primero a Buckden, en Huntingdonshire, y luego al castillo de Kimbolton, en Cambridgeshire,† donde se negó a abandonar su pequeña habitación y donde falleció el 7 de enero de 1536. Fue enterrada, por orden del rey, en el pasillo del coro de la abadía de Peterborough (hoy catedral). Había sufrido mucho: insultos, humillaciones y, lo peor de todo, la ausencia de su hija María, a quien Enrique (o quizá más bien Ana Bolena) le prohibió ver durante sus últimos cinco años de vida, por no hablar de la siempre presente amenaza de acabar en el patíbulo. Incluso Cromwell, que era su enemigo, confesó la admiración que sentía hacia ella. «La naturaleza no hizo justicia a la reina al no hacerla un hombre», le dijo al embajador del emperador, Eustace Chapuys. «De no ser por su sexo, habría sobrepasado a todos los héroes de la historia». Cuando las noticias de su muerte llegaron a Enrique, se vistió de pies a cabeza de amarillo, se puso una pluma blanca en el gorro y organizó un baile y un banquete para celebrarlo; pero el día del funeral de Catalina, Ana tuvo un aborto.

Era Ana quien ahora reinaba con autoridad suprema; sin embargo, pocas reinas de Inglaterra han sido más impopulares que ella. El 29 de mayo —solo una semana después de que su matrimonio se declarara válido— fue por el río de Greenwich a la Torre de Londres, con una escolta de más de

---

* Del cual no queda ni rastro. El embajador francés lo consideró más espléndido que Hampton Court.
† Hoy una escuela.

trescientas lanchas y botes más pequeños, todos ellos decorados con banderas y estandartes; el día 31 fue llevada en litera por la ciudad hasta Westminster, y el 1 de junio —Domingo de Pentecostés— fue coronada reina de Inglaterra por el arzobispo Thomas Cranmer en la abadía.* En las tres ocasiones se comprobó que las multitudes congregadas fueron menores de lo esperado; recibió pocos vítores, mientras que Catalina había sido aplaudida y aclamada con gran ruido. Poco más de tres meses después, el 7 de septiembre, dio a luz a una hija —«probablemente», escribe el profesor Scarisbrick, «la hija real peor recibida y la mujer más celebrada de la historia de Inglaterra». Tres días después, la niña fue bautizada como Isabel en honor a la madre de Enrique, Isabel de York, y sus padrinos fueron el rey Francisco (mediante representante, naturalmente) y Cranmer.† Hasta que Enrique tuviera un hijo, Isabel sería la heredera al trono.

1533 también sería para Francisco un año memorable, el año en que casó a su hijo con la sobrina del papa, una boda a la que el propio Clemente había prometido asistir. El 11 de octubre, una flota papal de sesenta navíos echó el ancla en Marsella mientras las baterías costeras disparaban salvas para darle la bienvenida. A la mañana siguiente, el papa hizo su entrada oficial en la ciudad, acompañado de catorce de sus cardenales, todos ellos a lomos de mulos. Francisco llegó el día 13, y el 28, en la iglesia de Saint-Ferréol les Augustins, Clemente VII ofició el matrimonio de su sobrina Catalina de Médici con el hijo de Francisco, Enrique de Orleans. Los novios tenían catorce años. La misa de boda fue interminable y la siguió un suntuoso baile. Luego, a medianoche, cuando ambos muchachos debían

* Cranmer había sido miembro del Jesus College de Cambridge. Fue obligado a renunciar a su puesto al casarse, pero cuando su esposa murió al dar a luz, lo recuperó y fue ordenado. En 1532 acudió a Alemania como embajador ante Carlos V. Mientras estaba allí, volvió a casarse, sin abandonar en esta ocasión el sacerdocio.

† Por extraño que suene, aunque el propio Enrique estaba en palacio, parece que no asistió al servicio. Desde luego, no se le menciona en la exhaustiva crónica de Hall. Presumiblemente, no quería mostrar en público lo decepcionado que estaba y no se veía capaz de disimularlo.

de estar ya completamente exhaustos, fueron llevados al lecho nupcial. Francisco los acompañó, y se dice que permaneció allí hasta que el matrimonio fue debidamente consumado, para después afirmar que «los dos habían mostrado valor en la justa». A la mañana siguiente, mientras todavía estaban en la cama, los visitó el papa, que añadió su felicitación y su bendición. Fue, uno diría, todo lo que necesitaban.

Una ceremonia de este tipo tuvo que interpretarse por fuerza como una señal de una alianza francopapal, pero, puesto que no se derivó de ella ningún tratado, es imposible precisar sobre qué hablaron Francisco y Clemente durante sus muchas y largas conversaciones. A buen seguro que el rey volvió a dar la tabarra con su vieja obsesión por Milán; Clemente debió de mencionar la tradicional cuestión de Parma y Plasencia. Por lo que concierne a Enrique, sabemos que Francisco pidió una prórroga de seis meses antes de ejecutar su amenaza de excomunión, pero Clemente solo aceptó concederle uno. También nos consta que al papa no le quedó la menor duda respecto a la opinión de Francisco acerca de los turcos, que luego comunicó a Carlos. «No solo no me opondré a la invasión de la cristiandad», se supone que dijo el rey, «sino que la favoreceré en cuanto pueda, para así poder recuperar con más facilidad lo que claramente me pertenece a mí y a mis hijos, y ha sido usurpado por el emperador». Puede que Clemente también cuestionase el buen gusto del regalo que recibió de Francisco al despedirse: un cuerno de unicornio con la cualidad mágica de que, si se colocaba sobre una mesa, alertaría inmediatamente de la presencia de veneno en la comida echándose a sudar.

En cuanto al rey Enrique, él sí que estaba sudando de tanto devanarse los sesos. Su ruptura con Roma había hecho que dependiera más que nunca de Francisco. Por otro lado, ahora Francisco era, a todos los efectos, pariente del papa: ¿hasta qué punto podía seguir confiando en él? Francisco, perfectamente consciente de las dudas de Enrique, las explotó a fondo, y en 1533 envió un nuevo y particularmente poderoso embajador a Londres. Se trataba del almirante

Philippe de Chabot, señor de Brion y amigo personal de Francisco desde la infancia. El almirante trajo consigo una propuesta: nada menos que el matrimonio del tercer hijo de Francisco, el duque de Angulema, con María, la hija de Enrique. La idea había partido originalmente del anterior prometido de María, el emperador Carlos, quizá para intentar consolarla por su recientemente declarada bastardía. El papa, sin embargo, la seguía reconociendo como la legítima heredera de Enrique, así que Carlos estaba bastante seguro de que Francisco estaría encantado de casarla con uno de sus hijos.

De hecho, casi sin duda lo habría hecho, si Enrique hubiera estado dispuesto siquiera a considerar la posibilidad por un momento. Ofreció al embajador una magnífica recepción y lo alojó en su propio palacio de Bridewell, pero cuando Chabot le explicó su propuesta, su rostro se ensombreció. El almirante, dijo, debía estar de broma. Solo entregaría a María a Angulema con la condición de que ambos renunciaran a cualquier derecho sobre el trono inglés. Si eso no era posible, estaba preparado para ofrecer al duque la mano de su hija Isabel y renunciar a sus propios derechos al trono de Francia si —y solo si— Francisco conseguía convencer al papa de que levantara la amenaza de excomunión que todavía pendía sobre él. A Chabot, según se nos dice, no le interesó lo más mínimo ni una ni otra contrapropuesta y regresó a Francia «muy contrariado».[*]

Cuando el papa Clemente regresó a Roma a finales de año ya estaba muy enfermo; falleció el 25 de septiembre de 1534. Como Pontífice Supremo no había sido muy bueno. Durante la aparentemente interminable batalla con Enrique nunca jugó a fondo sus cartas. Podría haber hecho llover anatemas y excomuniones en lugar de simplemente amenazar con ellas, podría haber animado a aquellos que le eran más fieles a enfrentarse a Enrique y prometerles apoyo; en cambio, permaneció casi en silencio, paralizado, por un lado, por

* R. J. Knecht, Francis I, p. 235.

el miedo de ofender al emperador y, por el otro, por adoptar una línea demasiado dura con el rey, que siempre esperaba que toda aquella situación se arreglara sola, de alguna manera. Fue muy propio de él que, en 1532, cuando las relaciones anglopapales difícilmente podrían haber sido peores, hubiera escrito a Enrique pidiéndole permiso para enviar un bibliotecario papal a Inglaterra, con el propósito de recorrer las bibliotecas eclesiásticas y monásticas en busca de libros que no estuvieran en la colección del Vaticano. Y, sin embargo, a pesar de tantas desgracias como padeció —de las cuales, en buena parte, él mismo fue el responsable—, jamás olvidó que era un Médici y un príncipe renacentista. Fue patrón de Cellini y Rafael, y fue él quien encargó a Miguel Ángel que pintara el Juicio Final en la pared oriental de la Capilla Sixtina, así como que completara su trabajo en las tumbas de los Médici en la basílica de San Lorenzo, en Florencia. Tampoco fue el matrimonio de su sobrina con el futuro rey de Francia su único triunfo dinástico; durante el último año de su vida, también negoció que Alejandro de Médici, en ese momento gobernante de Florencia, se casara con Margarita de Austria, la hija natural de Carlos V.* Todavía podemos recrearnos con el majestuosamente arrogante retrato que pintó de él Sebastiano del Piombo (ahora en Nápoles).

Al menos Clemente no tuvo que presenciar su derrota final. Solo dos meses después de su muerte, el Parlamento de Inglaterra aprobó la Ley de Supremacía, que declaraba que el rey era «la única cabeza suprema en la tierra de la Iglesia de Inglaterra» y rompió para siempre su sujeción a Roma. La preposición elegida era importante: hasta entonces se había tratado de la Iglesia *en* Inglaterra; ahora, el *de* era la clave. Enrique incluso llegó al punto de proclamarse a sí mismo

---

* A Alejandro generalmente se le consideraba el único hijo —probablemente con una sirvienta caribeña— de Lorenzo II, nieto de Lorenzo el Magnífico; pero es muy probable que fuera, de hecho, el hijo bastardo del mismísimo papa Clemente. Este segundo matrimonio fue menos exitoso. Tras apenas un año, Alejandro fue asesinado por Lorenzino, un primo lejano.

como un Moisés que había liberado a su pueblo de la esclavitud a la que había sido condenado por el papado. Una presunción de ese tipo no tenía precedentes; nunca antes en Europa un príncipe secular había asumido una autoridad espiritual tan completa sobre sus súbditos. Lo difícil ahora sería que esos súbditos lo supieran. Se promulgaron decretos a lo largo y ancho del reino: todos los que estaban en situación de autoridad tenían que pronunciar un juramento en el que reconocieran a Enrique como jefe supremo de la Iglesia y renunciaran específicamente a Roma. La mención del papa se borraría de cualquier lugar en que apareciera en la liturgia; en las parroquias, se iban a pronunciar sermones cada tres meses para explicar lo que había ocurrido y felicitar a las congregaciones por haber escapado de su antigua esclavitud. Todo esto vino acompañado por una interminable sucesión de libros y panfletos, procesiones y obras de teatro. Por primera vez en Inglaterra, la imprenta demostraba de lo que era capaz.

Las noticias de la muerte del papa Clemente fueron, huelga decir, recibidas con entusiasmo por Enrique; para Francisco, sin embargo, resultaron un golpe muy duro. La nueva entente por la que había trabajado tan duro se había derrumbado. El magnífico matrimonio del que había estado tan orgulloso era, de ahora en adelante, una *mésalliance;* los Médici, a pesar de toda su pompa, siempre habían sido considerados fundamentalmente una familia burguesa, y siempre lo serían. Si a Clemente le hubiera sucedido algún otro miembro de su clan, todo habría ido bien, pero la elección de Alejandro Farnesio, que el 13 de octubre se convirtió en el papa Pablo III, provocó un completo replanteamiento de la política de Francia hacia la Santa Sede. Y —por si eso no bastara— solo cinco días después se produjo *l'affaire des placards.*

«*ARTICLES VÉRITABLES SUR LES HORRIBLES, GRANDS & IMPORTABLES ABUZ DE LA MESSE PAPALLE*». Con estas palabras, escritas en grandes caracteres góticos, empezaban los *placards,* o pasquines, que aparecieron por todo París la mañana del domingo 18 de octubre de 1534. Los cuatro largos párrafos que seguían eran de carácter puramente teológico y ahora no deben preocuparnos; baste decir que constituían un violento ataque contra la misa católica, expresado en un lenguaje que aterrorizó a sus lectores. La ciudad fue presa de una oleada de histeria y corrieron todo tipo de rumores: todas las iglesias católicas iban a ser quemadas hasta los cimientos, todos los fieles católicos serían masacrados en sus lugares de culto. El pánico fue a mayores cuando se supo que los *placards* no habían aparecido solo en París; también se encontraron en Orleans, Tours, Blois y Rouen, y hasta se dice que uno de ellos apareció enganchado en la puerta del dormitorio del rey en Amboise, donde residía en esos momentos.

La búsqueda de los responsables se inició de inmediato. Hubo multitud de arrestos; varios desventurados inocentes fueron quemados en la hoguera. Y, por desgracia, pareció que el propio Francisco también perdió la cabeza. Lo que siguió fue pura y llanamente una inquisición. Se prohibieron todos los libros nuevos. Como desafío a los terroristas —pues así se los consideraba— se convocó una «procesión general» para el 21 de enero en París: las reliquias más sagradas —entre ellas la Corona de Espinas de la Sainte-Chapelle— se sacaron de las iglesias de la ciudad y se expusieron por las calles, desde Saint-Germain-l'Auxerrois a Notre Dame, el obispo de París llevó el Sagrado Sacramento bajo un palio sostenido por los tres hijos del rey y el duque de Vendôme. Inmediatamente tras ellos caminó el propio Francisco, vestido enteramente de negro, con la cabeza desnuda y sosteniendo una antorcha encendida. Al llegar a la catedral se celebró una misa solemne tras la cual tanto el rey como la reina Leonor fueron invitados a comer en el palacio del obispo. El rey se dirigió entonces a la multitud, animando a sus súbditos a denunciar a todos los herejes, aunque fueran familiares o amigos. El día terminó con otros seis ejecutados en la hoguera.

Y así continuó el reinado del terror. ¿Por qué, uno no puede evitar preguntarse, hubo una reacción tan desproporcionada a lo que, de hecho, había sido una provocación francamente leve? La respuesta que suele darse es que Francisco se tomó el *placard* encontrado en Amboise como una afrenta personal, pero es una explicación difícil de creer.[*] La verdad, sin duda, es que no debió de tener otra opción. La provocación era, desde luego, leve, pero no lo pareció en ese momento. Los *placards,* escritos en un lenguaje violento e insultante, atacaban a la Iglesia, la misa, el sacerdocio y, a través de ello, a todos y cada uno de los súbditos del rey católicos y temerosos de Dios. Como Su Cristianísima Majestad, Francisco no podía ignorar los pasquines ni tomárselos a la ligera. Puede que no fuera él quien instigara las persecuciones que siguieron, que probablemente fueron ordenadas por el *Parlement;* pero no hubiera sido concebible que se hubiera negado a aprobarlas.

Lo que es innegable es que, tras el *affaire des placards,* Francia no volvió a ser la misma. Entre 1541 y 1544, seis libreros o impresores parisinos fueron procesados —uno fue torturado y a dos los enviaron a la hoguera— y en 1542 la Sorbona empezó a compilar el primer índice de libros prohibidos. En adelante, el protestantismo se consideraría una amenaza peligrosa. Los católicos franceses se sentían asediados y la sombra de las guerras de religión comenzó a cernirse sobre ellos.

Cuando Enrique y Francisco se separaron en octubre de 1532 y expresaron su intención de unir esfuerzos contra el Turco, las palabras «un día de estos» fueron casi audibles; los dos reyes mencionaron una vaga intención, no un plan específico. Y era muy fácil de entender: el Imperio otomano estaba muy lejos y —para Enrique, al menos— apenas tenía relevancia. Para Carlos V, en cambio, que había visto al sultán a las puertas de Viena hacía tan solo tres años, era un

---

[*] Menos de dos años antes, en enero de 1533, tres extraños armados fueron descubiertos en los aposentos de Francisco en el Louvre; su única reacción entonces fue pedir al Parlement que aumentara la vigilancia nocturna.

peligro real e inminente. Por pura necesidad, no le quitaba el ojo de encima a su vecino turco. Y de súbito, en 1534, sonaron todas las alarmas.

Este nuevo peligro no emergió, como podría esperarse, en Europa Occidental, sino en el extremo sur de su imperio, en la isla de Sicilia. Y no lo encarnó el sultán personalmente, sino sus más peligrosos súbditos: los piratas de la costa de Berbería. La expulsión de los moros de España en los años siguientes a 1492 llevó a una proliferación de nómadas sin raíces, arruinados, desahuciados, desafectos y sedientos de venganza. Muchos de ellos se unieron a sus correligionarios en el norte de África y adoptaron la vida y el oficio de bucaneros. Entre Tánger y Túnez había unos dos mil kilómetros de lo que era, en su mayor parte, una franja costera moderadamente fértil y bien irrigada, en la que existían numerosos puertos naturales casi sin mareas, ideales para los propósitos de bandas de marineros que buscaran refugios y bases desde las que lanzar sus ataques e incursiones. Y así nació la leyenda de la costa de Berbería.

A principios de la década de 1530, el líder de estos corsarios fue un tal Jeireddín* Barbarroja. Nacido en la isla de Mitilene (ahora Lesbos), era hijo de un viejo jenízaro de origen griego y su esposa, que era la viuda de un sacerdote griego. (Puesto que los jenízaros eran todos cristianos que habían sido obligados a convertirse, Jeireddín no poseía ni una gota de sangre turca). Había heredado el liderazgo de su hermano Aruj (conocido en turco como Oruç), que había sembrado el terror a lo largo de la costa en las rutas marítimas tanto cristianas como musulmanas y quien, en 1516, había estrangulado al sultán de Argel con su propio turbante. Al año siguiente, había arrebatado a España la mayor parte de lo que hoy es Argelia y se la había entregado al padre de Solimán, Selim I; en consecuencia, todo ese territorio formaba parte integrante del Imperio otomano. Aruj había muerto durante el asedio español de Tremecén en 1518, pero antes de que el año

* Jeireddín fue un nombre honorífico que le concedió el sultán Solimán y que significa «Bondad de la Fe». (N. del T.)

terminara su hermano había reconocido al sultán como su soberano y las subsiguientes gestas de Jeireddín Barbarroja a lo largo de la costa durante los siguientes quince años impresionaron tanto a Solimán que en 1533 lo nombró *kapudan pasha* —almirante supremo— de la flota otomana.

Y así fue como, a principios del verano de 1534, Barbarroja partió del Cuerno de Oro con una flota recién construida con la misión final de una importante

Jeireddín Barbarroja, el pirata berebere que más tarde se convertiría en comandante de la Armada otomana.

nueva conquista: Túnez, entonces bajo el gobierno de Mulay Hasan, de quien se decía que había asesinado a sus cuarenta y cuatro hermanos para conseguir el trono y que luego había llenado su harén con cuatrocientos jovencitos de inusual belleza. Barbarroja empezó, como era su costumbre, asolando los pueblos y ciudades de la costa calabresa. Una noche, según dice la leyenda, desembarcó en secreto en Fondi con intención de secuestrar a Julia Gonzaga, esposa de un tal Vespasiano Colonna y una de las bellezas más famosas de su tiempo, para regalársela al sultán y ampliar su harén.* Pero ella logró escapar a caballo, vestida solo con su camisón y acompañada por un único caballero a quien, fuera porque había mostrado una excesiva familiaridad con ella o porque quizá había visto demasiado de su persona, la mujer ordenó ejecutar una vez estuvo a salvo.

* Se dice que lo indujo a esta correría Ibrahim Pachá, con la esperanza de que la dama sustituyera a Roxelana en los afectos de Solimán.

La conquista de Túnez no fue una operación difícil. Barbarroja llegó frente al puerto de la ciudad el 16 de agosto e inició inmediatamente un bombardeo, con lo que descubrió que Mulay Hasan ya había huido. Durante todo aquel invierno mantuvo a sus hombres ocupados, reforzando las defensas del puerto y construyendo una impresionante nueva fortaleza, lo bastante grande como para alojar a una guarnición de quinientos soldados. Pero no debió haberse molestado. Esta vez había abarcado demasiado y había subestimado la probable reacción de Carlos V y su poder para tomar represalias. Una mirada al mapa muestra que los dos puertos más prósperos en el extremo occidental de Sicilia, Trapani y Marsala, están a menos de doscientos cincuenta kilómetros de la costa de Túnez, y que Palermo misma está apenas un poco más lejos. El perezoso y hedonista Mulay Hasan no había supuesto una amenaza en ningún momento, pero ahora que Barbarroja reinaba supremo en Túnez, el dominio del emperador sobre Sicilia se veía seriamente amenazado.

Tan pronto como le llegaron las noticias, Carlos —consciente de las palabras de su abuela Isabel, que afirmaba que la Reconquista no habría terminado hasta que el Mediterráneo occidental fuera un «lago español»— empezó a planear una poderosa expedición para recuperar Túnez. Si, razonaba, no actuaba con decisión y de inmediato, existía una posibilidad muy real de que toda la costa cayera en manos de los turcos; y entonces Sicilia y, de hecho, la propia España, se verían gravemente amenazadas. La flota de invasión que reunió incluiría finalmente barcos de España, Nápoles, Sicilia, Cerdeña, Génova y Malta, donde se habían instalado los Caballeros de San Juan después de su expulsión de Rodas. La expedición estaría, de hecho, a las órdenes del célebre almirante genovés Andrea Doria, un almirante *condottiere* —podría decirse que un marinero de fortuna— que había abandonado a los franceses tras una grave disputa con el rey Francisco solo seis años atrás. Transfirió su lealtad al emperador y con ella, la de Génova, poniendo de ese modo en manos de Carlos una importante base naval que facilitaría enormemente sus frecuentes viajes entre Italia y España; pero el propio Carlos, a pesar de estar atormentado por la gota, estaba decidido a navegar con el contingente español en lo que iba a ser su primera experiencia real en una batalla naval.

La flota imperial, que se estima que contaba con más de cuatrocientos navíos que transportaban a un ejército de veintisiete mil hombres, zarpó desde Barcelona a finales de mayo de 1535 hacia el punto de reunión acordado en Cagliari, en Cerdeña, a donde llegó el 10 de junio y donde se reunió con otros doscientos navíos de todo tipo. Luego, el día 13, viró hacia el sur, y al día siguiente echó anclas en el fondeadero frente a Túnez. Ante tal armada, Barbarroja, que solo contaba con unos sesenta barcos y unos pocos miles de turcos, árabes y bereberes, comprendió inmediatamente que no tenía esperanza alguna de defender la ciudad. Puesto que no tenía intención de perder más buques de los necesarios, ya había tomado la precaución de enviar a quince de sus mejores navíos cerca de la costa de Bône (la actual Annaba), a medio camino de Argel, donde podían permanecer a salvo, como reserva. Él y sus hombres lucharon con tanto coraje como siempre, bajo el asfixiante calor del verano africano; pero el 14 de julio —exactamente un mes después de la llegada de Carlos— la fortaleza de La Goleta, que defendía el puerto interior, fue tomada al asalto por los Caballeros de San Juan, y una semana más tarde los numerosos cautivos cristianos que había en el interior de la ciudad —los cronistas dicen que eran doce mil, pero parece improbable que fueran tantos— se rebelaron y se arrojaron sobre sus antiguos amos.[*] Ahora le tocó a Barbarroja el turno de huir. En compañía de sus dos capitanes y de tantos hombres como pudieron seguirlo, abandonó la ciudad y se dirigió a Bône.

En este punto, Carlos debería haber ordenado a su ejército que partiera de inmediato en persecución del enemigo y se enfrentara al viejo corsario en una batalla campal. De

---

[*] La Goleta es hoy La Goulette. Los caballeros tomaron posesión de varias piezas de artillería que, para su sorpresa, resultaron ser francesas, con la fleur-de-lys claramente grabada en sus cañones.

haberlo hecho, quizá habría destruido a Jeireddín Barbarroja de una vez y para siempre, y la flota imperial no habría tenido dificultades en impedir que huyera por mar. Pero los soldados —y, probablemente, también los marineros— estuvieron demasiado ocupados violando y saqueando los tres días y tres noches a los que tenían derecho, según las reglas de la guerra. Tras acordar el pago al emperador de un tributo anual, Mulay Hasan fue formalmente repuesto como líder de lo poco que quedaba de la ciudad, mientras los españoles, tras haber reparado y refortificado La Goleta, la declararon territorio español y la proveyeron de una guarnición permanente. La expedición, según acordaron los victoriosos cristianos, había sido un gran éxito. Túnez estaba de nuevo en manos amigas, Sicilia estaba segura, cientos, si no miles, de sus correligionarios habían sido liberados del cautiverio y —quizá lo mejor de todo— el hasta entonces invencible Barbarroja había sido contundentemente derrotado. Además, el emperador había demostrado claramente que era él, y no los franceses —que simpatizaban con los infieles—, el auténtico defensor de Europa. Ahora él y sus aliados podían regresar a sus diversos países de origen, muy satisfechos con lo que habían conseguido.

O eso creían. Unos pocos días después, el emperador envió a Andrea Doria a una expedición hacia el oeste a lo largo de la costa, para dar con el corsario y traerlo ante la justicia. Pero fue demasiado tarde y, además, no conocía al hombre al que perseguía. Fue típico de Barbarroja que, en lugar de volver con el rabo entre las piernas a Argel, como todos pensaban que haría, hizo escala en Bône solo para reunir más barcos y suministros antes de partir inmediatamente hacia el norte, en dirección a las islas Baleares. Cuando su escuadrón se aproximó, los isleños, comprensiblemente, creyeron que se trataba de parte de la flota del emperador que regresaba a Barcelona, una impresión que se confirmó cuando vieron que los barcos lucían los colores imperiales; por eso no hubo resistencia alguna cuando esos navíos se deslizaron silenciosamente hasta el interior del puerto de Mahón, en la esquina

La batalla de Túnez, 1535. La captura de la ciudad fue
una victoria triunfal para Carlos V.

suroriental de Menorca. Un mercante portugués, que estaba
anclado allí, los saludó amistosamente; entonces, de súbito,
el escuadrón abrió fuego. Los portugueses, tomados por sorpresa, se defendieron como pudieron, pero su barco fue capturado con facilidad. Fue cuestión de horas que todo el puerto y, de hecho, toda la ciudad, fuera saqueada y destruida.

A su regreso de Túnez, Carlos desembarcó en Trapani, en Sicilia. Siguió su camino; primero hasta Palermo y luego a lo
largo de la costa, hasta Mesina, y viajó hacia el norte por el
sur de Italia para visitar al papa en Roma. El recientemente electo papa Pablo III quedó tan impresionado por cómo
el emperador había capturado un puerto clave del norte de
África que tomó la poco afortunada decisión de enviar a su
depravado hijo Pierluigi* a reunirse con Carlos en Nápoles.

* Aunque a los veinticinco años ya era cardenal, Pablo tuvo a partir de
entonces cuatro hijos, sin que ello le provocara el menor dilema religioso.

Las instrucciones a Pierluigi fueron extremadamente claras. En primer lugar, debía causar a Su Majestad Imperial la mejor impresión posible; después, tenía que hacer cuanto estuviera en su mano para descubrir cuáles eran sus intenciones cara al futuro; y, por último —y su padre insistió especialmente en ello— debía abstenerse de la sodomía, en la medida de lo posible, mientras estuviera en la corte imperial. Sin duda, el joven hizo lo que pudo para cumplir con estos tres preceptos, pero su misión no tuvo éxito. Parece que cayó mal al emperador en cuanto lo vio y lo enviaron rápidamente de vuelta a Roma.

El día antes de que Carlos desembarcara en Calabria, el 1 de noviembre de 1535, el señor de Milán, Francisco Sforza, había muerto sin dejar heredero. Para el rey Francisco se trataba de una oportunidad y un desafío. La posesión de Milán había sido la piedra angular de su política exterior desde que había accedido al trono y ¿acaso no era la duquesa Valentina Visconti su bisabuela? En dos ocasiones anteriores, en Madrid en 1526 y de nuevo en Cambrai en 1529, lo habían obligado a renunciar a todos sus derechos al ducado; pero ahora, sin el menor remordimiento, volvió a reclamarlo para sí, proponiendo que fuera entregado a su segundo hijo, Enrique, duque de Orleans. Para Carlos —que, como soberano de Milán tenía bajo su potestad tal investidura, pero que veinte años después confesaría a su hijo que Milán lo había «atormentado más que todo el resto de sus posesiones juntas» y deseaba librarse de una vez por todas de aquel inextricable problema— la propuesta era inadmisible. Enrique estaba demasiado cerca del trono; como marido de Catalina de Médici, podía heredar también el ducado de Urbino; si fuera duque de Milán, solo le faltaría Nápoles para convertirse a todos los efectos en señor de Italia. El emperador aceptó, no obstante, considerar la investidura del tercer hijo de Francisco, el duque de Angulema.

Esta era la situación cuando, en las primeras semanas de 1536, se informó a Carlos de que un ejército francés había invadido de improviso el ducado de Saboya y había tomado

Turín. Francisco y su tío, el duque Carlos III, llevaban mucho tiempo enfrentados, pues el rey creía que el duque se había quedado territorios que pertenecieron a su madre, Luisa; el estallido de una insignificante guerra entre el ducado y el Gran Consejo de Ginebra le ofreció al rey la oportunidad perfecta para ajustar sus cuentas de una vez por todas.* Superado abrumadoramente en número por el enemigo, Saboya ofreció poca resistencia; Chambéry —que era entonces su capital— cayó el 29 de febrero (1536 fue un año bisiesto) y sucedió lo mismo con Turín, una o dos semanas más tarde.

Francisco declaró, como cabía esperar, que su ataque había sido en defensa propia, puesto que solo trataba de recuperar territorios que eran legítimamente suyos, algo claramente hipócrita. Lo que realmente hacía era dotarse de un *quid pro quo* para cualquier negociación futura con el emperador sobre el futuro de Milán, que estaba a menos de ciento sesenta kilómetros de Turín. Además, si estas negociaciones fracasaban, restaría en sus manos la base perfecta desde la que invadir el ducado. En cualquier caso, estaba claro que Milán volvía a verse seriamente amenazada. Carlos estaba profundamente indignado. Sin duda debió debatir este tema con el papa en cuanto llegó a Roma, pero el Lunes de Pascua, el 17 de abril de 1536, para subrayar la gravedad de la situación, hizo un discurso formal ante Pablo en español —pues era obvio que su italiano no era lo bastante bueno para la ocasión— sobre sus relaciones con Francia. Había, declaró, dedicado muchos años a intentar ganarse la buena voluntad del rey Francisco y a llegar a un acuerdo con él para marchar juntos contra el infiel, pero todos sus esfuerzos habían sido en vano. Ahora ofrecía públicamente a Francisco tres opciones. La primera era la paz, a cambio de la cual estaba dispuesto a ceder Milán al duque de Angulema. La segunda era la guerra, una guerra que podría debilitar hasta tal punto a la cristiandad que sería, en la práctica, invitar al sultán a hacerse con toda Europa Occidental. La tercera era la más sorprendente de todas: un

* Ginebra se proclamaría una república protestante en mayo de ese año.

combate singular entre el rey y el emperador —donde estaban en juego por un lado Borgoña y por el otro Milán— tras el cual el vencedor comandaría las fuerzas combinadas de ambos hacia Constantinopla. ¿Le apoyaría el papa o no? Durante esta arenga, parece que Carlos se excitó mucho, algo inusual en él, e incluso llegó a adoptar un tono intimidante; en cualquier caso, ha quedado registrado que, en un momento dado, el papa no pudo soportarlo más. Se levantó del trono, puso la mano sobre el hombro del emperador y murmuró: «¡Ya basta, hijo mío!».

Nadie se tomó la idea del combate singular muy en serio y, dadas las circunstancias, la paz era imposible, de modo que el resultado fue que Carlos y Francisco se vieron otra vez envueltos en una guerra, una guerra que, en el verano de 1536 trajo al emperador su primera derrota significativa. Su plan, originalmente sugerido por Andrea Doria, consistió en una operación conjunta por tierra y mar en Provenza. Ocupó Aix sin dificultad y alcanzó las puertas de Marsella, pero las tácticas de tierra quemada de Anne (ese era su nombre de verdad) de Montmorency, el gran mariscal de Francia, fueron demasiado para él; Marsella resultó inexpugnable y un virulento brote de disentería en el ejército hizo el resto. No tuvo otra opción que ordenar la retirada hacia Génova. En noviembre ya había regresado a España, para lamerse las heridas.

5

«COMO UN HERMANO PARA EL SULTÁN»

SVLIMANO IMPERATOR
DE TVRCHI

Es interesante especular cuánto sabía el emperador Carlos de las actividades diplomáticas del sultán mientras combatía frente a las costas de África contra la armada de Solimán el Magnífico; cuánto sabía, sobre todo, de sus últimos pactos con Francisco. Durante la década anterior —lo cual provocó la alarma y, frecuentemente, la indignación de la Europa cristiana— el rey y el sultán habían establecido una relación amistosa. No era del todo sorprendente: para Francisco, Solimán era un valiosísimo aliado dispuesto a combatir contra el emperador; para Solimán, se trataba de una oportunidad sin igual de dividir las fuerzas de la cristiandad más drásticamente que nunca e, incluso —al menos hasta cierto punto—, de adquirir un aliado cristiano. Para este propósito, ofreció a Francisco los servicios de sus súbditos más poderosos, Jeireddín Barbarroja, quien, en 1533, envió al rey desde Francia un grupo de prisioneros franceses todavía encadenados —para que tuviera el enorme placer de liberarlos él mismo— y una ingente cantidad de magníficos presentes; entre ellos, un león. Todo esto fue seguido al poco tiempo, en 1534, por una embajada de Estambul que solicitó a Francisco que bajo ningún concepto firmara la paz con el emperador, «porque el sultán tenía intención de obligarlo a devolver todo lo que había tomado durante el cautiverio del rey». «El rey de Francia está en términos de paz y concordia con nosotros», anunció el gran visir Ibrahim Pachá; «el sultán lo considera un hermano».

Hacia 1535, sin embargo, esa fraternidad era ya insuficiente. Francisco necesitaba que Solimán lo ayudase activamente para hacer frente a Carlos. En febrero, envió a Estambul a uno de sus diplomáticos de más confianza, Jean de la Forêt, un caballero de san Juan que hablaba italiano y griego y llevaba consigo planes detallados para llevar a cabo una campaña militar a gran escala. El embajador se detuvo primero en Túnez para verse con Barbarroja —este encuentro tuvo lugar varias semanas antes de la expedición del emperador contra la ciudad— y planear las campañas del año. La idea general era que el corsario atacase por sorpresa Génova con ayuda francesa; mientras tanto, el principal ejército de las fuerzas francesas lanzaría una campaña en Italia y el sultán iniciaría otra, por tierra y mar, contra el reino de Nápoles, que en esa época se encontraba bajo el gobierno de un virrey español.

Cuando La Forêt llegó al Bósforo, descubrió que Solimán estaba todavía lejos, al mando de su ejército en Persia, pero, a principios de 1536, el sultán y el gran visir regresaron a la capital y fue allí donde, el 18 de febrero, Ibrahim firmó en nombre del sultán el primer acuerdo formal entre Francia y el Imperio otomano. El texto original de este acuerdo no ha sobrevivido ni en París ni en Estambul, de modo que algunos detalles son aún confusos, pero sabemos mucho de él gracias a otras fuentes. Quizá su cláusula más significativa fuera que no se trataba solo de una alianza militar, sino que incluía también un tratado comercial, según los términos del cual los súbditos del sultán y los del rey francés tenían absoluta libertad para hacer negocios en los dominios del otro. Los franceses que se encontraban en cualquier punto del Imperio otomano respondían solo ante el embajador francés en Estambul y ante los cónsules franceses de Damasco y Alejandría.* El acuerdo cambió por completo el equilibrio de poder en el Mediterráneo: Europa Occidental estaba más cerca de Oriente que nunca y Turquía se convirtió en ese momento, a todos los efectos, en una de las grandes potencias de Europa.

La firma del tratado fue el último acto importante de la vida de Ibrahim Pachá. La mañana del 15 de marzo se encontró su cuerpo sin vida en el enorme palacio que había ordenado construir en el lado noroccidental del antiguo Hi-

---

* Este fue el origen de las «capitulaciones» que permitieron a Francia retener durante muchos siglos sus privilegios políticos y religiosos en el Levante mediterráneo.

pódromo de Bizancio. Claramente, había luchado con todas sus fuerzas contra los sordomudos[*] a los que habían enviado para estrangularlo; tres años después, aún se veían manchas de sangre en las paredes. Su cadáver fue llevado a un monasterio de derviches tras el arsenal y enterrado sin lápida ni inscripción.[†] El motivo de su ejecución nunca se estableció oficialmente, pero, en los círculos de palacio, nadie dudó de que el asesinato fue, al menos en parte, obra de Roxelana, que siempre lo había detestado. Mientras estuvo vivo Ibrahim, su esposa no pudo dominarlo por completo. Además, esta deseaba que el puesto de gran visir recayera en su yerno Rüstem Pachá, marido de su hija Mihrimah, y Roxelana casi siempre conseguía lo que deseaba.

A pesar del nacimiento de Isabel, el matrimonio de Enrique y Ana estuvo condenado al fracaso casi desde antes de empezar. La culpa fue, en su mayor parte, de Ana. Era descortés, irascible y tenía un temperamento violento. No le gustaba a nadie: para cuando finalmente se casó, ya no le gustaba ni al rey. Bien pronto, a mediados del verano de 1534, Enrique ya había comenzado a flirtear muy en serio con Jane Seymour, una de las damas de honor de Ana, que a partir de ese momento comenzó a sufrir los amargos celos que, gracias a ella, habían llenado durante tanto tiempo el corazón de Catalina de Aragón. Por desgracia para ella, Ana carecía de los recursos espirituales y mentales que habían permitido a Catalina soportar tal pesar. El resultado fue una serie de tormentosas

---

[*] Hasta 200 sordomudos llegaron a trabajar en la corte no solo como sirvientes, sino como expertos en artes marciales, correos que transmitían sus mensajes por signos e, incluso, como verdugos. Los sordomudos tenían, pues, un papel muy importante en la corte turca. Además, formaban la escolta del sultán cuando emprendía alguna aventura galante que requería discreción. *(N. del T.)*

[†] Su nombre es hoy recordado principalmente porque su viejo palacio en el hipódromo lleva todavía su nombre. Hoy es la sede del Museo de Arte Turco e Islámico.

peleas con su marido, cada una de las cuales —sin que ella pareciera darse cuenta— añadía un nuevo clavo a su ataúd.

Para Enrique, la situación pronto se hizo insoportable. En 1535 mantuvo el mínimo contacto posible con su esposa y, en las pocas ocasiones en las que se encontraron, apenas le dirigió una palabra educada. A pesar de esto, probablemente la habría perdonado si le hubiera dado un hijo, pero sucedió que no hubo más que los ya habituales falsos embarazos y mortinatos. En el fondo de su corazón, es probable que todavía viera su incapacidad para tener un heredero varón como un castigo de Dios por su matrimonio con Catalina —incluso ahora que había sido finalmente anulado—; y su continuado fracaso en tener un heredero con Ana le parecía un claro indicio de que todavía no había sido perdonado. Pero las reflexiones de este tipo no salvaron a su desventurada esposa. Si no podía darle lo que él quería, debía encontrar a una mujer que sí lo hiciera. Ana tenía los días contados. Mientras Catalina había vivido, había estado segura; su muerte habría creado demasiadas complicaciones a Enrique. Pero, entonces, Catalina falleció, y esa muerte selló el destino de Ana.

El 24 de abril de 1536, Enrique creó una comisión presidida por Thomas Cromwell y el duque de Norfolk para que encontrara motivos adecuados que justificaran el divorcio. La comisión no tardó en dar con ellos. No se dieron ninguna de las dificultades que habían complicado la separación del rey de Catalina. En menos de una semana, Ana fue acusada de adulterio con varios miembros de la corte y, una vez todos y cada uno de estos hombres fueron declarados culpables de traición, el rey tuvo todas las pruebas, verdaderas o falsas, que necesitaba. El 2 de mayo envió a su esposa a la Torre de Londres, acusada no solo de adulterio, sino también de incesto y brujería, para que fuera juzgada allí por un jurado de sus pares —del que formaron parte su tío Thomas Howard y Henry Percy, hijo del conde de Northumberland, con quien, a la edad de veintidós años, había estado prometida en secreto—. El veredicto fue, por supuesto, el esperado. Se trajo a un verdugo especializado en el uso de la espada desde Calais —la ejecución habitual mediante hacha se consideró demasiado grosera— y, la mañana del 19 de mayo de 1536, la reina de Inglaterra fue decapitada en un patio de la Torre de Londres.

Si Ana cometió o no adulterio con uno o con la media docena de hombres acusados de ello —entre los que se contaba Jorge Bolena, su propio hermano— no lo sabremos nunca con seguridad. Parece poco probable, aunque, sin duda, cualquier cosa era mejor que tener relaciones sexuales con Enrique. Sin lugar a dudas, había flirteado con Mark Smeaton, uno de los músicos de la corte, con el gentilhombre del Excusado, *sir* Henry Norreys (o Norris) y, muy probablemente, con *sir* Francis Weston, un caballero de los Aposentos Privados;[*] y bien pudiera ser que se acostara con uno o varios de ellos con la esperanza de engendrar el hijo que sentía que no podría darle su marido. Pero los riesgos habrían sido enormes. Y había otra cosa que tener en cuenta: en la corte Tudor, la reina no estaba nunca sola. ¿Cómo podrían haberse organizado —si es que realmente se produjeron— estos encuentros clandestinos? Es necesario añadir, además, que todos los acusados negaron categóricamente la totalidad de los cargos —con la única excepción de Smeaton, que finalmente confesó, aunque solo después de que Cromwell amenazara con torturarlo—.

Con Catalina de Aragón y Ana Bolena muertas, ¿había alguna razón que impidiera a Enrique regresar al rebaño católico? El papa estaba dispuesto a recibirlo con los brazos abiertos y a concederle el mismo grado de autoridad en sus tierras del que Carlos y Francisco disfrutaban en las suyas. Pero Enrique había sobrepasado hacía ya tiempo el punto de no retorno. Le habría gustado que levantaran la amenaza de excomunión, pero el protestantismo ganaba terreno rápidamente en Alemania y prefería mantener todas sus opciones

---

[*] Los caballeros de los Aposentos Privados incluían a los gentileshombres del Excusado, de la Alcoba, los mayordomos, los bibliotecarios, secretarios... En España o Francia, derivaron en miembros de la Casa del Rey. (*N. del T.*)

abiertas; además, ya se había embarcado en el proyecto que les ocuparía a él y a Thomas Cromwell los próximos cinco años: la disolución de todos los monasterios, prioratos y conventos de Inglaterra y la confiscación de todos sus bienes.*

Menos de tres meses después de la ejecución de Ana, el 10 de agosto de 1536, el hijo mayor y tocayo de Francisco, el delfín, que entonces tenía dieciocho años, pidió un refresco tras un extenuante partido de *jeu de paume* (una forma primitiva de tenis). Uno de sus caballerizos, el conde italiano Sebastiano Montecuculli, le obsequió con un vaso de agua helada. El delfín se lo bebió y, al instante, se desplomó cuan largo era, y murió pocos días después. Las sospechas resultaron inevitables y Montecuculli fue primero torturado y, después, ejecutado de forma extremadamente cruel. Lo que no impidió al gobierno francés acusar de la muerte del heredero al trono al emperador y al gobernador de Milán, quienes rechazaron airadamente los cargos y acusaron a su vez al hermano del difunto, Enrique —que era ahora el delfín— y a su esposa, Catalina de Médici. De hecho, no hay motivo para creer que la muerte del joven príncipe no se debiera a causas naturales —nunca se recuperó completamente de la tuberculosis que contrajo mientras estuvo preso en España—, pero sus consecuencias son un buen ejemplo del estado de las relaciones francoimperiales, que no contribuyeron en absoluto a mejorar.

---

* Desde el punto de vista cultural, la pérdida resultante fue abrumadora, sobre todo en lo relativo a las bibliotecas: de los 646 libros que poseía la abadía de los frailes agustinos de York cuando fue destruida, solo tres han sobrevivido. Por otra parte, debe admitirse que había demasiadas instituciones religiosas —en total, casi nueve mil— y que los monjes disfrutaban de una porción demasiado grande de la riqueza de la Iglesia para el bien del país, o para su propio bien.

Mientras tanto, en los puertos y bahías del Mediterráneo, y también en alta mar, las flotas cristianas y musulmanas estaban muy ocupadas. En Estambul, Solimán supervisó personalmente un enorme y ambicioso programa de construcción de barcos, «visitando el arsenal y las fundiciones de cañones dos veces al día», explicó La Forêt, «para acelerar e impulsar sus trabajos». En 1536, mientras un escuadrón naval turco pasaba el invierno en el puerto de Marsella, una flota imperial al mando de Andrea Doria capturó diez mercantes turcos frente a Mesina y, tras esta victoria, lanzó un intrépido ataque contra un escuadrón de la flota otomana en aguas de la isla de Paxós. El sultán, decidido a que estos dos insultos fueran debidamente vengados, abandonó Estambul el 17 de mayo de 1537 rumbo a Valona, en la costa de Albania, el puerto otomano más cercano a Italia. Llevó con él a La Forêt, lo cual dejó claro que consideraba sus movimientos como parte de una operación conjunta con Francia. El embajador quedó impresionado por aquello que vio: «Fui al campamento del *Grand Signor*», escribió,

> justo cuando llegó a su pabellón, construido como un enorme castillo y bellamente adornado con tapices, bordados y ricos paños brocados con oro. Y después me llevó a un lugar elevado, desde donde me mostró la gran extensión del país, cubierto por el maravilloso e infinito número de sus tiendas y pabellones.

La estrategia de Solimán era muy sencilla: colaboraría con Francisco en un movimiento en pinza a lo largo de Italia. Primero capturaría el vital puerto de Bríndisi y luego se abriría camino a lo largo de la península hasta Nápoles y Roma; Francisco, mientras tanto, había prometido una invasión desde el norte; sus principales objetivos serían Génova y Milán. Pero, para desgracia del sultán, el rey cambió de opinión en el último momento, lo que no era raro viniendo de él. Haciendo caso omiso de los planes que había acordado con Solimán, se dirigió al norte en lugar de al sur, a Picardía y Flandes. En el momento en que la flota otomana llegó a Valona, la francesa permanecía en el puerto de Marsella, desatendiendo completamente los preparativos de cualquier acción inmediata. Con su ejército y su armada ya en el Adriático, un furioso Solimán tuvo que escoger rápidamente otro objetivo. Mientras se preguntaba cuál, Barbarroja lanzó una serie de ataques relámpago sobre la costa de Apulia. Tan pronto regresó —como era habitual, con las bodegas llenas de botines y esclavos—, supo que su señor había decidido atacar la isla de Corfú.

Corfú, la mayor de las islas Jónicas, había sido una colonia veneciana durante más de trescientos años, desde tiempos de la Cuarta Cruzada. Al sultán, con su enorme ejército, debió de parecerle presa fácil. Desembarcó veinticinco mil hombres y todo su equipo —unos treinta cañones, entre ellos uno gigantesco, capaz de disparar balas de cincuenta libras (unos veintidós kilos y medio), el mayor del mundo en aquella época—,* rodeó la principal ciudadela y empezó a bombardearla para someterla. Pero las defensas de Corfú eran fuertes. La ciudad, en la mitad de la costa este de la isla, estaba situada detrás y por debajo de la alta ciudadela, que coronaba la rocosa península que sobresale y apunta a las costas de Albania, dominándolo todo, tanto la tierra como el mar que la rodean. Dentro de esta ciudadela había una guarnición de unos dos mil italianos y aproximadamente el mismo número de corfiotas, junto con las tripulaciones de cuantos navíos venecianos se encontraban por casualidad en el puerto justo en ese momento. Los defensores contaban con comida en abundancia y municiones, y tenían la moral muy alta. Así debía ser, pues los defensores se enfrentaban no solo a un ataque desde el mar, sino a una operación marítima y terrestre cuidadosa, aunque apresuradamente preparada, y de una escala considerable. La devastación que sufrieron tanto la gente de campo como la de ciudad fue tremenda, pero

---

* No fue precisamente un gran éxito. En cinco días, disparó diecinueve balas, pero solo cinco de ellas lograron algún efecto; el resto sobrevolaron la ciudad y cayeron al mar.

la ciudadela, a pesar del incesante martilleo de los cañones turcos y de diversos intentos de tomarla al asalto, se mantuvo firme. Entonces, por fortuna, llegó la lluvia. Corfú siempre ha sido célebre por sus feroces tormentas, y las que descargaron sobre la isla a principios de septiembre de 1537 parece que fueron excepcionales incluso para lo habitual en la isla. Los cañones se atascaron en el barro y no podían moverse; la disentería y la malaria hicieron estragos en el campamento turco. Después de apenas tres semanas de asedio, el ejército otomano reembarcó el día 15 y dejó atrás a una incrédula y triunfante guarnición que no tardó en celebrar su victoria.

Pero la guerra no había acabado. La flota de Barbarroja seguía activa y los demás puertos e islas del Mediterráneo que continuaban en manos venecianas no estaban tan bien defendidos como Corfú. Cayeron uno tras otro: Nauplia y Malvasia (hoy Monemvasía), en la costa oriental del Peloponeso; luego, las islas Esciros, Egina, Íos, Patmos y Astipalea, todas ellas considerablemente más cerca del Imperio otomano que de Venecia, cuya flota estaba ahora bloqueada por multitud de barcos otomanos en los estrechos del Adriático. Tras sufrir la devastación de unas veinticinco de sus islas y la esclavitud de miles de jóvenes cristianos, la Serenísima República fue doblegada, y el responsable de su humillación no fue otro que Jeireddín Barbarroja. No es sorprendente, pues, que cuando regresó a Estambul recibiera el homenaje de un héroe como nunca se había visto otro en la ciudad. Y el viejo pirata no se quedó corto dando tanto como recibió: cuatrocientas mil piezas de oro, mil muchachas y mil quinientos jovencitos. También hubo un regalo personal para el sultán: cuatrocientos jóvenes más, vestidos de escarlata, que portaban vasijas de oro y plata, rollos de preciosas sedas y bolsas ricamente bordadas y rebosantes de monedas de oro.

La victoria de Corfú ya se había agriado; todas las semanas llegaban noticias de nuevas derrotas, de nuevas plazas que habían capitulado. El sultán había pasado de nuevo a la ofensiva y los príncipes cristianos, a pesar de todos sus planes y promesas, parecían incapaces de formar alianzas que se materializaran en algo más que en un papel o que no quedaran fatalmente envenenadas por sospechas mutuas y disputas insignificantes incluso antes de que cobraran forma. Durante el verano de 1538, uno de estos intentos, impulsado por Venecia, el papa y el emperador con todo el fervor de una cruzada y tal grado de insensato optimismo que sus participantes hicieron de antemano planes sobre cómo se dividirían entre ellos el Imperio otomano, no acabó como habían imaginado, con la conquista de Constantinopla, sino con otra miserable derrota en aguas de Préveza, una fortaleza turca en la costa del Epiro, justo delante mismo de donde se había desarrollado la batalla de Accio 1569 años antes. Fue allí donde Andrea Doria, persuadido a regañadientes para retornar al campo de batalla, se demoró y desbarró tanto que la batalla se dio por perdida. Doria tenía unas 160 naves; Barbarroja, 22. El resultado debería haber sido un paseo, pero, tras unos tanteos iniciales, Doria simplemente se negó a combatir. No era ni un cobarde ni un idiota, y es muy poco probable que mediara traición o malicia deliberada. Puede que la explicación más probable sea que había recibido órdenes secretas de su emperador, que consideraba que los corsarios de Berbería eran una amenaza más directa; por eso, deseaba preservar su flota intacta para hacerles frente. En cualquier caso, Doria fue indirectamente responsable de la pérdida de las siete galeras venecianas que acabaron en el fondo del mar. Los turcos, por su parte, no sufrieron daño alguno.

Ahora quedaba claro que Venecia tenía que negociar una paz con el sultán fueran cuales fueran las condiciones. De entre todas sus pérdidas recientes, las que más daño hacían a la república eran Nauplia y Malvasia, sus últimos puestos comerciales en el Peloponeso; su embajador, Tommaso Contarini, fue autorizado a ofrecer un generoso rescate por ellas: 150 000 ducados en una primera oferta, que ascenderían a 300 000 si el sultán se mostraba particularmente intratable. Esta última suma era enorme, bajo cualquier punto de vista, y se creía que Solimán —que tenía nuevos problemas en Oriente y de quien se sabía que no era reacio a la idea de, al menos, una tregua en sus aguas occidentales— la aceptaría de buen grado. Pero ¡ay!, no fue así en absoluto. Venecia fue obligada a firmar un tratado en unos términos cuya dureza superaba todo cuanto había imaginado. Los 300 000 ducados que había ofrecido se consideraron reparaciones de guerra; ni siquiera se planteó la cuestión de la devolución de los dos puertos del Peloponeso ni, de hecho, de ninguno de los otros territorios que había perdido en los últimos tres años. En el futuro, además, los barcos venecianos ya no podrían entrar *ni salir* de los puertos turcos sin permiso expreso. También había varias cláusulas menores que parecían calculadas para causar tantas humillaciones como dificultades a los venecianos, pero la Serenísima República sabía perfectamente que no tenía más opción que aceptar todas las condiciones.

En la primavera de 1538, Carlos y Francisco todavía empuñaban las armas el uno contra el otro. En marzo, Francisco había invadido Italia y había llegado hasta Rivoli, en el Piamonte, antes de que el papa Pablo III consiguiera negociar una tregua, pero el rey ya no tenía el corazón puesto en esta empresa. Lo cierto era que la campaña provenzal había agotado a ambos monarcas y ninguno estaba en condiciones de proseguir un combate a por todas en ese momento. Pero aún sostenían posiciones diametralmente opuestas en toda clase de asuntos; el más acuciante de todos ellos era, como siempre, Milán. Carlos estaba ahora dispuesto a investir al tercer y más joven hijo del rey, Carlos, duque de Orleans, con el ducado, pero solo después de que Francisco se le uniera en una cruzada contra el turco. Francisco declaró que estaba más que dispuesto a sumarse a una cruzada, una vez Orleans hubiera sido investido con el ducado de Milán. Al final, ambos aceptaron una invitación a reunirse bajo los auspicios papales en Niza, en mayo y junio de 1538.

Mientras estuvieron allí, ni siquiera se vieron, sino que cada uno de ellos negoció separadamente con el papa. No obs-

Isabel de Portugal, esposa de Carlos V, retratada por Tiziano en 1543. Tras su muerte, Carlos nunca volvió a casarse y vistió de negro durante el resto de sus días.

tante, consiguieron acordar una tregua de diez años, que firmaron el 18 de junio. La cuidadosa forma en que evitaron verse parece vagamente ridícula, pero sus relaciones mejoraron enseguida cuando, en julio, mientras el emperador hacía el camino de regreso a España, ambos monarcas se encontraron en Aigues-Mortes. Oficialmente, el propósito de la reunión era debatir la proyectada cruzada contra los turcos y el sofocamiento de las herejías protestantes. Se dice que Francisco —que no tenía la menor intención de ir a la guerra contra su amigo el sultán— pasó la mayor parte del tiempo clamando estentóreas e interminables profesiones de amistad eterna; imaginamos que Carlos tuvo una actitud más contenida. Pero, a partir de entonces y durante un tiempo, los dos cuñados se mostraron sorprendentemente amigables el uno con el otro. Su relación se tornó todavía más amistosa al año siguiente, tras la muerte de la emperatriz Isabel el 1 de mayo de 1539. Este fue un golpe demoledor para Carlos; a pesar de sus frecuentes y necesarias ausencias de España, había amado con locura a su esposa y en ese momento no se guardó de mostrar su pesar.

Quizá fue una muestra de solidaridad, o puede que cualquier otra cosa, pero cuando estalló una rebelión en Gante ese otoño, Francisco invitó a Carlos a que atravesara Francia por tierra en su viaje de España a los Países Bajos. Carlos aceptó agradecido, pasó la Navidad con el rey en Fontainebleau y visitó París por primera y única vez en su vida, ciudad en la que ambos entraron juntos el día de Año Nuevo de

1540. Según se dice, durante su estancia de dos meses, el rey Francisco no pudo haberse mostrado más amable y considerado, aunque algunos creyeron que la sutil presión que ejerció sobre el recién viudo emperador para que se casara con su hija Margarita fue, quizá, una pizca prematura. En cuanto a Carlos, corrió el rumor de que incluso había ofrecido a Francisco la Corona imperial de Bizancio, una vez Solimán fuese eliminado tras su cruzada conjunta.

Todo esto, como es fácil de imaginar, causó considerables problemas a Antonio Rincón, el corpulento español que había sucedido a La Forêt como embajador de Francisco ante la Sublime Puerta y cuyo deber era mantener feliz al sultán a toda costa. Asombrosamente, lo logró, asegurando a Solimán que su señor había firmado la paz de Cambrai —por la cual, Francia y el imperio se reconciliaron— solo para asegurar la liberación de sus hijos. En septiembre de 1539, el sultán

La entrada ceremonial de Francisco I y Carlos V en París el Día de Año Nuevo de 1540. (Por lo que parece, el tiempo fue sorprendentemente benigno para ser esa época del año.) Fresco de Taddeo Zuccaro en Villa Farnesio, en Caprarola.

incluso invitó a Francisco a Estambul a celebrar la circuncisión de su hijo; y pronto, después de que las reuniones entre Carlos y Francisco recuperaran los niveles de hostilidad habituales, Rincón regresó a París con propuestas concretas para un ataque conjunto del rey y el sultán contra el emperador. Antes de su partida, Solimán le concedió una audiencia extraordinariamente larga, que duró por lo menos dos horas, «un honor que no ha concedido a nadie más, ni cristiano ni de su propia religión».

Por desgracia, el desventurado Rincón no vería nunca más el Bósforo. A principios del verano de 1541 partió de París para regresar a Estambul, pero, mientras descendía por el río Po con un compañero, fue atacado y asesinado por una partida de sicarios al servicio del marqués del Vasto, que gobernaba entonces Milán en nombre del emperador. La verdad no se descubrió hasta septiembre, cuando el embajador francés en Venecia localizó a uno de los barqueros a los que, primero, habían obligado a transportar a los asesinos y, luego, a ayudar a llevar los cuerpos a tierra. Esta flagrante violación de las convenciones diplomáticas provocó un aluvión de protestas, no solo entre los súbditos de Francisco y Solimán —ambos consideraban que el emperador era personalmente responsable de lo sucedido—, sino también en los territorios del Imperio. El papa Pablo III condenó el acto con durísimos términos y el sultán habló lúgubremente de empalamientos.

Tan pronto como el rey Enrique supo que se había consumado la ejecución de su esposa, reclamó su lancha y fue directo a ver a Jane Seymour. Al día siguiente se prometieron y el 30 de mayo de 1536, solo once días después de la muerte de Ana, se casaron en el palacio de Whitehall. La nueva reina —que había sido dama de compañía de sus dos predecesoras— carecía de la exquisita erudición de Catalina, incluso de la que pudiera tener Ana. Puede que supiera leer y escribir, aunque no demasiado, pero su mayor habilidad, cuentan, era con la aguja: si hemos de creer lo dicho en las fuentes, sus bordados eran una maravilla. Su principal baza, no obstante, era su carácter. *Sir* John Russell, que luego sería el primer lord del Almirantazgo de Enrique, la describió como «una de las damas más amables que he conocido, si no la que más»; en este aspecto, sin duda debió de ser un cambio agradable con respecto a su predecesora. Pronto quedó patente, por otro lado, que la vida bajo el reinado de Jane iba a ser mucho menos divertida que la vida bajo el de Ana. Los extravagantes espectáculos y banquetes que habían sido tan habituales durante el anterior régimen fueron reemplazados por comidas más cortas y sencillas; no mucho después de acceder al trono, la reina prohibió formalmente la recargada moda francesa que Ana había introducido. Debió de haber muchos en la corte que se sorprendieron añorando los viejos tiempos.

En su trato con su cada vez más difícil marido, sin embargo, Jane pudo enorgullecerse de un éxito muy importante. Era concerniente a su hijastra, la princesa María. La vida de María había sido, últimamente, poco menos que una pesadilla. Durante más de tres años no había visto ni una sola vez a su padre. Claro que, en primer lugar, se sostenía que era una hija ilegítima y tenía que acarrear con la vergüenza que comportaba tal condición; por lo tanto, se veía invariablemente obligada a dar precedencia a su hermana de tres años y medio y se le impedía aparecer en público a menos que fuera aclamada o vitoreada —pues, a pesar de todos los intentos de Enrique, el pueblo había mantenido su lealtad tanto hacia ella como hacia su madre—. Fue constantemente trasladada de una casona a otra y se le prohibió estar en el único lugar que deseaba: junto a su madre. ¿Por qué, uno se pregunta, por qué Enrique se negó tan implacablemente a las reiteradas peticiones de un permiso para que su exesposa y su hija se vieran, incluso cuando Catalina yacía en su lecho de muerte? Se ha sugerido que sencillamente tenía miedo, miedo de los vínculos secretos que siempre creyó que las unían al emperador (que era sobrino de la una y primo de la otra) y, a través de este, con el papa.

Quizá era así, aunque, con toda seguridad, Ana Bolena alentó sus miedos y los exageró; al fin y al cabo, como madre de Isabel tenía motivos sobrados para mantener a María lo más lejos posible. Pero Ana y Catalina estaban ya en la tumba; la situación había cambiado. Primero fue Jane quien trabó amistad con María y, luego, gracias a su amabilidad y a su dulzura, consiguió que la triste princesa gozara de nuevo del relativo favor del rey. No consiguió devolverla a la línea sucesoria, como había deseado —eso lo lograría la sexta y última esposa de Enrique VIII, Catalina Parr—, pero al menos aseguró el restablecimiento de unas relaciones más o menos cordiales entre padre e hija.

Con Jane Seymour —la primera de sus esposas que no le dio ningún problema—, Enrique fue probablemente tan feliz como nunca antes, pero, una vez más, se cocían serios problemas en el norte. Había demasiados motivos para ello: la ruptura con Roma, el incipiente ataque contra monasterios y abadías, la forma vergonzosa en que el rey había tratado a sus dos últimas esposas y a sus dos hijas, la inseguridad de la línea sucesoria, las continuas ejecuciones… Todo ello se combinó y contribuyó a que, en octubre de 1536, el descontento se convirtiera en una rebelión abierta. Empezó en Lincolnshire, pero, una vez se extendió hasta Yorkshire, alcanzó proporciones preocupantes y se la bautizó como la Peregrinación de Gracia. A su cabeza se encontraba un abogado llamado Robert Aske, que se plantó en York con unos nueve mil seguidores y ocupó la ciudad. En una semana o dos, el número de rebeldes aumentó hasta los cuarenta mil, y fue entonces cuando Thomas Howard, duque de Norfolk, y George Talbot, conde de Shrewsbury, comenzaron a negociar con los rebeldes.

Norfolk prometió, en nombre del rey, un perdón general y un parlamento que se celebraría en York en el término de un año, así como un período de gracia para las instituciones religiosas hasta después de la reunión del Parlamento. De hecho, carecía por completo de autoridad para hacer promesas de este tipo, pero el humor de los «peregrinos» era tal que, de no haberlas hecho, era muy posible que ni él ni Shrewsbury hubieran escapado con vida. Aske disolvió a sus hombres —una decisión que luego lamentaría— y viajó a Londres, donde el rey le concedió una audiencia. Enrique lo recibió con máxima cortesía y le hizo todavía más promesas, entre ellas un salvoconducto de vuelta a Yorkshire. Pero justo cuando había iniciado el regreso al norte, estallaron de nuevo los combates. No hizo falta más para que Enrique cambiara de opinión. Hizo arrestar inmediatamente a Aske y lo llevó a la Torre de Londres. Fue acusado de alta traición, condenado en Westminster y, luego, enviado a York, donde, en un patíbulo erigido en la Torre de Clifford (que todavía sigue en pie), fue ahorcado cargado de cadenas. Y ese fue solo el principio de la venganza del rey. En los dos años que siguieron, un total de 216 personas fueron ejecutadas: algunas ahorcadas, desmembradas y descuartizadas; otras decapitadas o quemadas en la hoguera.

Durante el apogeo de estas ejecuciones, en algún momento a principios de la primavera de 1537, Jane Seymour susurró al oído de su marido que estaba embarazada. Desarrolló un antojo por las perdices, que Enrique, emocionado, hizo traer en enormes cantidades desde Flandes. Durante el verano siguiente, la reina canceló todos sus compromisos y permaneció al cuidado de los mejores médicos y parteras del reino; y, finalmente, a las dos de la mañana del viernes 12 de octubre, en el palacio de Hampton Court, dio a luz por cesárea a un varón, el único hijo legítimo del rey. El padre no estuvo presente —había huido a Esher para escapar de la peste—, pero las buenas nuevas lo llevaron rápidamente de vuelta a Londres, donde ordenó toda una serie de celebraciones y banquetes ceremoniales. Tres días después, se bautizó al niño con el nombre de Eduardo. Esta vez fue su madre quien estuvo ausente, pues, en tiempos de los Tudor, los bautismos se celebraban, por motivos obvios, muy poco después del nacimiento y normalmente se excusaba a las madres de asistir a ellos; pero también había otra razón para su ausencia: no se encontraba nada bien. Quizá nunca sepamos el porqué, pero lo más probable es que sufriera algún tipo de fiebre puerperal debida a una infección bacteriana. Fuera cual fuera el motivo, Jane murió el día 24, menos de dos semanas después del nacimiento de su hijo.

Su marido guardó luto por ella, aunque no demasiado. Ahora tenía un hijo, y eso era lo importante. Vistió de negro durante los preceptivos tres meses, pero mucho antes de que tan breve período hubiera terminado, ya buscaba activamente una nueva esposa. Su primera elección fue Cristina, de dieciséis años, hija del depuesto emperador Cristián II de Dinamarca y sobrina del emperador.* A los trece años se había casado con el duque de Milán, aunque quedó viuda en menos de un año. Pero, ay, la chica en cuestión no sentía mucho entusiasmo por casarse con el rey, «pues su Consejo sospechaba que su tía abuela había sido envenenada, la segunda esposa del rey había sido ejecutada y la tercera se había perdido por falta de cuidados en su lecho de parto». No es de sorprender, pues, que no sintiera ningún deseo de ser la esposa número cuatro. Entonces Enrique, volvió la mirada hacia Francia. Había no menos de cinco princesas francesas aptas para su propósito por las que mostró interés, y propuso reunirlas a todas en Calais para así elegir una entre ellas; pero, llegados a este punto, se le hizo ver claramente que había ido demasiado lejos. Francisco replicó gélidamente que en Francia no era costumbre que sus damas desfilaran en una revista, como en una venta de caballos. Aceptaría enviar a una de las chicas a Calais, la que Enrique quisiera, pero nada más.

El deseo de volver a casarse no era la única preocupación del rey. Cada vez le inquietaba más la actitud de los otros monarcas. Le habían informado de la tregua de diez años de Niza, y también del encuentro de Carlos y Francisco en Aigues-Mortes. En los últimos años, se había mostrado sinceramente agradecido a las dificultades con la Reforma y a la campaña en el norte de África que habían mantenido tan ocupado al emperador que no había iniciado una cruzada

---

* El rey Cristián se había casado con Isabel, hermana de Carlos.

católica contra él, como muy bien podría haber hecho, como todavía podría hacer. En Aigues-Mortes, Francisco y el emperador habían firmado un tratado en el que él, Enrique, rey de Inglaterra, había sido completamente ignorado. Y una nueva y grave amenaza se cernía sobre él, procedente del propio Pablo III. La continuada expoliación de los monasterios que llevaba a cabo, sus negociaciones públicas con los luteranos y su destrucción de templos sagrados —entre ellos, el de Santo Tomás Becket en Canterbury— había convencido al papa de que ya no podía tolerar a Enrique como rey y de que debía ser depuesto. El 17 de septiembre de 1538, firmó una bula por la cual Enrique no solo quedaba excomulgado, sino también formalmente depuesto, y sus súbditos, absueltos de toda obediencia. Diez días después, envió en secreto al cardenal inglés Reginald Pole a azuzar a las potencias católicas y persuadirlas de que emprendieran las acciones necesarias. El primer paso sería romper relaciones diplomáticas e imponer un embargo comercial y estaba claro que se suponía que luego se produciría una invasión militar de Inglaterra. Menos de un mes después, Carlos y Francisco sellaron un nuevo pacto, esta vez en Toledo, en el que ambos prometieron no firmar ningún acuerdo con Enrique sin el consentimiento del otro mientras, en paralelo, se pactaban más matrimonios entre las casas de Habsburgo y Valois.

Unos años antes, Enrique había gritado al nuncio papal que le importaban un comino las excomuniones, cosa que probablemente era cierta entonces. Sin embargo, a principios de 1539, su estado era próximo al pánico. Corrían todo tipo de rumores: se decía que la invasión era inminente, que en Amberes y Boulogne se reunían flotas. Se reforzaron las defensas inglesas, no solo a lo largo de las costas meridional y oriental, sino también en la frontera con Escocia, puesto que los escoceses también se mostraban amenazadores. El propio rey pasó a la acción: inspeccionó empalizadas, bastiones, murallas, baluartes, barricadas y fortines, visitó las naves de Londres y Portsmouth y pasó revista a las tropas en media docena de condados. Tenía motivos para estar preocupado: si tenían lugar las invasiones que temía y, al mismo tiempo, estallaba una revolución en el país, como había sucedido en 1536, su posición sería extremadamente delicada.

Lo salvó la situación en Alemania, donde las ideas de la Reforma seguían extendiéndose y prendían como la pólvora por todo el norte del país. Los príncipes protestantes se habían adueñado de Sajonia y Brandemburgo; solo Brunswick resistía aún. Carlos —cuyos sueños de una cruzada contra Solimán estaban cada vez más lejos— ya tenía bastantes problemas sobre la mesa y solo le faltaba tener que enfrentarse a Enrique; cuando el cardenal Pole llegó a Toledo, se lo explicó con pelos y señales. Pole quedó tan decepcionado con este recibimiento que decidió no proseguir con su gira diplomática; en lugar de realizar la visita prevista a Francisco, se retiró a la ciudad papal de Carpentras a esperar nuevas instrucciones de su señor. Fue, según se vio, una sabia decisión. Francisco no mostró más entusiasmo por recibirlo que el que Carlos había mostrado, y también dejó muy claro que no tenía intención de romper su relación con Inglaterra únicamente para contentar al papa, ni de emprender ninguna acción contra su rey sin previo acuerdo con el emperador. En mayo, para sorpresa y considerable alivio de Enrique, un embajador francés llegó a Londres y le aseguró que su señor no tenía intenciones hostiles hacia él. Con ello, desapareció el pánico.

Y la mente del rey se volvió a centrar en la cuestión del matrimonio. Jane Seymour llevaba dieciocho meses bajo tierra; él ya tenía cuarenta y ocho años y no solo ya no era joven, sino que engordaba a ojos vistas; su hijo pequeño era débil y enfermizo y necesitaba otro con urgencia. También deseaba aliarse con los príncipes protestantes de Alemania. Alentado, como siempre, por Cromwell, abrió negociaciones con el duque alemán de Cléveris, de cuya hermana, Ana, según informó su embajador Christopher Mont, se decía que era incomparable «tanto por su rostro como por todo su cuerpo», excediendo la belleza de la duquesa de Milán «como el sol dorado supera a la plateada luna». Enrique estaba interesado, pero solo después de enviar a Hans Holbein a Cléveris y de estudiar el retrato que el alemán pintó de ella, accedió a proponerle matrimonio.*

¿Fue culpa de Holbein lo que sucedió después? Desde luego que no. Hay dos versiones de su retrato: una en el Louvre y otra en el Victoria and Albert Museum. En ambas, Ana parece perfectamente presentable, pero puede que eso sea todo. Uno de los enviados a Cléveris, un tal Nicholas Wotton, describió el retrato como «una imagen muy realista», previniendo al rey al mismo tiempo de que la dama pasaba la mayor parte de su tiempo dedicada a la costura, que apenas había recibido educación y que no sabía ni cantar ni tocar ningún instrumento, «pues en Alemania consideran reprochable y propicio a la ligereza que las grandes damas tengan estudios o conocimientos de música». En el ínterin, puesto que estaban en lo más crudo del invierno, la joven princesa viajó desde su hogar en Düsseldorf hasta Calais a través de Amberes, para que la parte del trayecto realizada por mar fuera la menor posible «por el bien», se dijo, «de su tez». Llegó a Deal el 27 de diciembre y cabalgó desde allí hasta Rochester, adonde llegó el día de Año Nuevo de 1540. El rey, comprensiblemente impaciente por ver a su nueva novia, cabalgó hasta allí deseando verla aunque fuera un momento... y cuando le echó un vistazo a escondidas, quedó horrorizado. «Me avergüenza», declaró, «que haya hombres que la hayan alabado tanto, y a mí no me guste nada». Los regalos de Año Nuevo que le había traído fueron retenidos, el rey sufrió una desesperada frustración y ella, mientras tanto, prosiguió su viaje hasta Greenwich. El matrimonio se retrasó un par de días mientras él intentaba, en vano, dar con una salida. Al no encontrarla, resolvió seguir adelante con la boda, pero la unión con «la yegua de Flandes» nunca fue consumada; la simple visión de su nueva esposa, afirmó, le provocaba inme-

---

* Se consideró también a un pintor local para el retrato, Lucas Cranach el Viejo, pero en ese momento estaba enfermo. Es interesante especular cómo habría reaccionado Enrique si realmente Cranach hubiera pintado el retrato.

diatamente impotencia. Como él mismo dijo, «la dejó tan doncella como la había encontrado».[*]

El matrimonio fue anulado —dadas las circunstancias, sin demasiada dificultad— el 10 de julio. Ana no causó ningún problema. Hizo cuanto se esperaba de ella y, a pesar de los ruegos de su hermano, decidió quedarse a vivir en Inglaterra, lo cual resulta bastante sorprendente. Se retiró a disfrutar del palacio de Richmond y el castillo de Hever —anteriormente propiedad de los Bolena—, magníficas residencias que Enrique le asignó, junto con unos ingresos de quinientas libras al año. Por increíble que parezca, con el paso del tiempo, los dos se hicieron buenos amigos, y Ana siempre fue conocida como «la amada hermana del rey». Fue la última de sus esposas en morir y la única en ser enterrada en la abadía de Westminster.

Cuando Francisco regresó de Aigues-Mortes a París, le satisfizo comprobar que la persecución de los protestantes —a menudo, acompañada de horribles torturas— continuaba tan implacable como siempre. Cientos de ellos habían ardido ya en la hoguera y muchos miles más habían sido despojados de sus hogares. El 1 de junio de 1540 proclamó el que se conocería como Edicto de Fontainebleau, que declaraba que el protestantismo era una «alta traición contra Dios y contra la humanidad» y, por lo tanto, merecía el castigo de tortura, pérdida de propiedades, humillación pública y muerte. Por si fuera poco, se publicarían más adelante otros edictos similares, durante los reinados de sus sucesores. Mientras tanto, el reinado del terror continuaba; muchas veces, si los protestantes eran mayoría en un pueblo, este se destruía por completo.

---

[*] Tras un mes de matrimonio, Ana alabó al rey ante la condesa de Rutland. «Cuando viene a la cama», dijo, «me besa y me toma de la mano y me dice: "Buenas noches, dulzura" y por la mañana me besa y me dice: "Adiós, cariño"». «Por fuerza ha de haber algo más», repuso lady Rutland, «o pasará mucho tiempo hasta que tengamos un duque de York».

La peor de estas atrocidades tuvo lugar durante el verano de 1545 en el pequeño pueblo de Mérindol, en la Vaucluse. En esta ocasión, las víctimas no eran hugonotes, sino valdenses, una secta cristiana muy antigua —que pervive a día de hoy— que, a pesar de ciertas diferencias doctrinales, había abrazado la reforma protestante. De algún modo llamaron la atención de las autoridades en París; como resultado, el 18 de noviembre de 1541 el *Parlement* de Provenza emitió el llamado *Arrêt de Mérindol,* que demostraría ser la orden de destrucción de la ciudad. Hubo una pausa de cuatro años, durante los cuales se hicieron sucesivas apelaciones en su defensa, todas las cuales fueron rechazadas; hasta que, en 1545, llegó un ejército de dos mil hombres que regresaba de las guerras italianas. No hubo piedad: no solo destruyeron el pueblo, sino también dos docenas de aldeas valdenses cercanas. Miles de personas fueron asesinadas, otras miles perdieron su hogar y cientos de hombres físicamente capaces fueron enviados a galeras. Cuando todo terminó, tanto Francisco como el papa aprobaron con entusiasmo lo sucedido, y este último llegó al extremo de condecorar al principal responsable de la matanza, Jean Maynier d'Oppède, quien resultó ser también el presidente del *Parlement* de Provenza.

A las tres en punto de la tarde del sábado 10 de junio de 1540, justo un mes antes de la anulación del matrimonio de Ana de Cléveris, Thomas Cromwell fue arrestado por el capitán de la guardia mientras estaba sentado, rodeado de sus ministros, en la mesa del consejo. Allí mismo, el duque de Norfolk y el conde de Southampton le arrancaron la insignia de la Orden de la Jarretera y le espetaron que «no debe llevarla un traidor». «Esta, pues, es la recompensa por mis leales servicios», respondió Cromwell en un murmullo. Luego, fue llevado a través de una puerta trasera hasta un bote que esperaba en el río y en el que lo trasladaron a golpe de remo hasta la Torre de Londres.

Hacía tiempo que Cromwell se enfrentaba a enemigos temibles: rivales ambiciosos como Stephen Gardiner y aristócratas como Norfolk a los que había conseguido apartar en su ascenso y que estaban decididos a recuperar el favor real y sabían que jamás lo lograrían mientras aquel advenedizo plebeyo permaneciera en el poder. Su caída fue notablemente similar a la de Wolsey diez años antes —planeada por Norfolk con la ayuda de Gardiner y consecuencia de un matrimonio fallido—. El fracaso de la propuesta unión de Enrique con Ana de Cléveris, que Cromwell había sido el primero en sugerir y que había apoyado con entusiasmo, ofreció a los conspiradores exactamente la oportunidad que esperaban. Solicitaron una audiencia con el rey y acusaron a su principal ministro no solo de ser responsable de tal fiasco, sino también de otros cargos mucho más graves, entre ellos los de traición y herejía. Había apoyado, dijeron, a los anabaptistas,* protegido a protestantes acusados de herejía e incluso conspirado para casarse él mismo con la princesa María. El decreto de proscripción ha sido descrito como «una lista de mentiras y medias verdades», y puede que esa fuera la razón por la que Cromwell nunca fue llevado a juicio. Se limitaron a decapitarlo en la colina de la Torre y, después, ensartaron su cabeza en una pica sobre el puente de Londres. El cronista contemporáneo Edward Hall dice que habló brevemente desde el patíbulo, donde afirmó que, a pesar de que muchos lo habían difamado, moría «en la fe tradicional». Después de eso, «sufrió con paciencia el golpe del hacha de un verdugo andrajoso que realizó su trabajo pésimamente». Es difícil comprender por qué Enrique se dejó convencer para ejecutar a su mejor y más fiel consejero; tendría ocasión para lamentar lo que había hecho antes de que terminara el año. Pero, para entonces, el daño ya estaba hecho y, en palabras de su principal biógrafo, «había perdido para siempre a un genio, quizá el sirviente más capaz que jamás haya tenido ningún monarca inglés, un ministro real que dejó una impronta más

---

* Una secta cristiana que creía en retrasar el bautismo hasta que el candidato profesara su fe. Sufrió una persecución temible durante el siglo xvi.

profunda en la historia de Inglaterra que muchos de sus monarcas».*

Cuando se enamoró por primera vez de la prima de Ana Bolena, Catalina Howard, Enrique la describió como «una rosa sin espinas», pero no lo haría durante mucho tiempo. Catalina había entrado en la corte a finales de 1539 —una chica bajita, más bien rolliza, que tendría, como máximo, diecinueve años— gracias a su tío, el duque de Norfolk. Su familia elogiaba «su pureza y honestidad», pero eso no era del todo cierto: ya había tenido, como mínimo, dos aventuras amorosas en el pasado, una con su profesor de música, Henry Mannox, y la otra con el joven y elegante cortesano Francis Dereham. Incluso después de su matrimonio con Enrique —que se celebró el mismo día que Thomas Cromwell fue decapitado—, Catalina no pudo evitar seguir flirteando con otros. Enrique, por otra parte, como todo su entorno sabía, era a estas alturas un amante que dejaba mucho que desear. Para él, el sexo había sido siempre un medio de reproducción y poco más: una vez cumplida su función, dejó de interesarle. Por eso quizá no es del todo sorprendente que, a finales de verano de 1541, Catalina se enredara en una relación bastante seria con uno de los caballeros de los Aposentos Privados, Thomas Culpeper, una asociación que, cuando fue descubierta por el arzobispo Cranmer, resultaría fatal para ambos… y también para Dereham. La sentencia de Culpeper fue, por algún motivo, conmutada por una simple decapitación; Dereham tuvo menos suerte y fue ahorcado, desmembrado y descuartizado. Ambas ejecuciones tuvieron lugar en Tyburn, el 10 de diciembre.

Enrique amó a la pequeña e insulsa Catalina a su manera. Cuando vio las pruebas de la infidelidad de su esposa, su reacción fue tan extrema que el embajador francés pensó que se había vuelto loco. Incluso pidió una espada para matarse y pasó las Navidades yendo de palacio en palacio, de sala en sala, sumido en la más absoluta miseria, aunque es difícil

* J. J. Scarisbrick, Henry viii.

precisar si su actitud se debía al dolor, a los celos o al orgullo herido. Catalina vivió un poco más que sus dos amantes. El lunes 13 de febrero de 1542 la llevaron en bote a la Torre de Londres —pasando bajo el puente donde sus cabezas todavía estaban expuestas, empaladas en las habituales picas— y, allí, en la colina, fue decapitada de un solo tajo por el hacha del verdugo.* Eustace Chapuys, que había sido el embajador del emperador durante los últimos trece años y la conocía mejor que la mayoría, describió en una carta que el monstruoso viejo rey, que ya mostraba signos prematuros de senilidad, se quedó desamparado y cegado por las lágrimas cuando el sonido del cañón de la Torre de Londres le informó que su quinta mujer había corrido la misma suerte que la segunda.

Luego, súbitamente tras su muerte —¡y qué típico era esto en Enrique!—, el rey cambió de humor. Celebró un gran banquete con veintiséis damas a su alrededor y, a menos de una semana del inicio de la Cuaresma, festejó el carnaval con más festines todavía. Se rumoreó incluso que estaba dispuesto a aceptar otra vez en su cama a Ana de Cléveris, con quien había intercambiado suntuosos regalos de Año Nuevo. Pero no: por el momento, ya había obtenido bastante de Venus. Le había llegado el turno, una vez más, a Marte.

---

* Muchos creen que su fantasma aún frecuenta la Galería Encantada de Hampton Court, donde, en ocasiones, se le ha oído gritar.

6

«NOCIVO PARA NUESTRO REINO»

PAVLVS·III·PONT·OPT·MAX·

Cuando, el 29 de agosto de 1526, las fuerzas de Solimán el Magnífico aplastaron a los húngaros en Mohács y, poco después, saquearon Buda, su capital, el gobierno del país quedó en disputa entre Juan Zápolya, vasallo del sultán, y Fernando, hermano de Carlos V. En 1538, los dos llegaron a un acuerdo, según el cual ambos reinarían en paz sobre sus propios territorios, pero, a la muerte de Zápolya —entonces un solterón de cincuenta y un años—, toda Hungría debería revertir a los Habsburgo. Al año siguiente, sin embargo, surgió una complicación: Zápolya se casó con Isabel, la hija del rey Segismundo de Polonia, que poco después le dio un hijo, Juan Segismundo. Por si no fuera todo ya de por sí bastante complicado, apenas dos semanas más tarde falleció el orgulloso padre de la criatura. Fernando no perdió tiempo en afirmar que el bebé ni siquiera era en realidad de Isabel y, mientras tanto, envió una embajada a Estambul insistiendo en que el reino debía serle devuelto inmediatamente.

Lo último que Solimán deseaba, claro está, era contribuir a expandir todavía más los ya vastos dominios de los Habsburgo, pero decidió que lo primero que debía hacer era establecer la identidad de ese niño tan problemático. Se envió inmediatamente un emisario a Isabel. A su llegada, según se nos dice:

> la reina tomó a su bebé en brazos y se lo presentó al embajador turco como un huérfano, que no contaba con más protección que la del Gran Señor; entonces, con sublime gracia maternal, desnudó uno de sus pechos de alabastro y amamantó al bebé en presencia del turco, quien se arrodilló, besó los pies del recién nacido y, con la mano en el pecho del pequeño protegido de la Sublime Puerta, juró que solo el hijo del rey Juan, y ningún otro, reinaría en Hungría.

Tal juramento del embajador, cuando se comunicó a Fernando, no era ni mucho menos el que hubiera deseado escuchar. Puso de inmediato sitio a Buda, lo que obligó a Isabel a pedir ayuda al sultán. Solimán solo tenía una opción. Fernando había tomado las armas; Isabel estaba claramente indefensa ante la turbulenta nobleza húngara; Juan Segismundo era apenas un bebé. Debía anexionarse rápidamente el país entero. Y eso hizo. Una flotilla turca remontó el Danubio, la oposición austríaca pareció disolverse y el 2 de septiembre de 1541 el sultán, acompañado por su hijo Bayaceto, hizo su entrada formal en Buda. Sin embargo, no puso toda Hungría bajo el control directo de los otomanos; tras largas y difíciles negociaciones diplomáticas, el país fue dividido de nuevo, esta vez en tres partes. El centro y las provincias del sur —incluida la propia Buda— quedaron en posesión del sultán y pasaron a formar parte de su imperio; la región del noroeste —conocida como la «Hungría real»— quedaría bajo el dominio de los Habsburgo; y el destino del este fue fijado en un diploma «escrito con caracteres en oro y azul celeste», en el que el sultán juraba «por el profeta, por su sable y por sus antepasados» entregarla a Juan Segismundo en cuanto alcanzara la mayoría de edad.

Solo tres semanas después de que Solimán marchara sobre Buda, Carlos V zarpó hacia Argel. Seis años antes, su conquista de Túnez había sido un gran triunfo, pero esta vez enfilaba la proa hacia un terrible desastre. Argel se había convertido en la base más poderosa de cuantas tenían los corsarios turcos en la costa de Berbería; Carlos, que obviamente había disfrutado con su anterior aventura norteafricana, estaba decidido a destruir la ciudad. Sus almirantes le desaconsejaron con vehemencia emprender un ataque con el año tan avanzado, y habría hecho bien en atender sus advertencias. No desembarcó hasta finales de octubre y, para entonces, el tiempo ya había empeorado. Varios barcos se perdieron en una tormenta —algunos de ellos transportaban parte de los archivos imperiales—; las lluvias torrenciales imposibilitaron un desembarco organizado y los furiosos vientos rompieron los amarres e hicieron que los navíos chocasen unos contra otros violentamente. Un día o dos después, el propio emperador se salvó por los pelos de ser capturado. No tuvo más elección que emprender una inmediata —y bastante ignominiosa— retirada. Abandonando al enemigo, caballos y cañones, regresó a España haciendo escala en las islas Baleares.

Por fortuna para Carlos, Barbarroja no estaba en las inmediaciones. El corsario ya tenía sesenta años, pero se sentía joven y ahora se había volcado en la planificación de su siguiente campaña, esta vez contra el sur de Italia. En 1542, el sultán, que se preparaba para dirigir personalmente otra de sus vastas expediciones hacia el centro de Europa y no necesitaba para ello a su flota, prometió entregársela a Francisco el verano siguiente; la campaña, en consecuencia, sería una operación conjunta con Francia. Unas ciento veinte naves partieron de Estambul en abril y asolaron las costas de Italia y Sicilia, aunque, parece ser que, por insistencia del rey, no tocaron los Estados Pontificios. (Por increíble que parezca, en Gaeta, el viejo pirata se casó con la hija del gobernador, que tenía dieciocho años. Ha llegado hasta nosotros que era una joven de espectacular belleza, y se cuenta que la pasión de Barbarroja por la doncella contribuyó a acelerar su muerte). Tras varias semanas de exitosos saqueos, la flota llegó por fin a Marsella, donde le esperaba una fabulosa bienvenida. Barbarroja en persona, vestido con magnificencia y tachonado de joyas, fue recibido por un joven de veintitrés años, Francisco de Borbón, conde de Enghien, que le obsequió con una plétora de valiosos regalos, entre los que contar una espada de honor forjada en plata, toda ella. A cambio, el duque recibió, en nombre del sultán, un pequeño establo de magníficos caballos árabes, soberbiamente enjaezados.

He aquí —si es que era necesario— un impresionante ejemplo de la importancia que Francia daba a su amistad con los turcos; pero las celebraciones tuvieron un mal fin. Barbarroja había esperado debatir planes para la futura campaña contra el emperador, pero pronto descubrió que los franceses, a pesar de todas sus promesas y solemnes proyectos, no habían hecho prácticamente nada para llevarla a cabo. Sus barcos no estaban en absoluto listos para la guerra; ni siquiera contaban con los pertrechos necesarios. Sin previo aviso, el protocolo se fue al diablo y Barbarroja montó en cólera. «Se puso rojo de ira», escribió un testigo presencial, «y se tiró de la barba, furioso por haber hecho un viaje tan largo con una flota tan grande para verse ahora condenado a la inactividad». Se informó a Francisco de lo sucedido, que hizo cuanto pudo por pacificarlo, ordenando que se aprovisionaran de inmediato unas cuantas naves turcas y unas cuantas propias; pero, incluso después de tomar esta medida, había aún graves desacuerdos sobre cuál debía ser el plan de acción conjunta. Barbarroja había esperado atacar directamente al emperador en España, pero, para Francisco, una operación de ese tipo era claramente inviable, pues le acarrearía el reproche unánime de toda la cristiandad. Propuso, en cambio, atacar Niza, que estaba en esos momentos gobernada por el duque de Saboya, firme partidario del emperador. No era ni mucho menos el tipo de campaña que Barbarroja tenía en mente, pero se vio obligado a aceptar, con muchas reticencias, que, dadas las circunstancias, no había nada mejor que hacer.

Si el sitio de Niza de agosto de 1543 se recuerda todavía en la ciudad es por el valor de su heroína local. A primera hora de la mañana del día 15, el intenso bombardeo desde las galeras de Barbarroja abrió una brecha en las murallas cerca de una de sus principales torres. Los franceses y los turcos se precipitaron hacia los escombros y un portaestandarte turco estuvo a punto de plantar su bandera en lo alto de la torre cuando una lavandera local —cuyo nombre, Catherine Ségurane, ha pasado a la historia— se la arrebató de las manos y, seguida por un puñado de hombres valientes, inspirados por su ejemplo, lideró un furioso contraataque. Los invasores fueron rechazados, dejando trescientos muertos en la intentona. Niza se salvó de momento, pero, a pesar de su heroísmo, Catherine solo retrasó lo inevitable.* Una semana después, el día 22, el gobernador de la ciudad rindió formalmente la plaza. Al hacerlo, tenía derecho —y sin duda esperaba— que se le ofrecieran términos honorables, pero Niza fue saqueada e incendiada durante dos días seguidos. Como no podía ser de otra manera, se culpó a los turcos; de hecho, los responsables fueron, casi con total seguridad, los propios franceses. Esa era la opinión del mariscal de Vieilleville, que dictó sus memorias poco antes de su muerte en 1571:

> La ciudad de Niza fue saqueada e incendiada, de lo cual no se puede culpar ni a Barbarroja ni a los sarracenos, pues, cuando eso ocurrió, ya estaban lejos. [...] La responsabilidad de ese ultraje se arrojó sobre el pobre Barbarroja para proteger el honor y la reputación de Francia y, de hecho, de la misma cristiandad.

El asedio y captura de Niza fue la primera y última operación conjunta de la alianza francoturca. La imagen de cristianos combatiendo contra cristianos con la ayuda de los infieles conmocionó profundamente a muchos; pero eso fue solo el principio. Barbarroja exigió ahora que toda su flota fuera reaparejada y avituallada, y Francisco se vio obligado a invitarlo a ocupar Tolón durante el invierno. Muchos de los habitantes de la ciudad —que habían crecido escuchando historias terribles sobre las atrocidades de los turcos— abandonaron la ciudad presas del pánico; sin embargo, para asombro de los que se quedaron, Barbarroja impuso entre sus hombres una férrea disciplina y, en palabras de un diplomático francés, «nunca un ejército vivió de forma tan estricta y ordenada».

---

*Según otra versión de la historia, Catherine mostró su heroísmo al enfrentarse a las fuerzas invasoras y enseñarles su trasero desnudo, la visión del cual parece que ofendió tanto a la sensible infantería turca que la tropa dio media vuelta y huyó. Una placa conmemorativa, con una escultura en bajorrelieve, se colocó en 1923 cerca de donde, supuestamente, tuvieron lugar los hechos. Probablemente con buen criterio, ilustra la primera versión de la historia, y no la segunda.

Como siempre, se intercambiaron regalos: el comandante de las galeras francesas, Virgilio Orsini, recibió encantado una preciosa caja de ébano y marfil con las imágenes de los once sultanes otomanos pintadas en sus lados. El único problema fue el coste. Francisco tuvo que pagar a Barbarroja 30 000 ducados al mes y, en consecuencia, Provenza y todos los alrededores padecieron altos impuestos. Para colmo, el viejo rufián no parecía tener prisa por marcharse, ni tampoco sus hombres, para la mayoría de los cuales aquella era la primera vez que estaban en la Costa Azul y, como no es difícil imaginar, les pareció un lugar encantador. Al final, sin embargo, se les dejó bien claro que su presencia ya no era bienvenida y, en abril de 1544, Barbarroja (que completó en el último momento sus operaciones de avituallamiento saqueando cinco barcos franceses en el puerto) regresó a Estambul y fue recibido como un héroe, saqueando de camino Elba, Procida, Isquia y Lipari y las vecinas islas Eolias, todas las cuales eran territorio imperial. El gran corsario falleció dos años después.

Tan solo un mes antes del sitio de Niza, el 12 de julio de 1543, en Hampton Court, el rey Enrique se casó por última vez. Catalina Parr fue su sexta esposa; la mujer había enviudado ya dos veces, así que este era su tercer marido. (Tras su muerte, se casaría con un cuarto esposo). Hija de un notable de Northamptonshire, valía más que sus cuatro predecesoras juntas, aunque ni siquiera ella le llegaba a la suela de los zapatos a Catalina de Aragón. Era una protestante moderada, inteligente y con estudios y supo llevar a Enrique con mano firme. Fue gracias a ella, por ejemplo, que sus tres hijos se reunieron por primera vez en sus vidas y, también gracias a ella, María e Isabel recuperaron su puesto en la línea sucesoria. También fue su insistencia la razón de que ambas emprendieran traducciones de Erasmo.* Su propio libro, *Plega-*

---

* Isabel también tradujo El espejo del alma pecadora, de Margarita de Navarra.

rias que empujan a la mente hacia meditaciones celestiales, fue la primera obra jamás publicada por una reina de Inglaterra bajo su propio nombre, aunque es cierto que habría pocas más. Así fue como, a pesar de que los años de la decadencia de Enrique tuvieron que suponerle un martirio, al menos en su último matrimonio el rey fue quizá casi tan feliz como lo había sido en los primeros años del primero.

Mientras tanto, la guerra un tanto esporádica entre Carlos y Francisco continuaba. Al principio, Enrique había pensado intervenir con una gran invasión de Francia en 1543, pero tuvo que posponerla debido a que los escoceses le estaban ocasionando graves problemas. También habían surgido dificultades en su nueva alianza con Carlos: el emperador estaba profundamente avergonzado ante la perspectiva de concluir una alianza con un cismático excomulgado y se negó en redondo a firmar ningún documento en que aparecieran todos los títulos de Enrique, entre ellos el de jefe supremo de la Iglesia. Según los términos de la excomunión del monarca, tampoco podía defender a Inglaterra de un ataque si el papa decidía convertir la guerra en una cruzada. Enrique señaló que Carlos no siempre había sido tan respetuoso con los dictados de Roma; la destrucción de la ciudad y el encarcelamiento del papa en 1527 estaban todavía frescos en la memoria de todos los romanos. Una cruzada era, de hecho, extremadamente improbable, debido a la amistad de Francisco con Solimán; sin embargo, Europa se enfrentaba ahora a lo que podría parecer, y parecería, una situación de lo más improbable: la de una alianza entre un emperador y un rey cismático contra Su Cristianísima Majestad y el turco infiel.

Las aguas regresaron a su cauce cuando Enrique accedió a ser descrito como «defensor de la fe» en lugar de «jefe supremo de la Iglesia», pero entonces surgió otra situación embarazosa: anunció que él mismo estaría al mando de la inminente invasión inglesa de Francia y de su previsto avance sobre París. Esta decisión causó una enorme consternación tanto en Inglaterra como en el Imperio. El rey tenía ahora cincuenta y tres años, padecía mala salud y su pierna ulcerosa le producía constantes dolores; no estaba nada claro que pudiera soportar los rigores de una campaña. Peor aún, los armeros reales tendrían mucho trabajo para acomodar su prodigioso volumen en el interior de una armadura; si lo conseguían, quedaba el asunto de dar con un caballo lo bastante fuerte como para llevarlo. Incluso si no sucedía nada malo, su presencia ralentizaría a todo el ejército. El problema era que nadie se atrevía a decírselo, excepto el emperador, y las palabras de este caían en oídos sordos.

Por fortuna, a medida que se acercaba el momento de partir, Enrique perdió su ardor guerrero. Propuso ahora que ninguno de los dos dirigentes tomara el mando personalmente, sino que cada uno de ellos confiara su ejército a los mejores generales disponibles. Esta propuesta, sin embargo, fue rechazada de inmediato por el emperador. Él era, señaló, diez años más joven que Enrique y —más allá de la gota— estaba en mucha mejor forma física. ¿Acaso no había viajado desde España hasta Alemania expresamente para dirigir a su ejército en la invasión de Francia? ¿Cómo iba a eludir esa responsabilidad en el último momento? De hacerlo, su prestigio resultaría gravemente dañado, e incluso invitaría a que lo acusaran de cobarde. Estaba absolutamente decidido a marchar con sus hombres.

Para Enrique, eso zanjó el asunto: si Carlos estaba decidido a marchar, él también lo haría. Así de simple: sus armeros tendrían que ser creativos y alguien, donde fuera, debería encontrar un caballo adecuado. Pero ¿era capaz de cabalgar todo el trayecto desde la costa hasta París? Casi con toda seguridad, no. Pues, entonces, el emperador tampoco debía hacerlo. Envió otro mensaje a Carlos: ¿era realmente tan buena idea avanzar directamente sobre la capital al inicio de la campaña y dejar los flancos del ejército expuestos y al descubierto? ¿No sería mejor concentrarse en las ciudades costeras y fronterizas antes de lanzarse hacia el corazón de Francia? Una vez más, fue desairado. Los planes ya se habían acordado; Carlos no veía motivo para cambiarlos. La discusión proseguía cuando, a principios de junio, el ejército inglés cruzó el canal hasta Calais, bajo el mando conjunto del rey y de dos canosos veteranos, los duques de Suffolk y de Norfolk. Luego avanzó hacia el este y se adentró en territorio francés, pero todavía sin órdenes sobre su objetivo final ni sobre qué hacer una vez estuviera ahí. Esta incertidumbre se mantendría durante bastante más de dos semanas. El mes tocaba a su fin cuando el duque de Norfolk, desconsolado, se detuvo en algún lugar en medio de Francia, con un gran ejército desconcertado y cada vez más hambriento tras él, y señaló con cinismo al Consejo Privado que la mayoría de los generales, antes de ser enviados al extranjero, recibían órdenes respecto a dónde se suponía que debían dirigirse. Este nivel de incompetencia, se atrevió a añadir con temeridad, jamás se habría dado en tiempos de Wolsey o Cromwell.

El rey se decidió, al fin. Norfolk debía asediar Montreuil, mientras él mismo y Suffolk se concentrarían en Boulogne. Carlos protestó otra vez, indignado, y recordó que el plan era avanzar hasta París, a lo que Enrique repuso —sin tener la más mínima justificación para ello— que, sin tomar las dos ciudades que había puesto bajo asedio, sería imposible aprovisionar de manera adecuada al ejército en su avance. Y, por cuanto a él concernía, no había más que decir. Marchó con Suffolk hacia Boulogne y, a principios de agosto, inició el sitio. Carlos, mientras tanto, continuó su avance a través de Champaña hasta que París estuvo seriamente amenazado; Francisco, desde el Louvre, declaró públicamente su determinación de vivir o perecer allí.

Pronto quedó claro que el intento de Norfolk de tomar Montreuil estaba condenado al fracaso. Todo su esfuerzo no tuvo ningún efecto apreciable en las fortificaciones de la ciudad. La operación de Boulogne, por otro lado, se demostró un éxito. El propio Enrique la disfrutó a fondo, trotando de una posición a otra, dando y rectificando órdenes; todos cuantos lo rodeaban subrayaron que parecía encontrarse mucho mejor tanto física como anímicamente. El 11 de septiembre, para gran alegría del monarca, sus hombres consiguieron volar el castillo y, el día 18, entró triunfalmente en la ciudad. Una vez hubo remitido la exaltación y empezó a valorar los logros de la campaña y lo mucho que le habían costado, su entusiasmo se desinfló. No había tomado París, ni siquiera lo había intentado; su alianza con el emperador estaba en las últimas. Peor todavía: entonces supo que Carlos había abandonado su avance sobre París y que, el mismo día en que los ingleses habían tomado Boulogne, él y Francisco habían firmado la paz en Crépy-en-Laonnois,* acordando *inter alia* abandonar sus derechos en conflicto y, más adelante, emprender una campaña conjunta contra los turcos. Esta paz fue una noticia desastrosa; Enrique, dejado al margen, ahora tenía que enfrentarse él solo a todo el poder del ejército francés. Y mucho peor aún fue que una fuerza militar de considerable tamaño, comandada por el delfín, ya estaba en camino para socorrer a Montreuil. Y no es que Montreuil necesitara mucho socorro. Era, por lo que veía el desdichado duque de Norfolk, totalmente inexpugnable y estaba bien provista de suministros de todo tipo. Sus hombres, por otra parte, estaban frustrados y medio muertos de hambre, de modo que recibió con agrado la orden del rey de levantar el asedio y —evitando al ejército del delfín lo mejor que pudiera— retirarse hacia Boulogne.

No se quedaría allí mucho tiempo. Enrique, por su parte, dejó a su ejército en la ciudad recién capturada y regresó a Inglaterra a finales de mes. Cuando todavía no había llegado a Londres recibió noticias aún más desastrosas. Los duques de Norfolk y de Suffolk, en flagrante desobediencia de las órdenes recibidas, habían retirado a casi todo el ejército de Boulogne y habían regresado con él a Calais. Su excusa era que los planes del rey para edificar nuevas defensas para Boulogne eran impracticables y que era Calais la ciudad que necesitaba ayuda contra el avance del delfín. Enrique no les creyó, en ningún momento. Sabía perfectamente bien que, al ver que se cernía sobre ellos el ejército francés, ambos simplemente habían perdido los nervios y habían huido en busca de la se-

* En Picardía. No confundir con Crépy-en-Valois, a unos sesenta y cinco kilómetros al norte de París.

guridad del suelo inglés. Furioso, les ordenó que regresaran a sus puestos, pero ya no era posible: el ejército estaba al borde del motín y el delfín tenía Calais rodeada.

No se podía hacer otra cosa que negociar con los franceses y, en consecuencia, a mediados de octubre, empezaron las conversaciones en Calais. Fracasaron por completo. Enrique insistió en conservar Boulogne y también en que Francisco abandonara su alianza con Escocia, con la que había renovado recientemente todos los tratados. Ninguna de estas exigencias era aceptable para los franceses, que, airados, regresaron a París a principios de noviembre. Enrique había logrado un pequeño respiro para sí con la llegada del invierno, pero él y Francisco seguían en estado de guerra y sus relaciones con Carlos apenas habían mejorado. Se había quejado amargamente de la deserción del emperador, pero Carlos había replicado con indignación que habían sido los ingleses quienes le habían traicionado. Eran ellos, no él, quienes se habían negado a emprender la pactada marcha sobre París, mientras que su ridículo asedio de Montreuil había sido poco más que un teatrillo: no habían hecho más que acampar frente a la ciudad sin hacer nada. Desde el primer momento, su intención no había sido otra que atacar Boulogne. Si Enrique no hubiera insistido en la insensatez de participar personalmente en la campaña, él, el emperador, no habría actuado como lo había hecho. Y, en cualquier caso, ¿no había acordado Enrique específicamente que Carlos podría, si lo deseaba, firmar la paz unilateralmente? No, replicó Enrique: lo que habían acordado en Calais era que ambos podrían negociar de forma independiente, pero que ninguno concluiría un tratado sin consultarlo previamente con el otro.

El asunto empeoró. Ahora, Enrique empezó a acusar a Carlos de permitir que tropas españolas lucharan al lado de los franceses y de hacer la vista gorda cuando, en España, la Inquisición maltrataba a inocentes mercaderes ingleses. Carlos —que se había retrasado mucho en el asedio de Saint-Dizier, donde la guarnición francesa había resistido heroicamente durante cuarenta y un días— replicó con quejas de que los ingleses se habían adueñado de barcos imperiales con sus cargamentos, que setecientos arcabuceros españoles habían sido atraídos hasta la frontera escocesa (donde se libraba otra guerra) y que Enrique había negociado en secreto con los luteranos alemanes. A mediados del verano de 1545, las relaciones entre los dos gobernantes volvían a estar a punto de romperse. Y mientras tanto, los franceses se acercaban; naves francesas bloqueaban el puerto de Boulogne y una invasión francesa volvió a ser una amenaza real. También el dinero comenzó a escasear. La campaña de 1544 había costado casi tres veces más de lo esperado. Durante los últimos tres años, Enrique había subsistido en gran parte gracias a lo que él llamaba «benevolencias» —préstamos forzosos o, más precisamente, falsos regalos de donantes que, por regla general, distaban mucho de ser benevolentes— y mediante las ventas de tierras que habían pertenecido a monasterios y conventos. La moneda, mientras tanto, se había devaluado de forma dramática, pues se acuñaba con una proporción cada vez mayor de metales viles; incluso a Enrique se le había pasado por la cabeza el proyecto de «tomar prestada» la colecta de la Iglesia, una práctica que defendía con entusiasmo el conde de Hertford, quien, en esta época, gozaba de considerable influencia sobre el rey. «El servicio de Dios», aseguró a su señor, «que no consiste en joyas, bandejas u ornamentos de oro y plata, no puede por lo tanto verse disminuido prescindiendo de esas cosas, que son mucho mejor empleadas en la riqueza y defensa del reino».

Puede que Enrique estuviera desesperado por conseguir dinero; pero, como bien sabía en el fondo de su corazón, él era el último responsable de esta situación. Su pasión por las campañas militares —que, en los últimos cinco años de su vida, le costaría bastante más de dos millones de libras— le había granjeado muy pocos réditos; y ahora, gracias a él, Inglaterra se veía en una situación más peligrosa que en 1539, y quizá más que la vivida por muchas generaciones anteriores. También se había enemistado sin necesidad alguna con los demás gobernantes de las principales potencias, de uno de los cuales esperaba ahora una invasión. Y hacía bien en esperarla. La tarde del domingo 19 de julio de 1545, una flota francesa de más de doscientos navíos entró en el Solent; Enrique, que casualmente estaba cenando esa noche a bordo del *Henry Grâce à Dieu* —más conocido como el *Great Harry*— se apresuró a regresar a la orilla mientras la flota inglesa puso rumbo hacia los invasores.* Una cadena de faros recientemente preparada fue encendida para dar la alarma por todo el país y, al día siguiente, los franceses desembarcaron en la isla de Wight. Tras permanecer en tierra apenas veinticuatro horas, para sorpresa de todos, volvieron a embarcar solo para desembarcar de nuevo en Seaford poco después; pero también este desembarco se demostraría provisional; tras una rápida e incierta escaramuza con la flota inglesa frente al cabo Beachy, zarparon de regreso a casa.

Todo fue bastante decepcionante; sin embargo, aún existía el peligro de que aquellas incursiones fueran simplemente unas descubiertas que preparaban el terreno para algo mucho más ambicioso. Ese era, desde luego, el temor de Enrique, y el 10 de agosto ordenó a las autoridades eclesiásticas que se realizaran procesiones y oraciones públicas por la victoria en todo el reino.† De hecho, no habría ninguna otra invasión; pero la situación era todavía desesperada. Stephen Gardiner, ahora obispo de Winchester, escribió:

> Estamos en guerra con Francia y Escocia, enemistados con el obispo de Roma, nuestra amistad con el emperador no está asegurada y acabamos de recibir del landgrave, el capitán general de los protestantes, tales muestras de descontento que parece que piense que estamos enfadados con él. […] Nuestra guerra es nociva para nuestro reino y para todos nuestros comerciantes

---

* Fue en esta ocasión cuando el buque insignia inglés, el *Mary Rose*, volcó de repente y se hundió. El pecio fue descubierto en 1971 y está expuesto en un museo creado ex profeso para él en Portsmouth.
† Habría sido más adecuado, como apunta el profesor Scarisbrick, que hubieran rezado por la supervivencia.

que recorren los mares que bañan nuestras costas. [...]
Estamos en un mundo en el que no prevalecen la razón
y la erudición y en el que no se respetan las alianzas.

No decía más que la pura verdad. A finales de 1545, Inglaterra estaba más cerca de la bancarrota de lo que nunca había estado.

Pero también el emperador Carlos tenía motivos de preocupación y, entre los principales, se contaba el sultán Solimán, cuyas operaciones en Hungría eran una amenaza cada vez mayor para el Imperio. A principios de 1544, en la Dieta de Espira, a cambio de la promesa de una generosa ayuda económica, Carlos se había comprometido a emprender personalmente una campaña contra los turcos; pero no había podido hacerlo debido a los combates en Francia. Por eso, su hermano Fernando había intentado pactar una tregua para ganar un poco más de tiempo. Esta demora, sin embargo, había causado un enorme descontento entre sus súbditos húngaros, que lo habían acusado de faltar a su palabra y de acordar una paz de pacotilla, cuando había prometido hacer la guerra. En ese momento, Carlos se había convencido de que Francisco, a pesar de las promesas que había hecho en Crépy, no tenía ninguna intención de marchar contra Solimán, con quien mantenía unas cordiales relaciones a la vista de toda Europa. Por lo tanto, Carlos y Fernando confiaron a Francisco la tarea de renegociar una tregua que los húngaros estuvieran más dispuestos a aceptar. Tanto ellos como los franceses habían mandado enviados especiales a Estambul. El Imperio estaría representado por un tal Gerhard Veltwyck, judío converso y eminente erudito hebreo; Francia, a su vez, por un experto diplomático, Jean de Montluc.

El problema era que Carlos y Francisco no habían dado a sus respectivos embajadores instrucciones parejas y, en consecuencia, reinó la confusión desde el primer momento. Montluc tenía órdenes de explicar al sultán que el emperador venía como suplicante, a instancias de Francisco; Veltwyck, por su lado, tenía órdenes de decir que Francisco había asegurado al emperador que los turcos ansiaban la paz y que habían garantizado el éxito de la misión. Si, en otras palabras, las negociaciones fracasaban, sería culpa de los franceses. Todo esto fue de por sí muy desafortunado, pero lo peor estaba por llegar. Veltwyck descubrió entonces que había otro embajador en Estambul, un tal doctor Secco, enviado por el archiduque Fernando. Escribió inmediatamente a Secco ordenándole que suspendiera todas las negociaciones hasta su llegada, pero esta carta fue interceptada por los turcos, que concluyeron —correctamente— que los propósitos de Carlos y de su hermano debían de ser distintos. Parece increíble, pero también había otro representante francés en la ciudad, un tal Gabriel d'Aramon, a quien irritó profundamente la llegada de Montluc y que impidió que le llegaran nuevas instrucciones.

Todo esto podría haber acabado de la peor manera. Solimán todavía no había perdonado a Francisco por lo que consideraba que había sido una traición en Crépy, tras la cual casi había empalado al desventurado embajador francés; pero estaba plenamente ocupado con los preparativos de una nueva campaña en Persia y no sentía el menor deseo de combatir en dos frentes simultáneamente. Concedió de buen grado una tregua temporal, cuya duración exacta sería definida más tarde. Veltwyck y Montluc regresaron entonces a sus respectivas cortes, y lo propio hizo D'Aramon, aunque cada uno por su lado. El verano siguiente —de 1545—, Veltwyck y D'Aramon regresaron a Estambul, no así Montluc, que probablemente ya se había hartado de las intrigas de sus colegas embajadores. D'Aramon llegó esta vez con un séquito magnífico y suntuosos presentes para el sultán, entre ellos un gran reloj fabricado en Lyon con una fuente, que funcionaba durante doce horas una vez se le echaba agua.* Su misión era

* Un miembro del séquito de D'Aramon, Pierre Belon, dejó una crónica completa de sus viajes y dijo, inter alia, que los turcos no tenían noción

convencer al emperador Solimán de lanzar de inmediato un ataque contra el emperador en Hungría, pero el sultán estaba ultimando sus planes para la campaña de Persia y no se dejó seducir. Aceptó graciosamente el reloj, pero rehusó cualquier invitación a un ataque. El 13 de junio acordó con Veltwyck una tregua de cinco años, según los términos de la cual Carlos y Fernando reconocían plenamente la Hungría otomana y aceptaban pagar un tributo anual de 30 000 florines de oro con respecto a las posesiones de los Habsburgo tanto en el norte como en el oeste del país. Él, a cambio, garantizó que se mantendría la paz a lo largo de sus fronteras. Luego escribió a Francisco una cordial carta en la que le explicaba todo y prometía mantener la «amistad y fidelidad» que ambos habían disfrutado en el pasado.

La tregua finalmente se firmó en Adrianópolis —la moderna Edirne— en noviembre de 1545 y fue reemplazada por un verdadero tratado de paz dos años después; Carlos, por fin, tuvo las manos libres para dedicarse a sus problemas en Alemania; recibió, sin embargo, duras críticas en toda Europa. Para todos los buenos católicos temerosos de Dios, el sultán era el Anticristo, la Bestia del Apocalipsis; tratarlo como a un igual —podría argumentarse incluso que como a un superior— era un pecado que no podía perdonarse. Si ya había sido horrible cuando Francisco, Su Cristianísima Majestad, se había aliado con el infiel, que ahora el propio emperador aceptara hacerle un pago anual de una suma muy considerable a cambio de la parte relativamente pequeña de Hungría que estaba bajo el control de los Habsburgo —un pago que implicaba el reconocimiento de la soberanía turca sobre todo el país y que los turcos no dudaban en describir como tributo— era mucho, mucho peor. ¿Qué era sino una traición, no solo a la cristiandad, sino al propio Jesucristo? Los patriotas húngaros ahora escupían ante la mera mención del emperador. Habían confiado en él para recuperar su anti-

de los placeres de la mesa. No servían nada más que pepinos y verduras crudas, sin aceite ni vinagre; el plato principal solían ser gachas. «Ne font jamais délices», se lamenta.

guo reino, pero esta última acción les había demostrado que
ya no podían confiar en él, que tenía los pies de barro.

En cuanto a los protestantes alemanes, su odio por el sultán era tan sincero como el de los católicos, pero —lo con-
fesaran o no— estaban en deuda con él. Como el obispo de
Montpellier apuntó a Francisco, si no hubiera sido por los
turcos, la Reforma podría haber corrido la misma suerte que
los albigenses.* El hecho era que Carlos necesitaba que los
protestantes alemanes lo ayudaran a resistir la presión otomana en Europa Central y, por lo tanto, no tuvo más remedio
que firmar la Paz de Núremberg en 1532, que abriría el camino a la Paz de Augsburgo en 1555, en la que se reconocía la
existencia oficial del protestantismo en Alemania. Los turcos
eran perfectamente conscientes de todo esto. Siempre habían
favorecido a los protestantes frente a los católicos porque
también desaprobaban la adoración de ídolos y, probablemente, estaban tan discretamente agradecidos a los protestantes como los protestantes lo estaban a ellos.

Pero si Carlos se reconcilió, al menos en parte, con los protestantes, el papa, no. Criado en la corte de Lorenzo el Magnífico, Alejandro Farnesio era hijo del Renacimiento: aunque a
los veinticinco años ya era cardenal, había tenido cuatro hijos
desde entonces, tan alegremente. Como papa, Pablo III fue
igualmente desvergonzado en su nepotismo, pues elevó a dos
de sus nietos al Sacro Colegio a las edades de catorce y dieciséis años. Resucitó el carnaval en 1536; en Roma resonaron
los vítores de las corridas de toros, las carreras de caballos y
los espectáculos de fuegos artificiales; la música, los bailes y
los banquetes regresaron al Vaticano. Y, sin embargo —y esto
es lo que lo convierte en uno de los papas más interesantes
del siglo XVI— resultó ser un hombre de fuertes convicciones

---

* Los albigenses, o cátaros, fueron una secta cristiana medieval radicada
en el suroeste de Francia que fue brutalmente reprimida por una cruzada
bajo el reinado de Luis VIII y por la Inquisición.

morales y uno de los re-
formistas más efectivos
de la Iglesia católica.

Cuanto más re-
flexionaba el papa Pablo
acerca de cómo frenar la
marea, más se convencía
de la necesidad de cele-
brar un Concilio Ge-
neral, aceptando que,
en tal concilio, tendría
que haber un numeroso
contingente luterano.
No pudo evitarlo: le
llovieron objeciones de
todas partes. Los carde-
nales veían cualquier re-

Alejandro Farnesio, el papa Pablo III, líder
de la Contrarreforma y coordinador del
Concilio de Trento. Retrato de Tiziano.

forma como una amenaza a su cómodo estilo de vida; el emperador, que temía que el concilio propuesto adoptara una
posición tan rígida sobre la doctrina que hiciera imposible un
acuerdo con sus súbditos protestantes, prefería que dejara a
un lado todas las cuestiones teológicas y se confinara a tratar
solo algunas reformas; los luteranos exigieron un encuentro
de todos los cristianos sin ningún tipo de compromiso previo y se negaron en redondo a asistir a una asamblea que se
celebrara en suelo italiano o que fuera presidida por el papa.

El propio Carlos, a quien la doctrina nunca había im-
portado demasiado, habría aceptado con entusiasmo cualquier compromiso o acuerdo al que Roma hubiera llegado;
lo único que quería era unidad. En cuanto al rey de Francia,
le encantaba ver al emperador enzarzado en sus problemas
religiosos y no deseaba en absoluto que se resolvieran. Pero el
papa Pablo insistió y, mientras tanto, convocó una comisión
especial que debía informar sobre todos los males de la Iglesia
y recomendar las medidas que debían tomarse para remediar-
los. Cuando llegó el momento, los comisionados enviaron su
informe. No se anduvieron con chiquitas. Hicieron un lista-

do de los abusos que se cometían y echaron la culpa de todos ellos —la venta de indulgencias y de beneficios eclesiásticos, las sinecuras, la acumulación de obispados y tantos otros problemas— directamente al papado. El resultado de todo ello, señalaron, había sido la Reforma protestante, y no era sorprendente: si la Iglesia hubiera mantenido su casa en orden, la Reforma jamás habría tenido lugar. La horrorizada Curia —que había sido deliberadamente excluida de la comisión— hizo lo que pudo para ocultar el informe, pero se filtró una copia y, casi de inmediato, empezó a circular una traducción al alemán que fue recibida con júbilo en las iglesias luteranas.

Ahora, por fin, una reforma —una reforma en serio— estaba en el orden del día, y el papa Pablo hizo cuanto estaba en su mano por impulsarla. Recibió con entusiasmo al joven Felipe Neri, cuya misión estaba centrada en las sórdidas hosterías y prostíbulos de los barrios bajos romanos; un año o dos después dio una bienvenida similar a Ignacio de Loyola, un vasco algo mayor que Neri, que había llegado desde España con una docena de seguidores agrupados en lo que llamaron la Compañía de Jesús. En 1540, el papa emitió una bula que concedía a la compañía su aprobación oficial. Los jesuitas, que no tenían un atuendo distintivo para su orden, ni una sede fija ni una plegaria coral, solo se regían por dos cosas: una disciplina estricta y una obediencia incondicional. Su historia tendrá áreas de luz y de sombra, pero fueron la punta de lanza de la Contrarreforma.

Finalmente, el 13 de diciembre de 1545, el largamente postergado concilio se convocó en Trento, una ciudad que el emperador había recomendado porque era un lugar seguro en el interior de los territorios imperiales. El congreso tuvo un comienzo titubeante; a sus primeras sesiones asistieron solo un cardenal, cuatro arzobispos y treinta y un obispos, pero ganaría impulso gradualmente y continuaría a intervalos, en Trento y, después, en Bolonia, durante los siguientes dieciocho años. Estaba abrumadoramente sesgado a favor de los italianos; incluso en sus momentos de máxima concurrencia, con más de doscientos setenta obispos presentes, los alemanes nunca fueron más de trece. Pero lo importante

sobre el Concilio de Trento fue que —a pesar de que lo tenía todo en contra— acabó celebrándose; es más, se mostró
dispuesto a desafiar al emperador y a debatir con valentía las
viejas cuestiones doctrinales: la justificación por la fe, la transubstanciación, el purgatorio y muchas otras.

Nunca fue más que un éxito parcial. Cuando al final se
clausuró, los protestantes, que comprensiblemente lo vieron
como poco más que un teatro de marionetas al servicio de
Roma, siguieron, como es natural, insatisfechos; incluso para
los católicos, sus reformas fueron menos amplias y radicales de
lo que muchos habían deseado. No se dijo una palabra, por
ejemplo, sobre la reforma del propio papado, que era mucho
más necesaria que ninguna otra. Debido en buena parte a la
permanente hostilidad entre el emperador y el rey de Francia,
el concilio solo se reunió de forma intermitente, a menudo sin
el contingente francés. Nunca estuvo cerca de ser el concilio
ecuménico unificador de toda la cristiandad occidental por el
que tanto se había rogado y que se esperaba desde hacía tanto
tiempo; fue, simplemente, el concilio confesional de la Contrarreforma, convocado con el propósito de hacer que el continente volviera al catolicismo, por la fuerza, si fuera necesario.
Los resultados fueron demasiado evidentes: en Francia, no menos de ocho guerras civiles contra los hugonotes (más de tres
mil de los cuales perecieron en la masacre de San Bartolomé en
París, a finales de verano de 1572); una guerra entre España y
los Países Bajos que duró más de ochenta años; y la pesadilla de
la Guerra de los Treinta Años (1618-1648), que causaría una
devastación nunca vista en todo el norte de Europa.

Pero el Concilio de Trento, sin embargo, estableció una
base sólida para la renovación de la disciplina y la vida espiritual en la Iglesia, que emergió más fuerte y más centrada
que antes. Llevó a la codificación del Credo tridentino y de
la Misa tridentina (de *Tridentum,* el nombre en latín de Trento), que estuvieron vigentes durante los siguientes cuatro siglos; y, finalmente, consiguió contener la marea protestante.
Y el mayor mérito de todo ello debe otorgarse a ese epicúreo,
nepotista y adúltero papa, Pablo III.

A finales de 1545, la salud del rey Enrique empeoró rápidamente. Estaba más gordo que nunca y, debido a sus ulcerosas piernas, prácticamente no podía moverse; se trasladaba de un sitio a otro sobre carritos y necesitaba enormes cabestrantes para subir y bajar las escaleras. Por otra parte, seguía tan decidido como siempre a perseverar en su interminable enfrentamiento diplomático con los demás monarcas. Ya no tenía a un Wolsey o a un Cromwell que tomara las decisiones por él, pero no le importaba: se bastaba para tomarlas él solo. Ni tampoco tenía, de hecho, un papa con el que discutir, pero la situación ya era lo bastante complicada sin el papado de por medio. Al menos sabía lo que quería, y lo que quería ahora más que ninguna otra cosa en el mundo era mantener su dominio sobre Boulogne. Una y otra vez, su consejo le presionó para que abandonara la ciudad; hasta que lo hiciera, no habría paz con Francia y el país, tan simple como eso, no podía permitirse continuar la guerra. Pero Enrique hacía oídos sordos a todo esto. La conquista de aquella ciudad había sido costosa; se había convertido en un símbolo y tenía intención de aferrarse a ella con uñas y dientes. Por desgracia, era muy improbable que consiguiera retenerla sin la ayuda del emperador, a quien apremiaba ahora con urgencia para que renunciara a la inexcusable paz que había acordado en Crépy y retornara a la alianza angloimperial que había forjado el año anterior.

Carlos, sin embargo, no estaba interesado. Estaba dispuesto a aceptar la sugerencia de Enrique de que se reunieran, con la condición de que el rey llegara primero a un acuerdo con Francisco; pero este acuerdo, y el emperador bien lo sabía, pasaba inexcusablemente por la rendición de Boulogne, que Enrique se negaba rotundamente a considerar. Lo cierto es que el emperador se había hartado de esos dos pendencieros monarcas y a buen seguro estaría deseando que cayera una plaga sobre las casas de ambos. Ahora no tenía otro objetivo que erradicar el protestantismo de Alemania. Por el momento, en lo que le concernía, todo lo demás no importaba.

Los protestantes alemanes, por su parte, sabían que, si deseaban sobrevivir, necesitarían toda la ayuda que pudieran conseguir. En septiembre de 1545, Hesse, Sajonia y Wurtemberg enviaron una delegación conjunta a Inglaterra, no a pedir directamente ayuda, sino con una oferta para mediar entre Enrique y Francisco con el objetivo de que los dos reyes, una vez reconciliados, se unieran luego a ellos en una alianza para resistir al ataque imperial. Enrique accedió a su propuesta, pero sus iniciativas fracasaron; ni siquiera habían empezado a comprender la complejidad de los problemas a los que se enfrentaban y los franceses no estaban de humor para hacer concesiones. La guerra, por lo tanto, continuó. Se habían producido escaramuzas intermitentes en torno a Boulogne y Calais los meses anteriores, que culminaron en un desafortunado incidente cuando una pequeña fuerza a las órdenes del hijo del duque de Norfolk, el joven e intrépido conde de Surrey,* fue duramente vapuleada cerca de la fortaleza de Saint-Étienne. En enero de 1546, Enrique decidió reforzar su posición en Francia. Envió allí a Edward Seymour, conde de Hertford, al mando de unos veinticinco mil hombres y cuatro mil caballos, apoyado por una flota de unos cuarenta y cinco navíos.

Hertford y su ejército desembarcaron en Calais, según lo previsto, en marzo, pero no llegaron demasiado lejos, y no fue por culpa de la resistencia francesa, sino porque el rey cambió súbitamente de opinión. No sabemos por qué. Quizá sus agentes no encontraron bastante comida, armas o municiones para avituallar a las tropas; quizá fuera por la negativa

---

* Surrey era mucho mejor poeta que soldado. Él y su amigo sir Thomas Wyatt fueron los primeros poetas ingleses que escribieron utilizando la forma de soneto que luego Shakespeare haría famosa, y él fue el primero en publicar verso libre —pentámetros yámbicos sin rimar— en su traducción de los libros II y IV de la Eneida. Está enterrado en una espectacular tumba de alabastro pintada en la iglesia de San Miguel Arcángel, en Framlingham, en Suffolk.

de Carlos a ayudarlo; quizá fuera algo tan simple como que no tenía suficiente dinero. En cualquier caso, decidió que tenía que hablar de paz. Las conversaciones empezaron a finales de abril. Tanto los ingleses como los franceses eran duros negociadores y, a principios de junio, seguían discutiendo; pero el día 6 se acordaron finalmente los últimos detalles y el 7, en una tienda entre Ardres y Guînes —prácticamente en el mismo lugar donde había estado el Campo del Paño de Oro—, se firmó el tratado de paz. Boulogne sería retornada a Francia en 1554, tras el pago de dos millones de coronas. Una semana después, el embajador imperial comentó a Enrique que, a ese precio, la ciudad sería inglesa para siempre. El rey, se cuenta, esbozó «una sonrisa cómplice».

En cualquier caso, las negociaciones restauraron las buenas relaciones entre ambos monarcas. Más o menos en esa misma época, Enrique fue padrino —por poderes— del nieto de Francisco. Y cuando, el 1 de agosto de 1546, Francisco ratificó el tratado en Fontainebleau, Su Cristianísima Majestad no tuvo reparos en nombrar a Enrique con el título con el que él deseaba ser citado: jefe supremo de la Iglesia de Inglaterra e Irlanda.

Pero llegados a este punto, estaba claro para cuantos lo rodeaban que al rey Enrique le quedaba poco tiempo de vida. A pesar de su ahora prodigioso volumen, la magnífica constitución que había poseído desde su nacimiento lo había preservado notablemente bien. Había sobrevivido a un temprano ataque de viruela en 1514 y nunca había mostrado el menor rastro de la tuberculosis que se había llevado a su padre, a su hermano mayor y a su hijo bastardo, y que también se llevaría pronto a su hijo legítimo, el rey Eduardo VI. Por desgracia, no estaba blindado contra los accidentes, particularmente en el palenque. Había sufrido uno particularmente grave en Greenwich, en 1536, cuando su caballo acorazado se le había caído encima y había permanecido inconsciente durante dos horas. Entonces tenía cuarenta y cuatro años y un peligroso sobrepeso; para quienes lo conocían bien, nunca volvió a ser el mismo. Y luego estaba la úlcera que tenía en el muslo; llevaba años molestándole, como mínimo desde 1528. Inevitablemente, se sospechó de la sífilis, pero casi con toda seguridad era una sospecha infundada; lo más probable es que fuera el resultado de unas varices o quizá, incluso, osteomielitis. Fuera cual fuera la causa, se extendió a la otra pierna. Ambas acabaron con graves úlceras, lo que le provocaba un dolor crónico; y, sin embargo, incluso en 1544, lo encontramos no solo montando a caballo, sino combatiendo en Francia.

Parece que el deterioro final se inició en el otoño de 1546. Fue también entonces cuando el rey empezó a comportarse de forma extraña; en concreto, comenzó a mostrar una crueldad sin precedentes con el duque de Norfolk y su hijo, el conde de Surrey. Hay que reconocer que Surrey no había destacado en la campaña militar del año anterior pero, desde luego, no conspiraba para hacerse con el trono, como parece ser que pensaba Enrique. Sin embargo, fue decapitado —a la edad de veintinueve o treinta años— el 19 de enero de 1547, acusado de traición. El propio duque, a pesar de ser extremadamente impopular, había servido bien a su país durante toda su vida y, aun así, fue acusado de traición y condenado a correr la misma suerte que su hijo. Por fortuna, lo salvó la muerte del rey; el Consejo no quería empezar el reinado de Eduardo VI con un derramamiento de sangre. Pero permaneció cautivo en la Torre de Londres durante todo el reinado de Eduardo, hasta que fue finalmente liberado y perdonado por la reina María en 1553.

El 26 de diciembre de 1546 Enrique pidió que trajeran su testamento, con el que se declaró profundamente insatisfecho. Pasó el último mes de su vida entre interminables discusiones y cambios de opinión, y probablemente todo ello consiguió estimularlo lo bastante para continuar vivo unos días más. Entre otras muchas cláusulas, confirmó la legitimidad de sus hijas, María e Isabel, y las devolvió a la línea sucesoria. Pero el fin se acercaba y él lo sabía. Murió en las primeras horas del viernes 28 de enero de 1547, a la edad de cincuenta y cinco años, después de haber reinado casi treinta y ocho años. El 14 de febrero, su cuerpo embalsamado fue llevado a Windsor en una procesión de siete kilómetros y enterrado en la capilla de San Jorge, junto al ataúd de Jane Seymour, como él había ordenado.

Y este debería haber sido el final de la historia del rey Enrique VIII. Pero, ay, no lo fue. Durante todo el reinado de cinco años de su enfermizo y desventurado hijo, continuaron los trabajos en su majestuosa tumba, pero al llegar al trono la reina María, las obras fueron súbitamente interrumpidas.* Un tal *sir* Francis Englefield, uno de los miembros del Consejo Privado de María, reveló más adelante que había estado presente en Windsor cuando se había abierto la tumba de Enrique y que lo que quedaba de su cuerpo había sido retirado y consignado ceremonialmente a las llamas. Puede que fuera el padre de la reina, pero era un hereje irredento y un cismático; a ojos de su hija, no podía tener otro destino.

Pero cuando el humo se hubo disipado, un hecho quedó claro: de todos los reyes desde la conquista normanda, Enrique VIII no había sido ni mucho menos el mejor, pero en ningún otro había brillado tanto la condición real ni ninguno antes había cambiado más radicalmente el aspecto de Inglaterra. Enrique había desafiado tanto al emperador como al papa, se había liberado del yugo de Roma, aunque —y cabe subrayarlo— no abrazó el protestantismo, que no llegaría al país hasta el reinado de su hijo Eduardo. Hasta el día de su muerte, no cabe duda, mantuvo hasta la última palabra del libro que había escrito contra Lutero, por el que León X le había concedido el título de defensor de la fe, excepto para aclarar que los ingleses ya no debían obediencia al papa, sino a su rey. El resto de los elementos esenciales del culto católico, incluida la liturgia, permanecieron intactos. Con la ayuda de Thomas Cromwell, dio al país una soberbia organización

---

* Todo cuanto se había construido fue demolido por el Parlamento en 1646 durante la guerra civil y el sarcófago vacío y su base se utilizaron finalmente en 1806 para la tumba de lord Nelson, en la catedral de San Pablo.

administrativa, mucho más eficiente que cualquier otra que hubiera tenido antes; transformó completamente la flota inglesa, dotándola por primera vez de barcos capaces de disparar andanadas por las bordas y, con ello, revolucionó la guerra naval; entregó a sus súbditos el esplendor de la Biblia en inglés; y había quebrado el poder de los monasterios, sin, debe subrayarse, crear ninguna disputa doctrinal. En el debe, fue responsable, literalmente, de la destrucción de cientos de maravillosos edificios y de los miles de valiosísimos objetos que contenían. Como hijo del Renacimiento y amante confeso de las artes, ¿lamentó alguna vez lo que había hecho? Si fue así, no mostró señal alguna de arrepentimiento. Tampoco, a pesar de incontables proyectos y promesas, utilizó adecuadamente la inmensa riqueza que consiguió con la disolución de monasterios y conventos. Podría haber construido hospitales y escuelas, universidades y hospicios, y quizá incluso una o dos carreteras, pero no. Una considerable parte de esa fortuna probablemente se empleó en la construcción del palacio de Nonsuch, que hacia noviembre de 1545 ya había costado veinticuatro mil libras y sería demolido ciento cincuenta años después; sus dos expediciones militares a Francia en rápida sucesión consumieron la mayor parte del resto.

Por desgracia, además, mostró muy poco interés en la exploración. Durante su vida, el mundo conocido multiplicó su tamaño por más de tres: España, que fue la protagonista del descubrimiento de América, consiguió unos beneficios que superan lo concebible; Portugal abrió primero la costa de África y luego una ruta hacia las Indias, que eran otra fuente casi inagotable de riquezas. Francia también participó en todo ello.* Pero, para Enrique, el Nuevo Mundo tenía bien poco interés, menos del que había tenido para su padre e infinitamente menos del que tendría para su hija Isabel, que apoyó a sus fieles lobos de mar con todos los medios de los que dispuso y disfrutó enormemente complicando la vida a los españoles. Si Enrique hubiera tenido la mitad del interés

* Ver p. 28.

que invirtió en sus ridículamente anticuadas ambiciones en Francia por América del Sur, es muy posible que parte de ese continente hablara hoy en inglés.

Como su embajador en París había escrito a Enrique en 1543, el rey Francisco estaba más activo e inquieto que nunca: «Jamás pasa dos noches en el mismo lugar, apréstandose a moverse en cuanto le llegan noticias de que se han avistado grandes venados, y continuamente se pone en marcha con solo una hora de aviso, de modo que nadie sabe dónde se encuentra la corte en un momento dado». Pero cuando Carlos y Solimán sellaron la Tregua de Adrianópolis en 1545, el rey francés ya estaba gravemente enfermo. En enero de ese año, ya había sufrido un absceso horriblemente doloroso «en sus partes bajas». Lo sajaron y drenaron en repetidas ocasiones y, a principios de febrero, se había recuperado lo suficiente como para abandonar París en litera en dirección al valle del Loira. Estaba, le dijo al embajador imperial, bastante mejor de salud, «aunque muerto en lo relativo a las damas». Pero el absceso volvió a darle problemas en marzo y, conforme avanzó el año, el rey se encontró cada vez más y más débil.

Ni por un instante relajó el control de las riendas del gobierno y los embajadores extranjeros a menudo alababan su profundo conocimiento y sagacidad en los asuntos internacionales. Pero, hacia el verano de 1546, aunque todavía salía de caza cuando se sentía con fuerzas, estaba claro que no le quedaba mucho tiempo de vida. A finales de enero de 1547, llegaron las noticias de la muerte de Enrique VIII en el palacio de Whitehall. La embajada inglesa fue informada del dolor que sentía Francisco por la pérdida de «su buen y fiel amigo»; y, aunque esa misma noche se le vio «riendo mucho y disfrutando con sus damas», a los pocos días se hundió en una depresión febril, de la que nunca se recuperó del todo.[*]

* Dicen los rumores que esta depresión la provocó una carta que recibió del moribundo Enrique en la que le recordaba que también él era mortal,

Intentó regresar a París, donde había organizado una misa para Enrique en Notre Dame, pero, cuando llegó a Rambouillet, descubrió que no podía seguir. Murió allí, entre la una y las dos de la tarde del jueves 31 de marzo, con cincuenta y dos años recién cumplidos.

Las ceremonias de su funeral se prolongaron durante casi dos meses. Quizá la parte más curiosa fue que, durante once días a partir de finales de abril, continuaron sirviéndose las comidas al difunto rey. Mientras su efigie, obra de François Clouet y notablemente fiel al original, permanecía en capilla ardiente en el gran salón de Saint-Cloud, las comidas se sirvieron como si todavía viviera: se ponía la mesa, se traían los platos de uno en uno y se servía vino dos veces en cada comida. Al final, un cardenal daba gracias. El 11 de mayo se llevó finalmente el ataúd del rey en un carro hasta Notre Dame y, desde allí, tras una breve misa, hacia su lugar final de descanso en la abadía de Saint-Denis, donde están enterrados todos los reyes de Francia, excepto tres. Allí el nuevo rey, Enrique II —cuya devoción filial fue siempre ejemplar, aunque Francisco nunca lo quiso demasiado— ordenó que el arquitecto Philibert de l'Orme construyera una exquisita tumba: Francisco y la reina Claudia yacen juntos, como si estuvieran todavía en la capilla ardiente, sobre el pedestal, con sus cuerpos desnudos mostrando los estragos de la muerte.

¿Cuál —la pregunta sigue vigente hoy— fue la causa de la muerte del rey? Tradicionalmente, se ha creído que murió a causa de la sífilis. Sabemos que recibió tratamiento para esa enfermedad, pero los síntomas descritos por los que lo asistieron en su lecho de muerte, junto con el hecho de que estaba en plena posesión de todas sus facultades mentales, hacen que esta hipótesis sobre la causa de su muerte sea muy poco probable. No hay duda de que el problema era urológico, pero, dado el estado de la medicina en el siglo XVI, es muy difícil que alguna vez lleguemos a determinar algo más que eso.

pero, por una serie de razones, parece muy poco probable que eso sucediera. Enrique, incluso en sus mejores tiempos, fue poco dado a escribir cartas.

7

«UN PESAR RAZONABLE»

Y así fue como, en los primeros meses de 1547, acontecieron las muertes de dos de los cuatro príncipes que protagonizan este libro. Sus sucesores, un tanto patéticos, fueron un inevitable anticlímax y sus aventuras y desventuras no fueron seguidas con el interés y el detalle que se dedicó a sus padres; por otra parte, puesto que reinaron al mismo tiempo que nuestros otros dos príncipes —que seguían perfectamente vivos y en quienes nos concentraremos a partir de ahora—, no podemos ignorarlos por completo.

El rey Eduardo VI de Inglaterra era un niño de nueve años cuando llegó al trono y nunca alcanzó la mayoría de edad. Hijo de Enrique y Jane Seymour, fue el primer monarca inglés criado como protestante. La opinión generalizada sobre su primera juventud es que fue un niño enfermizo, que pocos creían que fuera a sobrevivir a su padre; más recientemente, sin embargo, algunos historiadores han cuestionado este punto de vista. Todo indica que fue un bebé saludable: en mayo de 1538, Enrique fue visto «jugando con él en brazos [...] y sosteniéndolo junto a una ventana para que la gente se regocijara viéndolo» y, unos pocos meses después, Thomas, lord Audley, el lord canciller, informó de su vigoroso y rápido crecimiento. A la edad de cuatro años cayó enfermo de fiebre cuartana, una forma de malaria que causa fiebres recurrentes que atacan a intervalos de cuatro días; pero se recuperó. Parece que disfrutó de unos cuantos años más de razonable buena salud hasta que contrajo la tuberculosis, que acabó con su vida. Su educación formal empezó a los siete años, cuando empezó a estudiar latín, francés, español e italiano y recibió clases de laúd y virginal. Mientras tanto, su desarrollo espiritual fue guiado por el arzobispo Thomas Cranmer, cuyo *Libro de oración común* se utiliza aún. Hacia 1549, Eduardo redactó un tratado en el que describía al papa como el Anticristo, así que tuvo que ser, por fuerza, un buen pupilo que apuntaba maneras.

No podía ser de otra manera: desde su infancia, Eduardo fue un peón en el eterno ajedrez de la diplomacia. El 1 de julio de 1543, su padre firmó el Tratado de Greenwich con Escocia, por el cual su hijo de cinco años se prometió a María Estuardo, reina de Escocia, que entonces tenía solo siete meses.* Cuando los escoceses revocaron el tratado en diciembre, la cólera del rey fue tan terrible que ordenó al tío de su hijo —Edward Seymour, conde de Hertford— que invadiera Escocia y «la incendiara y pasara a cuchillo entera, quemara la ciudad de Edimburgo y la dejara tan asolada e inútil, después de haberla saqueado y haber extraído cuanto pudiera de ella, que quedara como un recuerdo eterno de la venganza que Dios había descargado sobre ellos como un rayo por su falsedad y su deslealtad». Seymour tomó las órdenes de su señor al pie de la letra y, en la campaña que siguió, no mostró piedad ni hizo prisioneros. De todas las campañas que los ingleses han lanzado contra los escoceses a lo largo de la historia, esta fue la más despiadada y salvaje. María, mientras tanto, fue llevada rápidamente a Francia, donde la prometieron con el delfín —que luego sería Francisco II— y gobernaría como reina de Francia durante diecisiete meses, de julio de 1559 hasta su muerte.

Eduardo fue coronado en la abadía de Westminster cuatro días después del entierro de su padre. Las ceremonias se abreviaron, en primer lugar, por la «tediosa longitud de las mismas, que se haría cansina y podría por ventura ser perjudicial para Su Majestad, debido a su tierna edad», pero también porque la Reforma había provocado que algunas de ellas ya no resultaran apropiadas. Sí hubo, por supuesto, tiempo para que Cranmer reafirmara la supremacía real —el hecho de que el rey era ahora la cabeza de la Iglesia de Inglaterra— y para apremiar al joven príncipe a que continuara el trabajo de su padre al respecto, con el objetivo de que «la tiranía de los obispos de Roma fuera erradicada entre sus súbditos y los ico-

---

* Nacida en diciembre de 1542, María tenía solo seis días cuando su padre, Jacobo V de Escocia, murió y le sucedió en el trono.

nos, retirados». En los años siguientes, las imágenes no solo se retirarían, sino que se harían además pedazos. Durante el reinado de Eduardo se producirían orgías de iconoclastia que no se repetirían hasta los días de la Commonwealth, para los que todavía quedaba un siglo. De hecho, tras su coronación, el giro hacia el protestantismo fue notablemente rápido. Apenas el viejo rey fue tendido en su tumba, se cambió la liturgia y la tradicional vestimenta católica fue reemplazada por la toga y las bandas de Ginebra. En ese momento —después de que Cranmer lo pusiera de moda— cientos de sacerdotes empezaron también a casarse.

Pero el reinado no duró mucho. En enero de 1553, el joven rey cayó enfermo de unas fiebres. Se recuperó parcialmente, lo bastante como para trasladarse a Greenwich, pero empeoró de nuevo y se le hincharon tanto las piernas que no podía caminar. Murió en Greenwich a las ocho en punto de la tarde del 6 de julio, a la edad de quince años, y fue enterrado en la capilla de su abuelo, Enrique VII, en la abadía de Westminster, tras una misa de funeral reformada oficiada, huelga decir, por Cranmer. Como casi siempre ocurre en el siglo XVI, la causa exacta de su muerte no está clara; fueron inevitables los rumores que sostenían que había sido envenenado por católicos deseosos de que su hermana María ocupara el trono, lo que, casi con toda seguridad, era una habladuría sin fundamento. Lo más probable es que muriera de tuberculosis, aunque tampoco importa demasiado. Lo transcendental esta vez no fue la causa, sino la consecuencia; y esta fue el ascenso al trono de su hermanastra de treinta y un años, María, cuyo reinado fue todavía más corto, aunque fue un auténtico reinado del terror: en poco más de cinco años quemaría a más de doscientos ochenta disidentes protestantes en la hoguera.

El rey Enrique II de Francia era el cuarto vástago y segundo hijo varón de Francisco I. Como su hermano mayor había muerto soltero y sin descendientes, en 1536 heredó el trono de su padre, el día de su vigesimoctavo cumpleaños. Catalina de Médici, con quien había sufrido aquella noche de bodas tan humillante, le daría nada menos que diez hijos —a los que sumar otros tres, ilegítimos—, pero el amor de su vida, como declararía abiertamente, fue la adorable Diana de Poitiers, veinte años mayor que él, que detentó un considerable poder político a lo largo de su reinado, durante el cual fue, con diferencia, la mujer más poderosa de Francia.* Como la reina María al otro lado del canal de la Mancha, Enrique era tan intolerante como cualquier católico de su época podía serlo, y la política religiosa que adoptó fue una continuación de la de su padre. Prosiguió la persecución de los protestantes —los hugonotes— con más salvajismo que nunca. Si eran considerados culpables, se arriesgaban a morir en la hoguera o, en el mejor de los casos, a que se les cortara la lengua.

La vida de Enrique terminó prematuramente, a sus cuarenta años, debido a un accidente. El 1 de julio de 1559 estaba justando en la plaza de los Vosgos en París, durante un torneo para celebrar la Paz de Cateau-Cambrésis, que había puesto punto final unos dos meses atrás a la guerra que sostenía con el rey Felipe de España. Su oponente era Gabriel, conde de Montgomery, un noble francés que además era capitán de la Guardia Escocesa del rey. La lanza de Montgomery se partió y —en uno de aquellos casos que solo se da una vez entre un millón— una astilla se coló bajo el visor del rey, le atravesó el ojo y le penetró profundamente en el cerebro. Enrique murió diez días después y fue sucedido por su hijo Francisco II, marido de María, reina de los escoceses. Cuando, en 1560, Francisco contrajo una fiebre alta —consecuencia de una infección en el oído— y le siguió a la tumba, el trono pasó primero a uno y, después, al otro de sus dos hermanos menores, Carlos IX y Enrique III; ambos murieron sin dejar descendientes legítimos. Llegados a este punto, Francia estaba desgarrada por las terribles guerras de religión. Tras la muerte de Enrique en 1589, se despejó el camino para que

---

* Un hecho que no fue óbice para que accediera a que François Clouet la pintara desnuda en el baño.

Enrique IV de Navarra accediera al trono, tras lo cual Francia volvió a tener un rey digno de tal nombre.

Aparte de sus incontables concubinas, hubo tres mujeres en la vida de Solimán el Magnífico. La primera fue Gülfem Hatun. Después de haberle dado un hijo, Murad, que murió poco después de nacer, fue dejada de lado y, a partir de ese momento, podemos ignorarla. A la segunda, Mahidevran Sultán, la llamó Gülbahar, «Rosa de Primavera». Los historiadores todavía no se han puesto de acuerdo sobre su origen: se cree que era o bien albanesa o bien circasiana. Entre 1512 y 1525 le dio a Solimán cinco hijos, pero hacia 1520 le surgió una rival muy seria: Haseki Hürrem Sultán, a quien conocemos como Roxelana, «la Rusa», la que, además de rusa, resultó ser muy peligrosa.[*]

En la década de 1550, la propia Roxelana comenzó a preocuparse. Le había dado cinco robustos hijos a Solimán; pero el primogénito del sultán no era uno de ellos, pues era hijo de Gülbahar. Mustafá estaba ahora en la plenitud de la vida, con treinta y siete o treinta y ocho años, era muy erudito y tenía un encanto inmenso; también era un soldado valeroso; prometía, en suma, convertirse en un digno sucesor de sus padres, en todos los aspectos. El problema, desde el punto de vista de Roxelana, era que, si asumía el trono, lo primero que haría, seguramente, honrando una vieja tradición otomana, sería mandar estrangular a todos sus hermanastros; es decir, *a sus hijos*. Probablemente a ella le perdonaría la vida, pero la enviaría al Viejo Serrallo, un lugar profundamente desagradable al que se enviaba a todas las viejas concubinas que ya no tenían utilidad alguna —entre las cuales, probablemente, se encontraba Gülbahar—, para que se pudrieran hasta la muerte. Así pues, quedó claro que no había más que una solución: Mustafá tenía que ser eliminado. En asuntos de esta índole,

* Se la describe con más detalle en el capítulo 1 (pp. 46-47)

Roxelana no carecía de experiencia; si los rumores que corrían por palacio eran ciertos —y casi con toda certeza lo eran— había sido ella quien había pergeñado el asesinato de Ibrahim Pachá en 1536. Mustafá demostraría ser un objetivo algo más difícil, pero ahora Roxelana tenía de su parte al sucesor de Ibrahim, su pequeño, atezado, astuto y levemente siniestro yerno, el gran visir Rüstem Pachá,* quien, como ella sabía, estaría encantado de ayudarla en todo cuanto necesitase.

Rüstem había sido nombrado recientemente comandante supremo del ejército en la nueva campaña contra Persia, que empezó en la primavera de 1552; y el invierno siguiente, el ejército en el que servía el príncipe Mustafá acampó en Karaman, al sur de Anatolia. Sin embargo, el sultán había vuelto a la capital para pasar allí el invierno. En el transcurso de ese invierno, Rüstem envió a Estambul a su jefe de caballería —un hombre llamado Semsi, del que sabía que Solimán lo conocía y confiaba en él— con un informe sobre la marcha de la campaña hasta la fecha, pero también con una advertencia: desde que no estaba con su ejército, los soldados murmuraban que su sultán envejecía —lo que era cierto, pues ya tenía cincuenta y nueve años— y empezaban a discutir la posibilidad de poner a alguien más joven en el trono. El informe añadía incluso que Mustafá estaba interesado en esa propuesta y que incluso se había puesto secretamente en contacto con los persas para conseguir su colaboración. Solimán, como es lógico, montó en cólera y prorrumpió en una retahíla de insultos hacia su hijo mayor. Llamó inmediatamente a Rüstem e hizo preparativos para hacerse con el mando supremo en primavera.

Podemos imaginar que, después de que Roxelana, Rüstem y sus amigos hubieran lavado el cerebro al sultán durante todo el invierno, este ya había tomado una decisión cuando se plantó en Karaman. A su llegada, envió inmediatamente un mensaje a su hijo y le ordenó presentarse ante él «para que se defendiera de los crímenes de los que era acusado»,

---

* La pequeña mezquita exquisitamente cubierta de azulejos que lleva su nombre es, a día de hoy, uno de los lugares más encantadores de Estambul.

añadiendo, tranquilizadoramente, que, si podía hacerlo, no tenía nada que temer. Mustafá sabía perfectamente bien que caminaba sobre el filo de la navaja, pero estaba seguro de su inocencia y no tenía otra opción que obedecer las órdenes de su padre. Gisleno de Busbecq, el embajador del archiduque Fernando, recibió una crónica de lo sucedido de manos de un testigo presencial; esta nos dice lo siguiente:

Mustafá entró. Comenzó el drama y se le echaron encima desde todos lados. Pero, en el momento en que creyó que sería el último, el príncipe recuperó sus fuerzas inspirado por un coraje heroico. Sabía que, si triunfaba, ganaría el trono; imaginó el desorden, donde el fragor de la batalla provocaría piedad en los jenízaros; los imaginó ya armándose para defenderlo contra la barbarie de Solimán; creyó que se oía proclamar sultán por todo el ejército. Eso era exactamente lo que Solimán había temido, y había tomado la precaución de ocultar su tienda, allá donde tendría lugar la tragedia, tras unos toldos y cortinas, para que nadie viera nada ni sospechase nada ni se oyera ningún ruido.

Sin embargo, el ardiente deseo de Mustafá de vivir y reinar lo hizo invencible y, aunque se enfrentaba a todos, el resultado del combate era aún incierto. Pero Solimán, al otro lado, e impaciente por conseguir el éxito, alzó la cabeza por encima de las cortinas y vio a sus sicarios a punto de sucumbir. Su miedo se acrecentó y los miró con los ojos llenos de ira y crueldad por su falta de valentía. ¿Cuál fue el efecto de esta mirada en los sicarios? No puedo describirlo: los excitó hasta despertar en ellos una furia sin parangón. Al instante se lanzaron una segunda vez sobre Mustafá, lo derribaron al suelo y le arrebataron la vida. Luego expusieron el cuerpo del desdichado príncipe sobre una alfombra frente a la tienda de Solimán, para que los jenízaros vieran su poder y autoridad a través del destino que acababa de infligir al hombre que deseaban que fuera sultán.

Mustafá había sido inmensamente popular entre sus hombres, y ese asesinato a sangre fría hizo que la indignación y la repulsa recorrieran las filas de todo el ejército. Los soldados insultaron a Solimán a la cara —algo que jamás había ocurrido antes— y maldijeron a Roxelana y Rüstem, a quienes acusaban de haber extinguido «al sol más brillante, cuya luz habría aumentado la gloria de la casa imperial». Para calmarlos, el sultán echó toda la culpa a Rüstem, le retiró todos los sellos de su cargo y nombró a un sucesor, pero el nuevo visir era demasiado valioso y no se podía permitir prescindir de sus servicios: en menos de dos años recuperó su puesto.

Pero, ay, el asesinato de Mustafá no fue suficiente. Solimán tenía un hijo, Murad, que aún era un adolescente y vivía tranquilamente en Bursa. Murad no había hecho daño a nadie, pero Roxelana no quería correr ningún riesgo. Una o dos semanas más tarde, también él murió de forma desagradable. Las noticias de estas dos atrocidades, cuando finalmente se filtraron, conmocionaron a toda Europa, pero también fueron un alivio. Se sabía que Mustafá había sido un hombre inteligente, ambicioso y valiente. Si hubiera vivido y sucedido como sultán a Solimán, ¿hasta dónde habría expandido las fronteras de su imperio? Los príncipes europeos no sabían prácticamente nada de los otros hijos del sultán, ni tampoco cuál de ellos terminaría por sucederlo. De haberlo sabido, su alivio habría dado paso al júbilo.

El emperador Carlos era consciente de los cambios que se estaban produciendo en Inglaterra, y le preocupaban mucho. Estaba particularmente inquieto por su prima, la princesa María —que, al parecer, se veía obligada a obedecer las nuevas leyes protestantes—, y por ello exigió, a través de un enviado inglés, garantías de que podría seguir profesando su religión como siempre había hecho. Como había imaginado, sus temores estaban plenamente justificados: el Consejo de

Regencia ya amenazaba al capellán de María con castigos extremos si seguía ignorando sus ordenanzas. El pobre hombre solo acertó a responder que, si bien en cualquier otro lugar adoptaría siempre y sin dudarlo el recién publicado *Libro de oración común* de Cranmer, en la propia casa de su señora no tenía otra opción que obedecer las órdenes que ella le daba.

Para la propia María, esta era una crisis muy grave. La misa era su único consuelo, su única esperanza de salvación; estaba decidida a escapar del país antes que renunciar a ella. Eso no era en absoluto lo que Carlos deseaba, ya que, de hacerlo, disminuirían mucho sus posibilidades de heredar el trono; es más, su presencia sería un engorro si realmente se presentaba en su corte. Sin embargo, al final lo convencieron de que la única esperanza de María era escapar a cualquier otra parte y aprobó una operación secreta para sacarla de Inglaterra sin que nadie se diera cuenta. El plan era que dos agentes imperiales disfrazados como mercaderes de maíz remontaran el río Blackwater hasta Maldon, en Essex, con un cargamento de trigo. Allí subiría a bordo María, al amparo de la oscuridad, y la transportarían hasta un buque de guerra español que estaría esperándolos frente a la costa. El plan nunca llegó a efectuarse y, finalmente, se demostraría innecesario. María se quedó donde estaba y continuó —en privado— escuchando misa como deseaba.

Sin embargo, la muerte de Eduardo, en el verano de 1553, hizo surgir todo un rosario de nuevos problemas. Según los términos de la Ley de Sucesión de su padre, confirmada en su testamento, María era la reina. Por otro lado, a estas alturas, Inglaterra ya era una nación completamente protestante. Si María llegaba al trono, los católicos tendrían el gobierno en sus manos de nuevo y podría deshacerse todo el trabajo realizado durante los últimos años. Con esta perspectiva en mente, el joven rey, en su lecho de muerte, nombró como su sucesora no a su hermanastra, María, sino a la irreprochablemente protestante *lady* Jane Grey. *Lady* Jane era la biznieta de Enrique VII a través de su hija menor, María, y, en consecuencia, prima lejana de Eduardo. No era, desde luego, una pariente particularmente cercana, pero, a falta de otros nietos de Enrique VIII, era la única esperanza de no acabar una vez más en las renovadas garras de Roma. También disfrutaba de la ventaja adicional de haberse casado dos meses antes con el hijo del duque de Northumberland, quien, como líder del Consejo de Regencia, era el hombre más poderoso de Inglaterra. El 10 de julio fue proclamada oficialmente reina.

De inmediato, hubo murmullos de descontento. A pesar de su catolicismo, había muchos para quienes el derecho de María al trono por ser la hija mayor superviviente de Enrique pasaba por encima de cualquier consideración religiosa; por ello, todos aquellos que se negaban a aceptar la fe protestante estaban dispuestos a darle la bienvenida con los brazos abiertos. Inmediatamente después de la muerte de su hermanastro, María se apresuró a viajar a sus tierras en Norfolk, donde era popular y sabía que podía concitar ayuda. Desde allí envió un mensaje al Consejo, reclamando su derecho al trono y exigiendo ser proclamada como legítima soberana de Inglaterra, como, de hecho, ya se había proclamado ella misma.

Northumberland comprendió que había cometido un tremendo error. No debió haber permitido nunca que María siguiera libre; en el momento en que vio que el rey podía morir, debía haberla arrestado. El 14 de julio, marchó hacia Anglia Oriental al mando de un ejército de unos tres mil hombres con la esperanza de poder hacerlo todavía. Llegó a Cambridge al día siguiente, solo para descubrir que ya era demasiado tarde. María estaba reuniendo a sus tropas en el castillo de Framlingham, en Suffolk, donde en menos de una semana había congregado todo un ejército de casi veinte mil hombres. Mientras tanto, en Londres, el Consejo vio que no podía oponerse a ella durante más tiempo. El 19 de julio —quizá un poco avergonzado— proclamó a María reina de Inglaterra. El reinado de *lady* Jane no duró más de nueve días.

El anuncio fue recibido con regocijo en Londres. Allá, en Cambridge, se ordenó a Northumberland que hiciera una proclamación similar; la hizo, pero le valió de poco. Fue arrestado el 24 de julio y decapitado el 22 de agosto. La pobre Jane Grey fue encarcelada en la Torre de Londres y, en noviembre, fue condenada por alta traición.

En Roma, mientras tanto, las noticias de la coronación de María también provocaron una considerable agitación. El papa reinante, Julio III, envió al cardenal Pole —que fácilmente habría llegado a papa él mismo si se hubiera movido un poco más durante el cónclave, pues perdió la elección por solo dos votos— a toda velocidad a Londres como legado, con plenos poderes para impulsar la tan deseada restauración del catolicismo y ayudarla a prosperar. Por desgracia, en aquella época Su Santidad dedicaba más atención a un chico de diecisiete años llamado Inocencio, al que había sacado de las calles de Parma y había nombrado cardenal en cuanto lo habían escogido como papa. Sin duda, se alegró de que Inglaterra regresara al rebaño católico, pero no cabe duda de que su principal objetivo en la vida era la búsqueda del placer. En febrero de 1555 un emisario partió de Inglaterra para informarlo de la sumisión formal del país; cuando finalmente llegó a Roma, se encontró con que el papa ya había muerto. En verdad, hubo cierta justicia poética en la muerte de Julio, un hombre célebre por su glotonería: su sistema digestivo dejó de funcionar y provocó que muriera de inanición.

Su sucesor fue el papa Marcelo II; transcurridos apenas veintidós días en el cargo, sufrió una embolia fatal.[*] Este fue sucedido, a su vez, por Pablo IV, el papa más viejo del siglo XVI y, con diferencia, el más desagradable. El emperador hizo cuanto pudo para impedir su elección, pero sus esfuerzos fueron contraproducentes. Gian Pietro Carafa tenía ya setenta y nueve años, y su intolerancia, fanatismo y rechazo a todo tipo de compromiso, incluso a escuchar cualquier otra opinión que no fuera la propia, eran más propios de la Edad Media. Era tan austero e inspiraba tanto miedo que se decía que, cuando caminaba por el Vaticano, salían chispas de sus pies. Suspendió el Concilio de Trento; introdujo el Índice de

---

[*] La Missa Papae Marcelli de Palestrina es lo único por lo que se le recuerda.

Libros Prohibidos, en el que incluyó toda la obra de Erasmo; disfrutaba especialmente con la Inquisición y nunca se perdía sus reuniones semanales; y, para colmo, desencadenó la campaña papal contra los judíos más salvaje de la historia, hasta el punto de que, en los breves cinco años que duró su pontificado, la población judía de Roma se redujo a la mitad. Bajo su mandato, fueron confinados a un gueto, se les prohibió comerciar con cualquier otro bien que no fuera comida o ropa de segunda mano, se les permitió tener solo una sinagoga en cada ciudad (en Roma se demolieron siete de sus templos), se les prohibió hablar cualquier cosa que no fuera italiano o latín y se les obligó a llevar gorros amarillos por la calle.

Además de a los judíos, Pablo IV odiaba a los Habsburgo. Nunca perdonó al emperador Carlos que firmara la Paz de Augsburgo en 1555, que había pacificado Alemania al conceder a los luteranos las áreas bajo gobernantes luteranos. Dos años más tarde, abandonando la neutralidad de sus inmediatos predecesores y haciendo caso omiso al hecho de que Carlos era ahora el principal paladín de la Contrarreforma, se alió con Enrique II de Francia y declaró la guerra a España. Incluso ordenó a la Inquisición que iniciara los procedimientos para excomulgar tanto a Carlos como a su hijo Felipe, quien, al enterarse de ello, envió órdenes a España de que, si llegaba un documento con esas instrucciones, se expulsara al nuncio papal del país. En agosto de 1557, la ciudad de San Quintín, en Picardía, fue asediada por un ejército español, saqueada y arrasada hasta tal punto que permaneció desierta los dos años siguientes. Cuando el papa oyó que los franceses se habían hundido, se dice que casi murió de rabia. Se peleó hasta con María, que, después de todo, había sido quien había devuelto a su país a la fe católica. Retiró la legacía al estimable cardenal Pole y lo convocó de vuelta a Roma acusado de herejía. En suma, se granjeó un odio generalizado que facilitó en gran medida los esfuerzos de la reina Isabel para devolver el protestantismo a Inglaterra. Murió en 1559, con todas sus ansias frustradas y siendo el papa más detestado de todo el siglo XVI. Cuando la noticia de su muerte corrió por Roma, el júbilo estalló entre el populacho. Primero atacaron los cuarteles de la Inquisición, demolieron el edificio hasta los cimientos y liberaron a todos sus prisioneros; luego marcharon hasta la estatua del papa en el Capitolio, la derribaron, la decapitaron y la arrojaron al Tíber.*

Al enterarse en julio de 1553 del triunfo de su prima María, Carlos fijó en ese momento su atención en un nuevo objetivo. He aquí una oportunidad de aliar a Inglaterra con las viejas posesiones borgoñonas, formando una especie de movimiento de tenazas que amenazaría Francia y, por lo tanto, reforzaría enormemente su posición frente al rey Enrique. El primer paso era, sin lugar a dudas, el matrimonio de María con su hijo Felipe. Solo una cosa le preocupaba: el fanatismo casi demente de la reina. Le aconsejó una y otra vez que no intentara ir demasiado rápido en su plan de restablecer la antigua religión; un celo excesivo, pensaba el emperador, podría fácilmente soliviantar a sus súbditos e incrementar un sentimiento anticatólico. María, sin embargo, hizo oídos sordos a tan sabios consejos. Su devoción a la Iglesia de Roma era, desde luego, fanática; no descansaría hasta que su país estuviera de nuevo firmemente bajo su influjo. Pero otros hechos dificultaron también el matrimonio: por un lado, Felipe tenía veintisiete años y era once más joven que su pretendida esposa; por otro, él ya se había casado una vez, con la infanta de Portugal, que había muerto dando a luz a un hijo, don Carlos, que ahora tenía nueve años y era considerado demente por la mayoría. Todo, de hecho, dependía de la propia María: ¿aceptaría o no a Felipe como esposo? El joven y brillante embajador del emperador, Simon Renard, tenía instrucciones de pedir una audiencia en cuanto fuera posible; consiguió hablar con ella el día en que la proclamaron reina y le recordó que su deber

* De donde fue luego recuperada. Hoy se expone en el castillo de Sant'Angelo.

hacia su pueblo hacía necesario el matrimonio; lo importante, señaló, era «ponerla de humor casadero».

Por otra parte, no tenía sentido que ella estuviera de humor para casarse si no lo hacía con el hombre adecuado; y había otras muchas posibilidades, además de Felipe. María había confesado en una ocasión al predecesor de Renard que su esposo favorito habría sido el propio emperador —con quien, de hecho, había estado comprometida entre 1522 y 1525—, pero Carlos hizo saber que él era demasiado viejo, que su salud no era la que había sido y que no volvería a casarse. Si no podía ser con él, quizá con Edward Courtenay; se sabía que le gustaba y María lo había liberado el día de su coronación, tras pasar quince años encarcelado en la Torre de Londres, para luego nombrarlo conde de Devon. Renard siguió defendiendo la candidatura de Felipe tanto como pudo, pero María le confesó que había hecho ciertas averiguaciones y no le había gustado lo que había oído.

Y así pasaron las semanas, con la reina atormentada por las dudas. Fue uno de los principales miembros del Consejo Privado, lord Paget, quien entonces la ayudó a decidirse. Este gran paso que Su Majestad debe dar, le dijo, no debe considerarlo como un matrimonio, sino más bien como una «solemne alianza que sería muy ventajosa para su reino y para sus súbditos». Parece que este argumento la persuadió. Pero todavía quedaba un obstáculo: la tajante oposición del canciller, el obispo Stephen Gardiner, que defendía apasionadamente la opción de Courtenay, afirmando que el pueblo simplemente no toleraría que su reina se casara con un extranjero, ni mucho menos con un español; solo cuando María replicó airada que, antes de casarse con un inglés, preferiría permanecer soltera toda su vida, admitió finalmente su derrota. Una semana más tarde, en una investigación parlamentaria, hizo un último intento, confesando con lágrimas en los ojos que su predilección por Courtenay procedía de los años que habían pasado juntos en prisión. ¿Y era ese, exigió saber sarcásticamente la reina, motivo suficiente para que ella se casara con él?

El acuerdo prematrimonial se firmó el 12 de enero de 1554, y Renard informó a su señor que, si Felipe llegaba a Inglaterra a tiempo para que la boda se celebrara antes del inicio de la Cuaresma, no habría más problemas. Una semana más tarde era menos optimista. Al parecer, la idea de que el matrimonio podía ser malo para los negocios provocaba una gran ansiedad en Londres; se rumoreaba, además, que Felipe, basándose en ser descendiente de Juan de Gante,* pretendía reclamar para sí la Corona de Inglaterra. Entonces, el 27 de enero, la paz saltó por los aires. El hijo del poeta y embajador *sir* Thomas Wyatt —también llamado Thomas—, con el apoyo decidido de Edward Courtenay (ahora conde de Devon), se alzó en rebelión, llamando a sus compatriotas a las armas para unirse a él en la sagrada tarea de mantener a los españoles fuera del país. Como rebelión, duró bastante poco; el 8 de febrero, Wyatt ya estaba en la cárcel. Pero María y el Consejo se asustaron de veras durante unos días. Devon volvió a la Torre de Londres, seguido poco tiempo después por la princesa Isabel. La pobre Jane Grey no había tenido nada que ver, ni siquiera remotamente, con la revuelta, pero eso no le valió de mucho: el 12 de febrero de 1554, ella y su marido fueron acusados de complicidad con los rebeldes y fueron decapitados por separado; él, públicamente, en la colina de la Torre; ella, dentro de la torre, en el patio.

Llegados a este punto, Renard había informado a la reina de que era impensable que su pretendido marido pusiera un pie en Inglaterra hasta que «esas dos grandes personas» —Devon e Isabel— hubieran sido ejecutadas o se hubiera asegurado de algún otro modo que ya no podían causar daño alguno. Pero, por mucho que lo intentaron, las autoridades no encontraron el menor indicio que sugiriera que alguno de los dos había estado implicado en la rebelión de Wyatt.† Re-

---

* La hija de Juan de Gante, Felipa, se había casado con el rey Juan el Bueno de Portugal, antecesor de Isabel, la madre de Felipe.

† De hecho, Wyatt los había incriminado a ambos en sus declaraciones ante el Consejo Privado, pero en el cadalso se retractó y los exculpó de toda complicidad.

nard tuvo que informar a su señor de que, lamentablemente, las leyes de Inglaterra estaban tan mal hechas que hacían imposible ejecutar a la gente a menos que antes se hubiera demostrado que eran culpables. Isabel fue trasladada de la Torre de Londres a Woodstock —con multitudes vitoreándola a lo largo del trayecto—, donde pasaría un año en arresto domiciliario a cargo de *sir* Henry Bedingfeld. Devon fue pronto liberado, pero fue enviado al exilio. Se asentó en Venecia, donde, muy sabiamente, pasó el resto de su vida.

Y así, por fin, tuvo lugar la doble boda real, en la catedral de Winchester, el 25 de julio de 1554, solo dos días después del primer encuentro de la feliz pareja. Felipe —a quien su padre había concedido el reino de Nápoles, para que no lo superara en rango su esposa— disfrutaría de todos los títulos y honores de María mientras durara su matrimonio. Todas las leyes del Parlamento serían emitidas en nombre de ambos y las monedas deberían llevar ambas efigies. Como el nuevo rey de Inglaterra no hablaba ni una palabra de inglés ni francés, se decretó que las minutas de todos los asuntos de Estado se redactaran además en latín y en español. Si el matrimonio era bendecido con descendencia, su heredero poseería tanto Inglaterra como las posesiones de Borgoña, mientras que el hijo de Felipe, don Carlos —loco o no— heredaría España e Italia. Si no tenían hijos, entonces toda la relación de Felipe con Inglaterra cesaría con la muerte de María. No habría *ninguna* interferencia española en los asuntos ingleses y —como puntilla a las ambiciones de Felipe—, el 26 de diciembre el Parlamento se negó a sancionar su coronación como rey de Inglaterra.

A diferencia de su padre, Felipe había nacido y se había criado en España. Cuando llegó a Inglaterra para casarse con la reina María, era solo la segunda vez que había abandonado la península ibérica, siendo la primera cuando había visitado los Países Bajos y el Imperio en 1549. Tuvo que quedarse allí casi dos largos años, y el norte de Europa no le gustó nada: odiaba el frío, la cerveza, el protestantismo, las lenguas de los bárbaros, que no lograba entender, y aborrecía particularmente que casi todo el mundo a su alrededor estuviera siempre borracho. Inglaterra amenazaba con ser todavía peor, pues a todas las anteriores desventajas sumaba una dama mayor y no muy atractiva con la que se suponía que tenía que engendrar hijos. La tarea, creía, no sería ni fácil ni agradable: su gran amigo Ruy Gómez de Silva escribió que, aunque la reina era «muy buena cosa, mucho Dios es menester para tragar este cáliz». No contribuía a mejorar la situación el hecho de que hubiera traído con él un séquito español al completo para atenderlo, solo para descubrir entonces que había otro séquito inglés igualmente completo que aguardaba para servirle. Pasaron varias semanas antes de que se alcanzara un compromiso satisfactorio para ambas partes.

Pero Felipe aprovechó la situación lo mejor que pudo y, para muchos de los ingleses, a pesar de la ignorancia de su lengua, fue una sorpresa agradable. No era, en modo alguno, un hombre atractivo —aunque, en ese aspecto, no cabe duda de que resultó mucho mejor que su padre—, pero era capaz y, cuando decidía manifestarlo, poseía un gran encanto. La situación mejoró notablemente cuando, hacia finales de septiembre de 1554, María dejó de menstruar, ganó peso y experimentó náuseas matutinas. Prácticamente todo el mundo en la corte, incluidos sus médicos, llegó a la conclusión más obvia. La última semana de abril de 1555, Isabel fue liberada de su arresto domiciliario y llamada para que asistiera a su hermanastra y fuera testigo del feliz evento que estaba por suceder.

Felipe se mantuvo cerca; según el embajador veneciano Giovanni Michiel, a punto para casarse con Isabel, por si su mujer moría al dar a luz. Él, por otra parte, al escribir a su primo (y cuñado) Maximiliano de Austria, expresó dudas acerca del embarazo de su esposa; y, como todos sabemos ahora, tenía razón. En julio de 1555, el bulto comenzó a reducirse; fue el clásico ejemplo de un falso embarazo, probablemente provocado por el enorme deseo de María de tener un hijo.

Típico de ella, lo consideró un «castigo divino» por haber tolerado a heréticos en su reino. Humillada y con el corazón roto, aumentó el número de condenados a la hoguera y se sumió en una profunda depresión; y, entonces, para colmo, Felipe le anunció que se marchaba para ver a su padre, quien le había dejado bien claro que lo necesitaba de vuelta en Holanda. Él sabía que ella no se lo tomaría bien; de nuevo según Michiel, estaba ahora «extraordinariamente enamorada» de él. «Hazme saber», escribió a Ruy Gómez, «qué crees que es mejor que diga y qué argumentos debo emplear con la reina sobre tener que dejarla. [...] Veo que debo decirle algo, pero ¡que Dios me ayude!». No nos ha llegado qué le dijo al final, pero, el 4 de septiembre de 1555, unos catorce meses después de su llegada a Inglaterra, Felipe cruzó el canal en dirección a Bruselas.

Un año y medio más tarde, en marzo de 1557, regresó, aunque esta vez su visita sería aún más breve. Ahora tenía treinta años y, tras una vida inusualmente sedentaria para un príncipe europeo, buscaba quizá un poco de aventuras; puede que ansiara participar en alguna batalla, adquirir alguna experiencia bélica, pues no tenía prácticamente ninguna. Los franceses eran el único enemigo posible. Tuvo suerte: poco después de su regreso, le ofrecieron una provocación perfecta al apoyar con material al rebelde Thomas Stafford cuando, en abril de 1557, se apoderó del castillo de Scarborough y llamó a sus paisanos a unirse a él para expulsar a los españoles de Inglaterra. Stafford fue capturado en un par de días y decapitado poco después, junto con treinta y dos de sus compañeros; pero la reina, furiosa, declaró la guerra a Francia. El 4 de julio, Felipe desembarcó con un ejército compuesto en su mayor parte de mercenarios alemanes, aunque también incluía un contingente inglés, más bien mediocre, bajo el mando del conde de Pembroke. La expedición fue un clamoroso fracaso. Lo único que consiguió fue perder, en enero de 1558, el puerto de Calais, que había sido inglés durante más de doscientos años. Todo niño inglés aprende —o lo hacía— en la escuela cuál fue la reacción de la reina cuando le comunicaron esta noticia;* pero mucho menos conocido es que había sufrido recientemente un segundo embarazo psicológico y que le quedaban pocas fuerzas para soportar este nuevo golpe.

De hecho, estaba más enferma de lo que ella creía. Como siempre ocurre en el siglo XVI, es difícil estar seguro de cuán preciso era un diagnóstico, pero, considerando los datos que tenemos, la causa más probable de su muerte parece haber sido un cáncer uterino, en cuyo caso la enfermedad ya habría empezado a manifestarse en esa época. Murió el 17 de noviembre de 1558. Dejó instrucciones específicas de que la enterraran junto a su madre en la catedral de Peterborough, pero se prescindió de ellas y la enterraron en la abadía de Westminster, en una tumba que en el futuro compartiría con su hermanastra Isabel. Su marido, que estaba en esos momentos en Bruselas, escribió a su hermana Juana de Austria que sentía «un pesar razonable» por su muerte.†

No muchos más lo sintieron. Con una media de una persona quemada en la hoguera por cada semana de su reinado de cinco años, es difícil discutir que María no se ganara a pulso su apodo de *Bloody Mary* (María la Sanguinaria). Su brutalidad no solo le granjeó la enemistad de los protestantes, sino también la de la mayoría de sus súbditos católicos. Simon Renard advirtió que una «represión tan cruel» podía fácilmente causar una revuelta; el principal asesor eclesiástico de Felipe, Alfonso de Castro, condenó tajantemente la conducta de la reina. No fue sorprendente que su impopularidad creciera ininterrumpidamente; que aumentara todavía más por su matrimonio con Felipe, por su pérdida de Calais y —aunque fuera injusto— por el mal tiempo y la serie de horribles cosechas que este provocó.

Pero quizá también debamos apiadarnos de ella: rodeada de sacerdotes y monjes tan fanáticos como ella misma; pade-

---

* «Descubriréis», dijo, «cuando esté muerta y me abran, que en mi corazón están Felipe y Calais».

† Muy poco tiempo después, empezó a pedir desvergonzadamente la mano de Isabel. Gracias a Dios, ella lo rechazó.

ciendo la más absoluta soledad durante las largas ausencias de su marido —a quien amó, pero quien, durante un matrimonio de cincuenta y dos meses, pasó solo diecisiete junto a ella—; humillada por su incapacidad de tener hijos, que se manifestó de forma todavía más dolorosa mediante sus embarazos psicológicos, que le hicieron concebir esperanzas que luego se arruinaron. Apenas tenía cuarenta y dos años cuando murió, pero su vida no le proporcionó prácticamente ninguna felicidad real y, probablemente, estaba ya lista para abandonar este mundo.

8

FRAY CARLOS Y
«EL TAMBOR DE LA CONQUISTA»

El emperador llevaba largo tiempo soñando con abdicar. Había contemplado por primera vez esta idea en 1535, tras la captura de Túnez, cuando notó que le habían salido las primeras canas; para entonces, ya había reinado durante veinte años que, según sostenía —y probablemente con razón—, habían sido como haber trabajado cuarenta en cualquier otra ocupación. Pero no podía abdicar todavía; Felipe, su hijo y heredero, tenía solo ocho años. Se vería obligado a seguir en el puesto otros veinte años, aunque esa cifra podría haberse reducido a quince si Felipe hubiera mostrado mejores aptitudes, más energía o mayor entusiasmo por la tarea que le aguardaba. No cabía duda: el único hijo legítimo de Carlos era una pequeña decepción. El momento de su retiro no se había decidido todavía, pero desde que esa idea había germinado en su cabeza, el emperador sabía exactamente adónde iría cuando llegara tal momento, el de su liberación: al monasterio de Yuste, en Extremadura, fundado por la Orden de San Jerónimo en 1402 para conmemorar el lugar en el que catorce obispos habían sido asesinados a manos de los moros.

Mental y físicamente exhausto y torturado por la gota, Carlos estaba ansioso por retirarse tan pronto consiguiera que Felipe estuviera en condiciones de reemplazarlo como era debido en Flandes y en España. Pero en el verano de 1555, ya habían pasado cuatro años y medio desde que los dos se habían reunido y, en 1551, no se había convencido en absoluto de que Felipe fuera alguna vez capaz de sucederlo. Lo que debía descubrir era, en resumen, si el chico había mejorado desde entonces y estaba listo para el puesto. Y, por tanto, en cuanto Felipe llegó a los Países Bajos desde Inglaterra, fue llevado al castillo de Le Roeulx, cerca de Mons, donde él y su padre pasaron varios días completamente a solas. Parece que Felipe aprobó el examen. Carlos le traspasó formalmente la

soberanía de los Países Bajos y, en enero de 1556, la Corona
de España y sus dependencias, que incluían, por supuesto,
el Nuevo Mundo. Puesto que Alemania, junto con el viejo
Imperio, estaba ya segura en las manos de su hermano Fernando, no le quedaba nada salvo su título de emperador.

La gran ceremonia de abdicación se celebró el 25 de octubre en Bruselas, donde todos los Estados de los Países Bajos
se reunieron en el Gran Salón del Palacio. Exactamente a las
tres en punto de la tarde llegó el emperador, apoyándose para
caminar sobre el hombro del joven príncipe Guillermo de
Orange.* Inmediatamente detrás los seguía Felipe II y, tras él,
la gobernadora de los Países Bajos, María de Hungría, y el archiduque Maximiliano, el duque Manuel Filiberto de Saboya
y una multitud de dignatarios. El historiador J. L. Motley, en
The Rise of the Dutch Republic, ofrece una descripción magnífica de Carlos y de su hijo:

> Carlos V tenía entonces la edad de cincuenta y tres años
> y ocho meses, pero ya parecía decrépito, víctima de una
> ancianidad prematura. Era de estatura mediana y había
> sido atlético y bien proporcionado. Ancho de hombros,
> de amplio pecho, delgado en el flanco y de brazos y
> piernas musculosos, había sido capaz de enfrentarse a
> cualquier competidor en los torneos y en la plaza, y
> de someter al toro con sus manos desnudas. [...] En
> el campo de batalla, había sido capaz de cumplir con
> el deber de capitán y de soldado, de soportar la fatiga,
> los elementos y todas las privaciones, excepto el ayu-
> no. Estas ventajas personales ya lo habían abandonado.
> Disminuido en manos, rodillas y piernas, se apoyaba
> con dificultades en una muleta, con la ayuda del hom-
> bro de un ayudante. En cuanto al rostro, siempre había
> sido extremadamente feo. [...] Su cabello, que fuera

* Más conocido como Guillermo el Taciturno, ya era, con apenas veintidós años, comandante de uno de los ejércitos del emperador. Más adelante lideraría la revuelta de los holandeses contra los Habsburgo. Fue
asesinado en 1584.

de un color claro, estaba ahora blanco por la edad, y lo llevaba corto y de punta; su barba era gris, descuidada y enmarañada. Su frente era ancha e imponente; sus ojos, de un azul oscuro, con expresión majestuosa y benigna. Su nariz era aquilina, pero estaba torcida. La parte inferior de su rostro era famosa por su deformidad. El labio inferior, una herencia borgoñona, [...] era muy pesado y colgaba; la mandíbula inferior se extendía tan por delante de la superior que le resultaba imposible unir los pocos fragmentos de dientes que todavía le quedaban o pronunciar una sola frase de forma inteligible. Comer y hablar, ocupaciones de las que siempre había gustado, le parecían más arduas cada día que pasaba. [...]

El hijo, Felipe II, era un hombre pequeño y raquítico, muy por debajo de la estatura media, con piernas delgadas, pecho estrecho y el aire tímido y recogido de alguien enfermizo. [...] Su rostro era la viva imagen de su padre, pues tenían la misma frente ancha y ojos

Abdicación de Carlos V en Bruselas, 25 de octubre de 1555. Felipe II sube al trono mientras Carlos se aleja (de hecho, utilizó muletas). Grabado de Franz Hogenberg.

azules, con la misma nariz aquilina, aunque mejor pro-
porcionada. En la parte inferior de su rostro, la notable
deformidad borgoñona también se reproducía: tenía el
mismo labio pesado y caído, con una boca enorme y
una mandíbula monstruosamente protuberante. Su tez
era clara, su cabello, rubio y ralo, y su barba, también
rubia, corta y puntiaguda. Tenía el aspecto de un flamenco, pero la majestuosidad de un español. Su conducta en público era quieta, silenciosa, casi sepulcral.
Miraba habitualmente al suelo cuando conversaba, era
cauteloso al hablar y parecía incómodo o incluso sufrir.
Esto se atribuía en parte a una arrogancia natural, que
en ocasiones lograba superar, y en parte a sus habituales
dolores de estómago, ocasionados por su desmesurada
devoción por los pasteles.

Carlos, se nos dice, pronunció un discurso conmovedor, re-
pasando brevemente sus logros como emperador. Si Dios le
hubiera concedido mejor salud, dijo, jamás habría contemplado el paso que ahora daba, pero ahora que su vida tocaba a
su fin, el afecto que sentía por sus súbditos exigía su partida.
Cuando terminó de hablar, según Motley, «se hundió en su
silla, casi desvaneciéndose, y lloró como un niño», como hicieron también cuantos lo escucharon. Luego llegó el turno
de Felipe. En unas pocas palabras casi inaudibles en español,
expresó su pesar por no poder dirigirse al público allí reunido
en francés o flamenco y pidió al obispo de Arrás que hablara
en su nombre. No impresionó demasiado a su audiencia.

Pasó casi otro año antes de que el emperador zarpara hacia España. No era, bien lo sabía Dios, que tuviera el menor
deseo de aferrarse al poder, pues todas las pruebas apuntan a
lo contrario: esperaba con ansias el comienzo de su retiro. Lo
cierto es que, aunque se sentía perfectamente tranquilo confiando a Felipe el gobierno de España —de hecho, ya se lo
había cedido durante algún tiempo—, todavía no estaba del
todo seguro de que su hijo fuera capaz de gobernar los Países
Bajos. Felipe no solo estaba dotado de una inteligencia infe-

rior a la media, sino que era español por los cuatro costados y, como había demostrado recientemente de manera vergonzosa, carecía del don de lenguas. Después de más de un año en Inglaterra, había fracasado completamente en aprender inglés; su francés, alemán y flamenco —idiomas que su padre hablaba con fluidez— apenas eran mejores. Nunca jamás podría haber lidiado con los príncipes protestantes de Alemania como había hecho Carlos, aunque incluso para él, el esfuerzo había resultado casi fatal. Es más, aunque hubiera podido comunicarse con ellos, habría sido profundamente incapaz de tratarlos como a iguales: afirmaba que solo el hablar con un herético le provocaba un agudo dolor físico. Los Países Bajos, por otra parte, quizá caerían dentro de sus posibilidades una vez hubiera ganado un poco de experiencia. Durante el pasado cuarto de siglo habían sido gobernados admirablemente por la hermana de Carlos, María de Hungría, viuda del rey Luis; pero María había dejado claro que, cuando su hermano se marchara, ella también se iría. Mientras tanto, Carlos no tenía más opción que permanecer por allí hasta el momento en que pareciera seguro dejarlo todo en manos de Felipe. Al menos su hijo no lo sucedería como emperador: cuando, en el otoño de 1555, Fernando y Maximiliano fueron oficialmente informados de que Felipe no deseaba suceder a su padre como emperador y apoyaría a Maximiliano en la siguiente elección imperial, Carlos forzosamente tuvo que sentir un gran alivio.

Al fin, el 13 de septiembre de 1556, el emperador —retendría el título durante dos años más y abdicaría justo antes de su muerte— subió a su barco, *La Bertandona,* en Flushing y zarpó hacia España. La imagen es indudablemente romántica: el anciano y exhausto monarca desembarazándose de cuanto poseía y buscando refugio como un miembro anónimo de un remoto y desconocido monasterio. Con el acto final del *Don Carlos* de Verdi, cuando el anciano monje —de hecho, su fantasma— emerge de la tumba del emperador iluminada por la luna, la ilusión está completa; pero es solo eso, una ilusión. En la primavera de 1556, en Bruselas, se elaboró una lista del séquito que acompañaría a Carlos a su retiro. La lista contenía 762 personas, que él finalmente consiguió reducir a 150. Incluso entonces incluía no solo secretarios y doctores, sino también cocineros y músicos, barberos y ayudas de cámara, e incluso cerveceros. Como es lógico, tampoco les esperaba una austera celda monástica, sino que se trasladó a un edificio grande y extremadamente cómodo orientado al sur, construido sobre una colina y que se había preparado para su uso unos años antes, rodeado de jardines y arroyos de aguas cristalinas y con unas vistas espectaculares.* Fue decorado con valiosos tapices y soberbios cuadros —entre ellos uno o dos Tizianos— junto con magníficos muebles y obras de arte. Para Carlos, era poco menos que un paraíso en la Tierra, o lo habría sido, de no ser por la gota que le castigaba cada vez con más frecuencia, hasta el punto de que, cuando le acometía, tenían que llevarlo por el monasterio en una litera o en una silla de manos. En estas ocasiones, recordaba a los que andaban cerca un refrán español que decía «la gota se cura tapando la boca» o, en otras palabras, evitando la comida y la bebida… pero luego hacía exactamente lo contrario. Los días de austeridad de su juventud habían pasado: Carlos se había convertido, por lo que parecía, en un *gourmet* y un glotón, y también en un bebedor insaciable, pues bebía como una esponja. En sus cartas, don Luis Méndez Quijada, que lo sirvió fielmente durante treinta y cuatro años sin tomarse jamás un permiso, se quejaba constantemente de las dificultades que tenía su equipo para servirle todas las exquisiteces que pedía, pues no insistía tan solo en la cantidad, sino también en la

---

* O eso tengo entendido, pues debo confesar que nunca he estado allí. Los edificios principales del monasterio fueron reducidos a cenizas durante la Guerra de Independencia, pero los apartamentos del emperador han sobrevivido. Parece ser que los monjes paulinos, cuya orden toma el nombre del primer ermitaño cristiano, san Pablo de Tebas, y no, gracias a Dios, del papa Pablo IV, están abiertos a visitas.

calidad: ostras, anchoas, anguilas, perdices, chorizos…, casi todo ello calculado para agravar su gota, o sus hemorroides, que también le causaban tremendos dolores.

La mayoría de su corte odiaba intensamente el monasterio: Quijada declaró que el lugar era tan solitario que nadie, excepto un hombre que había decidido dejar el mundo atrás, podría soportarlo. Pero a Carlos le encantaba. Fue más feliz allí de lo que había sido en años; su único remordimiento fue no haber conseguido retirarse allí un poco antes. Y lo que ahora deseaba, más que ninguna otra cosa, era deshacerse del título de emperador, que todavía le pesaba demasiado sobre los hombros. No podía hacerlo voluntariamente; había sido escogido por siete electores imperiales, y solo ellos podían liberarlo. También había peligros en la sucesión, sobre todo por parte del papa Pablo IV, que, llevado por su odio hacia todo cuanto tuviera que ver con los Habsburgo, podría en cualquier momento denunciar violentamente a su hermano Fernando —que estaba destinado a heredar el Imperio— sobre la base de que el hijo de Fernando, Maximiliano, era, a todos los efectos, protestante (cosa que era cierta). Pero, por fortuna para Carlos, la liberación estaba cerca. El 27 de abril de 1558, Carlos fue informado de que los electores lo habían liberado de sus cadenas: Fernando era ya el nuevo emperador.[*] Al instante, Carlos ordenó que se fabricaran nuevos sellos que llevaran solo su nombre y las armas de España y Borgoña. Se dice incluso que pidió que se dirigieran a él como fray Carlos, es decir, hermano Carlos, aunque no estamos seguros de que muchos en su corte osaran tomarse esta invitación al pie de la letra.

Fuera fray Carlos o no, tras tantos años en el centro del poder, no pudo evitar seguir mostrando un profundo interés por el mundo exterior. No llevaba ni siquiera dos meses en Yuste cuando llegó su amigo Ruy Gómez[†] con noticias de los

---

[*] Fernando no necesitó ser elegido a través de unas elecciones, pues había sido nombrado previamente rey de romanos (es decir, legítimo heredero del emperador) en 1531.

[†] «Un hombre de aspecto meridional, con cabello y barba negros como el

planes de su hijo para llevar a cabo una gran ofensiva contra Francia el verano siguiente y con un mensaje de Felipe, que imploraba a su padre que se uniera a él. Por supuesto, Carlos rehusó; la idea de viajar a los Países Bajos —en especial, si tenía que hacerlo en litera— era más de lo que podía soportar. Sin embargo, cuando, en febrero de 1558, se enteró de la pérdida de Calais, Quijada nos dice que «nunca sintió algo más amargamente». Y hubo más conmociones. Siempre había creído que su amada España estaba libre de mácula protestante, pero el mismo día en que se enteró de que se había quitado de sus hombros la carga del imperio, le dijeron que se había descubierto una célula protestante en Valladolid. Un biógrafo dice que este fue «uno de los golpes más crueles que jamás recibió», cosa que parece un poco difícil de creer —pues, por lo visto, en la corte imperial predominaba cierta tendencia a la hipérbole—; pero lo que sí es cierto es que le embargó la ira y dio órdenes a su hija Juana, que actuaba como regente durante la estancia de su hermano Felipe en Flandes, de que la herejía fuera exterminada implacablemente en todo el reino, a toda costa.

Por otra parte, en septiembre de 1557 se sucedieron varios acontecimientos felices: visitas regulares de sus hermanas Leonor —viuda del rey Francisco I— y María de Hungría, que vivía por entonces en Jarandilla, no muy lejos de allí. Leonor murió —para gran tristeza de Carlos y María, que habían amado sinceramente a su fea y un tanto sosa hermana— en febrero de 1558; pero cinco meses más tarde, surgió un nuevo asunto de interés. Durante los últimos cuatro años, el hijo bastardo de Carlos, que ahora tenía once años y era conocido entonces como Jeromín, había sido criado por la esposa de Quijada, doña Magdalena, que no tenía hijos, y en julio de 1558 lo llevó a Yuste. Nunca fue reconocido oficialmente por su padre, pero Carlos escribió un codicilo especial en su testamento a favor de Jeromín. Animó al niño a entrar en la Iglesia, sin embargo, de haber vivido otros trece

carbón, ojos brillantes, un rostro pálido con expresión intensa y una figura delgada pero atractiva» (Motley).

años, se habría henchido de orgullo al verlo como don Juan de Austria, comandante de la armada de la Santa Liga y, en una de las más grandes batallas navales de la historia, destruir por completo la flota turca en Lepanto. Pero esos trece años no se le concedieron. Después de tres semanas de lo que se nos dice que fue un intenso sufrimiento, Carlos murió a las dos en punto de la mañana del domingo 21 de septiembre de 1558, a los cincuenta y nueve años, no por la gota que lo había torturado por lo menos media vida, sino por una fiebre contraída durante el abrasador verano ibérico.

En los mil años de historia del Sacro Imperio Romano Germánico, ningún emperador se esforzó más por cumplir con su deber que Carlos V, ni ninguno fue más importante para la cristiandad. Sus valores no eran los nuestros: para él, el cristianismo era lo más importante del mundo y ver a la Iglesia que tanto amaba dividida en dos, primero por Martín Lutero y, luego, a manos del rey Enrique VIII, le causó una inmensa amargura. Intentó, por todos los medios, reunirla de la única manera en que podía ser reunida, bajo el papa de Roma. Él sabía bien que Roma necesitaba urgentemente reformas, un hecho que nunca dejó de enfatizar tanto en sus conversaciones como en su correspondencia con los siete sucesivos pontífices con los que tuvo que tratar. Todos ellos se opusieron firmemente a la idea; pero ninguno de ellos, y el emperador también era consciente de esto, estuvo a la altura del cargo que detentaron. Clemente VII fue una pesadilla; Pablo IV fue incluso peor; desde el punto de vista de Carlos, los únicos tolerables —aunque ninguno de ellos había demostrado tampoco una especial aptitud para el cargo que ocupaba— habían sido Adriano, que había reinado un año, y Marcelo, que había durado apenas tres semanas. Pero si los papas eran incompetentes, eso quería decir únicamente que los demás debían redoblar sus esfuerzos y, si eso a su vez implicaba que unos cuantos herejes tenían que acabar en la hoguera, pues que así fuera.

Uno de los muchos biógrafos de Carlos lo describe como un genio militar. No parece que haya muchas pruebas que lo demuestren, pero, por otro lado, sí las hay de que poseía al menos dos cualidades de suprema importancia para un general: una valentía personal inmensa y una infinita preocupación por sus hombres. Carlos no solo mostró su valentía en los combates, sino en la pura fuerza de voluntad que le permitió cabalgar día tras día a pesar de sufrir la agonía de la gota —y nadie que no haya sufrido personalmente esta aflicción puede hacerse una idea de los sufrimientos que causa— * sin emitir jamás la menor queja, ni siquiera cuando tenía que montar con la pierna descansando en un cabestrillo atado a su silla. Sus soldados lo amaron y admiraron, algo que, de hecho, hicieron casi todos los que llegaron a conocerlo. Lo amaron por su encanto personal, su bondad y —una cualidad especialmente escasa en su época— su sentido del humor. Súmese a ello que sabía apreciar las cosas buenas de la vida: la pintura, por ejemplo (¿se cuenta todavía a los niños la famosa historia de cómo se agachó a recoger el pincel de Tiziano cuando se le cayó al maestro?) o la música, por la que sentía auténtica pasión. Incluso su glotonería despierta simpatía en muchos de nosotros. Murió como un hombre decepcionado, demasiado consciente de lo mucho que había tenido que dejar por hacer; pero comprendió, mucho más de lo que la gente creía, cuántas cosas bellas y placenteras nos ofrece la vida. Y, siempre que tuvo ocasión, las disfrutó.

El rostro de Europa Occidental cambiaba muy deprisa. Solo ocho semanas después de la muerte de Carlos, la reina

---

* Filiberto de Bruselas, miembro del Consejo Privado de los Países Bajos, la describió en su discurso en la ceremonia de abdicación: «Se trata de un verdugo truculento, que invade todo el cuerpo, desde la coronilla hasta las plantas de los pies, sin dejar nada intacto. Contrae los nervios con intolerable angustia, entra en los huesos, congela el tuétano y convierte los líquidos lubricantes de las articulaciones en tiza; no se detiene hasta que, después de haber agotado y debilitado el cuerpo entero, ha inutilizado todos sus instrumentos necesarios y conquistado la mente tras inmensas torturas».

María de Inglaterra lo siguió al otro mundo y fue sucedida en el trono por su hermanastra Isabel. El año 1559 fue testigo, en julio, de la herida fatal del rey Enrique II (ver p. 234); en agosto se produjo la muerte del odioso papa Pablo IV, que nadie lamentó, y, el día de Navidad, la elección de Juan de Médici* como Pío IV. En 1560, el heredero de Enrique, Francisco II —marido de María I de Escocia—, murió a su vez un mes antes de cumplir dieciséis años, dejando el trono a su hermano, Carlos IX.

Aparte de la muerte del papa, había habido otras buenas noticias en 1559: la firma, en abril, de la Paz de Cateau-Cambrésis. España había ganado a Francia a los puntos, gracias, en buena medida, a la ayuda que había prestado la casa de Saboya. Se trataba de una de las familias reinantes más antiguas de Europa, un linaje fundado en el año 1003;† a mediados del siglo XVI cubría el área de la actual región italiana del Piamonte y de los departamentos franceses de Saboya y Alta Saboya, con su capital en Chambéry.‡ Todo había ido bien hasta que Francisco I la invadió y ocupó en 1536; el duque Carlos III (el Bueno) y su hijo Manuel Filiberto —que sucedería a su padre en 1553— fueron luego exiliados y se convirtieron, en consecuencia, en entusiastas aliados de Carlos V.§ La paz, que fue firmada por Enrique II y Felipe II —ambos mediante intermediario— hizo que la casa de Saboya recuperara todos sus antiguos territorios y que Enrique renunciara a reclamar en el futuro ningún derecho sobre Italia. Eso quería decir que Felipe conservaba el control directo de Milán, Nápoles, Sicilia y Cerdeña; y también comportaba que los únicos estados ver-

* Para su pesar y considerable vergüenza, no eran parientes.

† En diversos momentos, sus miembros habían detentado los títulos de rey de Sicilia, rey de Cerdeña, rey de Croacia, rey de España, rey de Chipre, rey de Armenia, rey de Jerusalén y emperador de Etiopía. Esta familia también daría a Italia sus cuatro reyes, a contar desde la unificación del país en marzo de 1861 hasta junio de 1946, cuando se convirtió en una república.

‡ La capital se trasladaría a Turín en 1563.

§ Carlos III y Carlos V eran cuñados, pues se habían casado con las hermanas Beatriz e Isabel de Portugal.

daderamente independientes de Italia eran Saboya y la República de Venecia. Francia, por otro lado, recuperó la saqueada ciudad de San Quintín y conservó Calais. Los ingleses, como era previsible, se enfurecieron por esta última cláusula, pero no había nada que pudieran hacer. Mientras tanto, el acuerdo se selló con el regalo, de Enrique a Manuel Filiberto, de la mano de su hermana Margarita, duquesa de Berry, que ahora tenía treinta y seis años y fue descrita por un contemporáneo como «una soltera de excelente linaje y vivaz intelecto».

La boda quedó trágicamente ensombrecida por el accidente en las justas del rey Enrique y su muerte unos pocos días después. Justo antes de perder la conciencia y, obviamente, temeroso de que Manuel Filiberto utilizara su muerte para renegar de su alianza, ordenó que la boda de su hermana tuviera lugar de inmediato. Se cancelaron los planes para una gran ceremonia en Notre Dame y la boda se celebró a medianoche en una pequeña iglesia cerca de donde el rey agonizaba. La reina Catalina de Médici, la cuñada de la novia, se sentó aparte del resto y no hizo ningún esfuerzo por contener las lágrimas.

Con la paz ahora cerrada —al menos, temporalmente— en Europa, Felipe decidió, en verano de 1559, que había llegado el momento de enfrentarse a los turcos. Su objetivo sería Trípoli, el más formidable centro de actividades corsarias de la costa de Berbería. Consultó con el virrey de Sicilia, el duque de Medinaceli —a quien nombró comandante de la expedición— y también con Jean de la Valette, gran maestre de los Caballeros de San Juan, que obviamente tenía la esperanza de recuperar la ciudad que su orden había perdido ante los turcos tan solo ocho años antes. Durante los siguientes seis meses, Felipe reunió una flota de unas cien naves, entre ellas cincuenta y tres galeras, junto con tropas de Italia, España y Alemania. La idea era realizar un ataque por sorpresa; pero, como debería haber sabido después del desastre de su padre en Argel en 1541, las ofensivas a gran escala en el Mediterráneo en invierno nunca eran una buena idea. Cinco veces partió la flota de su base en Malta; cinco veces fue obligada a volver a puerto por el mal tiempo. Se perdieron seis semanas muy valiosas; dos mil hombres sucumbieron a enfermedades de uno u otro tipo.

Llegó la primavera, que trajo consigo un tiempo más razonable, y la flota —completada ahora con contingentes papales y, quizá lo más sorprendente, franceses— zarpó, no directamente hacia Trípoli, sino hacia la isla de Yerba, en la costa de Túnez, que Medinaceli había escogido como su base de operaciones. La isla se ocupó sin dificultades, pero luego, el 11 de mayo, una flota turca de ochenta y seis naves bajo el mando del joven almirante Pialí Pachá apareció en el horizonte. Pialí había sido alertado por uno de sus principales corsarios, Uluj Alí, de la presencia de los cristianos y había batido todos los récords al completar el viaje desde Estambul en apenas veinte días. Los cristianos, tomados completamente por sorpresa y sobrepasados en número de forma abrumadora, no tuvieron más opción que darse a la fuga. Cundió el pánico, y los turcos se lanzaron a degüello. Veinte galeras y veintisiete barcos de transporte fueron hundidos y mil ochocientos soldados murieron a manos del enemigo o se ahogaron. Pialí regresó triunfante a Estambul con cinco mil prisioneros y con sus naves remolcando los cascos de los barcos enemigos, ahora desarbolados y sin timón. Luego, celebró un magnífico desfile de la victoria por la ciudad, cuyas calles se llenaron de multitudes que lo vitorearon, y paseó tras él a los almirantes y comandantes hechos prisioneros. El sultán apareció en una plataforma majestuosamente decorada para recibir el saludo de su flota. Según el embajador Busbecq, su expresión era tan severa y triste que «uno diría que la victoria no le importaba y que nada nuevo ni inesperado había ocurrido»; sin embargo, sí se mostró lo bastante agradecido como para conceder a Pialí, como recompensa, la mano de una de sus nietas en matrimonio.

Solimán tenía ahora sesenta y seis años, y llevaba cuarenta en el trono. Aún tenía buena forma física, pero la edad empezaba a pesarle y cada vez estaba más preocupado por la sucesión. Se había eliminado a Mustafá sin mayores inconvenientes, pero ahora los dos hijos supervivientes del sultán, Bayaceto y Selim, estaban enfrentados entre sí y, como Roxelana había muerto en 1558, ya no tenían una madre que los controlase. Pronto su trifulca se convirtió en una guerra abierta y, el 31 de mayo de 1559, Selim se enfrentó a su hermano en una batalla a campo abierto junto a Konya y lo derrotó con contundencia. Bayaceto escapó a Persia con sus cinco hijos y un pequeño ejército, dispuesto a continuar la lucha. El sah Tahmasp I le dio una calurosa bienvenida, pero, pronto, Solimán, convencido por Selim de que su hermano era un traidor que solo quería derrocarlo, mandó enviados al sah para pedirle que ejecutara al joven príncipe. Finalmente, fue un verdugo turco quien se encargó del trabajo el 25 de septiembre de 1561. Selim era ahora el único heredero del Imperio otomano.

¿Cómo, uno no puede evitar preguntarse, pudo el sultán, habitualmente tan astuto y sabio, dejarse persuadir dos veces —la primera por su esposa y la segunda por uno de sus hijos— para destruir a sus dos hijos más capaces, los únicos que, de hecho, habían demostrado que podrían ser sus más dignos sucesores? Quizá todos los monarcas absolutos son, en algún grado, paranoicos, dados a imaginar conjuras y conspiraciones que no existen; quizá también —y esto parece ser especialmente cierto entre los dictadores, que no tienen herederos obvios— acaban tan embriagados de su propio poder que simplemente no contemplan o no se atreven a contemplar el futuro de su país cuando ya no estén al timón. Ciertamente, muy pocos de ellos han realizado jamás el menor esfuerzo para asegurar una sucesión efectiva. (La idea de *après moi, le déluge* podría, en suma, ser mucho más popular entre los autócratas de lo que creemos). A Solimán todavía le quedaban cinco años de vida; había dedicado toda su existencia a una casi constante expansión militar y todo ello con un solo objetivo: aumentar la extensión y el poder de su imperio. ¿Cómo pudo, de forma tan deliberada, tan metódica, disponerlo todo de modo que, tras su muerte, el imperio pasara a manos de un libertino borracho, con diferencia el peor de todos los treinta y seis sultanes otomanos?

Durante los cinco años que siguieron a 1560, el Mediterráneo central y oriental se mantuvo en relativa calma. Como era inevitable, hubo alguna espasmódica escaramuza de una flota contra otra, pero ningún enfrentamiento a gran escala. Desde el punto de vista de los turcos, los peores provocadores eran los Caballeros de San Juan; ahora habían adoptado una política de piratería descarnada y abordaban todos los barcos de peregrinos musulmanes con destino a puertos cercanos a La Meca que se cruzaban en su camino, exigiéndoles pagos abusivos para dejarlos continuar hasta su destino. Más irritación causó en la Sublime Puerta la noticia de que los caballeros habían capturado un barco cargado con bienes destinados al harén imperial y lo habían obligado a dejar su cargamento en Malta. Si algunos de estos bienes en particular eran para Mihrimah, la hija de Solimán, no lo sabemos, pero parece que esta consiguió convencer a su padre de que ultrajes como este no podían seguir tolerándose.

En 1564, el sultán celebró su septuagésimo cumpleaños. Había tenido tiempo de sobra para arrepentirse de la generosa forma en que había tratado a los caballeros después de conquistar Rodas en 1522. Les había concedido un salvoconducto para abandonar la isla a cambio de la promesa de que nunca volverían a tomar las armas contra él. Nunca un juramento se había quebrado más veces ni de forma más flagrante. Ahora que los caballeros llevaban treinta y cinco años asentados en su nuevo hogar, se estaban convirtiendo en una molestia tan irritante como cuando estaban en Rodas. Claramente, había llegado el momento de expulsarlos de Malta, igual que antes los había desterrado de Rodas. Y había también otra razón. Malta ocupaba una posición clave en el Mediterráneo central, pues constituía una escala natural entre Trípoli, en posesión de los turcos, y Sicilia, que estaba gobernada por Felipe II. Una vez hubiera caído en manos del sultán, sería el trampolín perfecto para tomar esa isla tan deseable, cuya conquista, tan seguro como la noche sigue al día, habría estado acompañada de desembarcos turcos en el sur de Italia.

Carlos V era plenamente consciente de todo esto cuando, en 1530, entregó Malta a la Orden de los Hospitalarios. ¿Qué mejor forma podría encontrar, sin que le costase nada, de proteger las estribaciones meridionales de su imperio? Es cierto que, al principio, los caballeros no mostraron demasiado entusiasmo por la idea: seis años antes de esa oferta, ya habían considerado trasladarse a Malta y habían enviado a la isla a ocho comisionados para que descubrieran qué tenía esta que ofrecer. «La isla», informaron estos:

> es solo una roca de piedra caliza blanda llamada toba, de unas seis o siete leguas de longitud y tres o cuatro de anchura;* la superficie de roca está cubierta por no más de tres o cuatro pies de tierra. También esta es pedregosa y no es adecuada para cultivar grano o cereales. Sí produce, sin embargo, grandes cantidades de higos, melones y otras frutas. El principal comercio de la isla es de miel, algodón y semillas de comino. Los habitantes intercambiaban esto por grano. Excepto por unos pocos manantiales en el centro de la isla, no hay agua corriente, ni siquiera pozos, de modo que los habitantes atrapan el agua de lluvia en cisternas. La madera es tan escasa que se vende por libras, y los habitantes tienen que utilizar o bien excrementos de vaca secados al sol o cardos para cocinar su comida.

Malta no era, claramente, una isla diseñada para resistir un asalto. Por otra parte, contaba con tres grandes ventajas: una cantidad ilimitada de piedra color miel con la que construir; una larga tradición de canteros, constructores, obreros y tallistas; y, quizá, el más asombroso puerto natural del mundo. Incluso hoy, contemplar por primera vez el Gran Puerto, bien desde un barco que entra en él o desde las alturas de La Valeta,

---

* De hecho, es arenisca dura, y de unos veintinueve kilómetros por catorce.

es todavía un espectáculo sobrecogedor. Fue incuestionablemente ese puerto lo que finalmente decidió a los caballeros, tras errar ocho años sin hogar, a aceptar la oferta del emperador de una cesión permanente. El alquiler era razonable: un simple halcón, un pago anual en el Día de Todos los Santos.

Los caballeros nunca olvidaron que, en primer lugar y antes que ninguna otra cosa, eran hermanos hospitalarios; durante más de cinco siglos, el cuidado de los enfermos había sido su *raison d'être*. Tan pronto como se asentaron en Birgu (hoy conocida como Vittoriosa), el más septentrional de los dos brazos de tierra en el lado exterior del Gran Puerto frente a La Valeta, empezaron a construir un hospital.* Su predecesor, en Rodas, había sido famoso en toda la cristiandad y enfermos de todas las naciones de Occidente lo habían visitado. Los caballeros estaban decididos a que una institución similar en Malta fuera igual de celebrada…, como, de hecho, pronto sucedió. Su segunda prioridad fue la defensa: la fortificación de su soberbio puerto natural y el aumento de su flota. La construcción naval no era tarea fácil en una isla desprovista de árboles; sin embargo, gracias a grandes importaciones de madera de Sicilia, a lo largo de los siguientes treinta años construyeron poco a poco una flota considerable, hasta que, alrededor de 1560, era probablemente tan grande como lo había sido en los viejos tiempos de Rodas. Así, al menos, cuando recibieron los primeros informes de que la expedición de Solimán se acercaba, su flota ya estaba lista.

En verdad, no se hacían ilusiones acerca del peligro que les aguardaba. Sabían que, si no recibían grandes refuerzos, se verían abrumadoramente superados en número, tanto en hombres como en barcos, y que no podían esperar demasiado sustento del yermo y pedregoso suelo de la isla. Pero sabían también que ese mismo suelo sería todavía más inhóspito para un ejército sitiador. También la geografía estaba de su parte. Mientras que Rodas estaba a solo quince kilómetros de la costa turca, Malta se encontraba a casi mil seiscientos kiló-

---

* Este primer hospital sigue todavía en pie en Triq Santa Skolastika. Hoy es un convento de monjas benedictinas.

metros de distancia. Puede que los invasores se hicieran traer provisiones desde el norte de África, pero, aun así, estaba claro que la fuerza que el sultán lanzara contra ellos tendría que sostenerse, en su mayor parte, por sus propios medios. Por eso no es sorprendente que se dijera que esta flota invasora, que transportaba no solo a un ejército completo de cuarenta mil soldados con sus caballos, cañones, municiones, maquinaría de asedio y suministros militares, sino también comida, agua e incluso combustible para cocinar, era una de las mayores que jamás había surcado los mares. Sobrepasaba de largo las doscientas naves, entre las que se contaban ciento treinta galeras con remos, treinta galeazas* y once mercantes con casco en forma de bañera, que, al igual que los galeones, dependían únicamente de sus velas y la fuerza del viento. El resto de la flota estaba formado por toda clase de embarcaciones más pequeñas, en su mayoría bergantines y fragatas. Aumentando todavía más los números de los invasores —aunque tajantemente excluidos de la expedición oficial— estaban los corsarios, que navegaban rodeando la flota como buitres.

En 1557, a la edad de sesenta y tres años —casi exactamente la misma edad que Solimán— Jean Parisot de la Valette había sido elegido cuadragésimo octavo gran maestre de la Orden de San Juan. De origen gascón, se dice que había sido muy atractivo en su juventud y que hablaba varias lenguas con fluidez, entre ellas el italiano, el español, el griego, el turco y el árabe. Era también un férreo e implacable defensor de la fe cristiana. Siendo un joven caballero de veintiocho años, había combatido en el asedio de Rodas; luego lo capturaron y pasó un año como esclavo en una galera turca. Su voluntad de servir a la orden era inquebrantable; era un hombre, se decía, «tan capaz de convertir a un protestante como de gobernar un reino». Poseía fe, fuerza, liderazgo y una férrea disciplina. Y necesitaría todo eso en los meses venideros.

* Una galeaza puede describirse como el cruce entre una galera y un galeón. Estaba diseñada para transportar mercancías y dependía en gran parte de las velas para impulsarse, pero también contaba con remos y un buen complemento de cañones.

El asedio de Malta, 1565

Huelga decir que los caballeros tenían agentes en Estambul. Fueron de los primeros en saber que el sultán había iniciado sus preparativos y, desde el mismo momento de su elección, La Valette había hecho que todos los hombres capaces de Malta se pusieran a trabajar de sol a sol para que la isla estuviera lista para la batalla que se avecinaba. Había pedido refuerzos de hombres y materiales a las comandancias de la orden que estaban dispersas por toda la Europa cristiana y, a pesar de ello, al inicio del asedio solo contaba con unos quinientos cuarenta caballeros y sus escuderos, junto con unos mil soldados y arcabuceros españoles y, quizá, unos cuatro mil malteses de la milicia local. También había ordenado que le hicieran llegar suministros de emergencia de grano desde Sicilia, y más armas y municiones desde Francia y España. Todas sus cisternas de agua estaban llenas y, cuando llegó el momento, no le dolieron prendas en hacer que las aguas de Marsa —una región de tierras bajas más allá del Gran Puerto, que sabía que sería la principal fuente de agua para cualquier ejército sitiador— fueran contaminadas con animales muertos.

La gran flota turca apareció en el horizonte el 18 de mayo de 1565. El sultán, consciente de su edad, había renunciado con pesar al mando del ejército en persona, como había hecho en el ataque a Rodas, hacía ya más de cuarenta años. En esta ocasión, optó por dividir el mando en dos, dando la responsabilidad de la fuerza naval a Pialí y la del ejército terrestre a su cuñado, el veterano general Mustafá Pachá. Esta decisión se demostraría catastrófica: esos dos comandantes se odiaban. Pialí despreciaba abiertamente las habilidades militares de Mustafá y este estaba profundamente celoso del éxito del joven comandante de la flota y del favor que el sultán sentía hacia él.

El Gran Puerto estaba obviamente demasiado bien defendido para ser un posible lugar de desembarco, por lo que Pialí, al final, eligió el puerto de Marsa Scirocco (hoy Marsaxlokk), en el extremo más meridional de la isla, a unos ocho kilómetros campo a través de Birgu. Los caballeros no hicieron ningún intento de obstaculizar el desembarco. Sabían que podían hacer poca mella en una fuerza tan grande en mar abierto y que incluso un ataque contra la cabeza de playa obtendría escasos resultados; su única esperanza radicaba en sus fortificaciones, de las que no tenían intención de salir más que cuando fuera estrictamente necesario. Una vez en tierra, los turcos avanzaron hacia la ciudad y plantaron su campamento en el territorio que descendía hacia la Marsa, desde donde dominaban todos los puertos. Allí, extendiéndose frente a ellos, estaba la larga manga de agua que llevaba a mar abierto, con tres pequeñas ensenadas que se abrían hacia la derecha y, a la izquierda, elevándose en la larga cresta del monte Sciberras, que es donde hoy está La Valeta. En su extremo, guardando la entrada al puerto, se elevaban las intimidantes murallas de uno de los dos reductos más impresionantes de los caballeros, el soberbiamente defendido fuerte de San Telmo.

Si Pialí hubiera decidido —como debió haber hecho— mantener su flota en el sur (donde habría estado perfectamente a salvo durante los meses de verano), el fuerte de San Telmo no habría pesado tanto en los cálculos turcos. En cambio, decidió llevar sus barcos a la costa noreste, al puerto de Marsamuscetto (Marsamxett), que discurre a lo largo del lado norte del monte Sciberras. De este modo, los barcos estaban bastante más protegidos, pero, por desgracia, su decisión provocó un violento desacuerdo con Mustafá. También implicaba que tenía que navegar directamente bajo los cañones de la gran fortaleza de San Telmo, lo que convirtió su destrucción en una prioridad.

Un somero examen del fuerte de San Telmo sugirió a los turcos que, siendo un fuerte en forma de estrella, bastan-

El asedio de Malta, 1565: los turcos asaltan
el fuerte de San Telmo, 27 de mayo.

te tradicional en su género, no debería ser demasiado difícil de tomar. La principal dificultad radicaría en transportar la artillería de sitio a lo largo de casi tres kilómetros por la cresta del monte Sciberras, donde quedarían bajo el alcance de los cañones que hubiera en Birgu y Senglea, al otro lado del puerto. En aquel terreno era imposible cavar trincheras, pues, al cabo de unos pocos centímetros, las palas de los zapadores topaban con roca sólida. Así, pues, si querían proteger a los artilleros durante todo ese trayecto, la única manera de hacerlo era construyendo grandes terraplenes, lo que a su vez comportaba llevar hasta allí enormes cantidades de tierra desde la Marsa. Todo esto consumió las energías de la mayoría del ejército del sultán y aportó un muy bienvenido respiro que La Valette y sus hombres aprovecharon para reforzar todavía más las defensas de su otro gran bastión, el fuerte de San Ángel, en el extremo de Birgu.

El 23 de mayo se inició el verdadero ataque contra San Telmo. El bombardeo continuó ininterrumpidamente noche y día. Unos pocos días después, llegó el comandante otomano más célebre tanto en tierra como en el mar: los cristianos lo llamaban Dragut, pero sus compatriotas lo conocían como Turgut Reis. Tras empezar su carrera como corsario a las órdenes de Barbarroja, lo sucedió a su muerte, en 1546, como comandante supremo de la flota otomana. Ya había dirigido una incursión anterior contra Malta en julio de 1547, en la que había infligido daños considerables; ahora, a los ochenta años de edad, tomó personalmente el mando del asedio y dispuso nuevas baterías de artillería al norte y al sur del fuerte, que, en adelante, sufriría un bombardeo todavía más inmisericorde desde tres lados a la vez. A finales de mes, sus murallas estaban a punto de venirse abajo. Cada noche, al amparo de la oscuridad, pequeñas barcas salían de San Ángel y cruzaban la boca del puerto, llevaban a la guarnición tropas de refresco y provisiones, y regresaban con los heridos para el hospital de Birgu; solo gracias a ellas el fuerte resistió tanto como lo hizo. Una noche, sin embargo, una de las barcas trajo algo más, una delegación de los asediados con un mensaje para el gran maestre: no podían resistir más. La Valette los miró fríamente y les comentó que, si no estaban dispuestos a defender San Telmo, los sustituiría por otros que sí lo estuvieran y que él mismo dirigiría a los reemplazos. Avergonzados, regresaron a sus puestos. Puede que el fuerte estuviera condenado, pero no se rendiría.

De algún modo y contra todo pronóstico, el fuerte de San Telmo resistió durante un total de treinta y un días. Cuando, al fin, el 23 de junio, los turcos se abrieron paso hasta su interior, solo unos sesenta de los poco más de ciento cincuenta defensores seguían con vida. De estos, todos menos nueve fueron inmediatamente decapitados y sus cuerpos, clavados en cruces de madera, como burla de la Crucifixión, que luego fueron lanzadas al agua para que flotaran frente al fuerte de San Ángel. Cuando La Valette las vio, ordenó inmediatamente la ejecución de todos los prisioneros turcos. Sus cabezas fueron embutidas en las ánimas de los cañones del bastión más alto y disparadas hacia las ruinas de San Telmo. El mensaje era inequívoco. En adelante, ni se pediría ni se daría cuartel.

Los turcos habían conseguido su primer objetivo. Pero lograrlo les había costado casi un mes del preciado tiempo de verano y ocho mil de sus mejores tropas, casi un cuarto del total de su ejército. Entre las bajas se contaba el viejo Dragut, víctima de un cañonazo en las últimas etapas del asedio de San Telmo. Se dice que Mustafá Pachá, en pie entre las ruinas del fuerte recién tomado, mientras miraba a través de la calima del verano al otro lado del puerto, dijo: «Si un hijo tan pequeño nos ha costado tanto, ¿qué precio deberemos pagar por el padre?».

Ese padre era, por supuesto, el propio fuerte de San Ángel. Tras él estaba el promontorio de Birgu, la ciudad fortificada de los caballeros. Más allá de la estrecha ensenada, hacia el suroeste, se encontraba el vecino promontorio de Senglea. La Orden de San Juan había fiado su supervivencia en la defensa de estas dos penínsulas paralelas, ahora completamente rodeadas por el ejército otomano. Estaban conectadas por un endeble puente que cruzaba la ensenada (hoy conocida como ensenada del Astillero) y por una cadena sostenida sobre pontones que cerraba su boca. En el extremo terrestre, una empalizada de estacas se había clavado en el fangoso fondo. Sin embargo, tras la caída de San Telmo, ya no podía bloquearse la entrada al Gran Puerto: los barcos turcos podían navegar ahora a lo largo de toda su longitud y solo los cañones de San Ángel podían molestarlos.

También había algún consuelo. Para trasladarse a sus nuevas posiciones al sur de Senglea y Birgu, los turcos se vieron obligados a mover todos sus cañones pesados, municiones y suministros de nuevo a lo largo del monte Sciberras y, luego, alrededor del puerto, a lo largo de seis kilómetros de carreteras que eran poco más que caminos de cabras, en el abrasador calor del verano maltés. Es más, el mismo día en que cayó San Telmo, barcos de Sicilia que traían una fuerza de socorro de unos mil hombres, entre ellos cuarenta y dos caballeros del norte de Europa, consiguieron desembarcar y, una semana después, abrirse camino al amparo de la noche hasta lo que hoy es Kalkara, tras otra ensenada al noreste de Birgu. Tanto la llegada en sí de estos soldados como su éxito casi milagroso al eludir y evitar a los turcos tuvieron un inmenso efecto benéfico sobre la moral de los defensores.

Pero la lucha prosiguió. A mediados se julio se lanzó un ataque coordinado contra Senglea desde el mar. Fue rechazado gracias al valor de los nativos malteses, excelentes nadadores que volcaron los botes turcos y lucharon contra sus soldados cuerpo a cuerpo en el agua. Un emplazamiento oculto de una batería de cañones completó la derrota otomana. El 7 de agosto, un artillero italiano que estaba en el ejército español, Francesco Balbi di Correggio, que luego escribiría una fascinante crónica del asedio, dijo:

> Arremetieron, pues, en este día a San Miguel* ocho mil turcos y a Castilla, cuatro mil, todos a un tiempo, como era su designio y de nuestra parte se sospechaba.

* Otra fortaleza más pequeña, no lejos de San Ángel.

Mas, ya cuando ellos salieron de sus trincheras para venir a este asalto, estábamos los de nuestra parte todos alerta: los aros encendidos, la pez hirviendo y, en fin, todos los aparatos para nuestra defensa a punto de tal modo que, cuando subieron por las baterías, fueron recibidos como gente que ya era aguardada.

Los asaltos de este día fueron muy bravos y bien combatidos por todas partes y con mucha sangre y crueldad. [...] Las acometidas duraron nueve horas, porque fue desde que amaneció hasta pasado mediodía. En ellas, se refrescaron los enemigos más de doce veces de gente y nosotros, otras tantas de vino bien aguado y algunos bocados de pan. [...] Ese día, la victoria fue también nuestra, como lo había sido otras veces, pero [...] no había hombre que pudiese tenerse ya en pie, cansado o herido, cuanto más que había muchos muertos.

Pero, a estas alturas, ya estaba claro que también el ejército turco se estaba debilitando. El calor era despiadado. La comida era escasa y el agua, todavía más, pues a los animales muertos con los que los caballeros habían envenenado deliberadamente los pozos de Marsa, ahora se habían unido un gran número de cadáveres turcos. Hacia finales de agosto, la disentería se había extendido en el campamento otomano y sus víctimas eran llevadas bajo el sol abrasador a las improvisadas tiendas de hospital en las que morían a centenares. Los turcos sabían, además, que pronto llegaría la época de los temporales equinocciales, que serían rápidamente seguidos por las primeras tormentas de invierno. Mustafá Pachá estaba dispuesto a pasar el invierno en la isla, si era necesario, con la esperanza de vencer por hambre a los sitiados; Pialí, por otro lado, no quería ni oír hablar de ello. Su flota, argumentaba, era más importante que el ejército de Mustafá y no podía arriesgarse a que sus barcos pasaran el invierno en un lugar que no dispusiera de las dársenas necesarias para su mantenimiento. La flota se marcharía, como muy tarde, a mediados de septiembre; si el ejército deseaba quedarse, allá ellos, pero se quedarían solos.

Si las fuerzas de Solimán hubieran permanecido en la isla, es dudoso que los caballeros, dada su situación, hubieran podido resistir. Pero el 7 de septiembre llegó la liberación: el *Gran Soccorso*, como se dio en llamarlo, el Gran Socorro, enviado por el virrey español de Sicilia, que, de algún modo, había conseguido salir de Mesina a pesar de una tempestad de una violencia inusitada. Sus nueve mil hombres eran menos de los que La Valette había esperado, pero bastarían. Mustafá dejó de dudar. De súbito, los cañones callaron; el clamor cesó; en lugar de humo, hubo solo polvo levantado por la retirada de lo que quedaba —poco más de un cuarto— del otrora orgulloso ejército otomano mientras embarcaba de nuevo en sus impacientes naves.

Pero también los cristianos habían sufrido terribles pérdidas. Doscientos cincuenta caballeros habían muerto y casi todos los supervivientes estaban heridos o lisiados. De la ciudad de Birgu casi no quedaba piedra sobre piedra; vulnerable al fuego desde todas partes, su emplazamiento se había demostrado un desastre estratégico. Por ello, cuando el anciano La Valette emergió cojeando de entre sus ruinas y puso la primera piedra de su nueva capital, no lo hizo sobre los escombros de la antigua, sino en la cima del vecino monte Sciberras, que dominaba el Gran Puerto. La ciudad fue, muy merecidamente, bautizada en su honor como La Valeta. Tres años después, el 21 de agosto de 1568, murió. *Sir* Oliver Starkey, su secretario —y, dicho sea de paso, el único inglés que luchó a su lado durante el asedio— escribió un epitafio en latín que todavía hoy puede leerse en la catedral de San Juan. Traducido, dice:

> Aquí yace La Valette, digno de honor eterno. Él, que fue una vez el azote de África y Asia y el escudo de Europa cuando expulsó a los paganos con el poder de su espada sagrada, es el primero en ser enterrado en esta amada ciudad, que él fundó.

Uno de los primeros edificios en levantarse en la nueva ciudad fue, por supuesto, el hospital. Como su predecesor en Birgu, sigue todavía en pie, pero está concebido a una escala muchísimo más ambiciosa: su Gran Pabellón, de 155 metros de largo, es la mayor sala con techo sin columnas de toda Europa. Hacia 1700, podía acomodar a casi mil pacientes; sus paredes se adornaban en invierno con tapices de lana y en verano con lienzos de Mattia Preti.* Está lleno de luz, espacio y aire fresco, elementos en los que los caballeros siempre confiaron, algo que los hizo virtualmente únicos entre los hombres dedicados a la medicina en los siglos XVI y XVII. Es más, a diferencia de otros hospitales de la época, cuyos pacientes eran a menudo alimentados en bandeja de madera en las que habitaban bacterias de todo tipo, la orden aportaba platos y copas de plata, reduciendo de ese modo dramáticamente —aunque no lo supieran— los riesgos de infección. Cada uno de estos enseres estaba cuidadosamente numerado y llevaba estampado en un lado el emblema del Espíritu Santo. Por último, los caballeros conocían bien el valor de un buen enfermero; todos y cada uno de ellos, sin importar cuál fuera su grado, hacían su turno en el pabellón del hospital, siendo el del propio gran maestre los viernes. Para «nuestros señores, los enfermos», que era como siempre describieron a sus pacientes, solo valía lo mejor.

«¡Solo conmigo triunfan mis ejércitos!». Las palabras de Solimán cuando le llegaron las noticias del desastre de Malta eran certeras. Su flota había permanecido casi intacta, pero había perdido bastante más de veinte mil hombres (hay quien dice que incluso el doble de esa cifra). Si hubiera asumido personalmente el mando único de las operaciones, como hizo en Rodas en 1522, no habría habido ni un asomo de la des-

* Mattia Preti (1613-1699) fue un pintor de la escuela napolitana que pasó los últimos treinta y ocho años de su vida en Malta.

tructiva rivalidad entre Pialí y Mustafá; su autoridad suprema, junto con su infinitamente superior capacidad militar,
quizá habrían llevado a la victoria. Su primera reacción fue
jurar que lideraría personalmente una expedición a Malta la
primavera siguiente, pero luego debió cambiar de idea: era
demasiado viejo, la distancia era demasiado grande, y los
problemas logísticos, a estas alturas, casi insuperables. Decidió, en cambio, lanzar una campaña más contra Hungría
y Austria.

Las hostilidades con los Habsburgo nunca habían cesado
por completo. A principios de la década de 1550, el archiduque Fernando había realizado un desastroso intento de ocupar Transilvania donde, aunque Isabela y su joven hijo Juan
Segismundo reinaban aún bajo soberanía otomana, el poder
real lo detentaba el «padre Jorge» Martinuzzi, un monje croata —que luego se convertiría en obispo y cardenal— que
había sido tesorero y principal consejero de Juan Zápolya y
a quien este, mientras agonizaba, había nombrado guardián
de su hijo y regente del reino. Por una vez, no se recurrió a
la fuerza; Fernando simplemente sobornó al padre Jorge para
que persuadiera a Isabel de que entregara el trono, prometiéndole a cambio extensas tierras en Silesia. Las noticias llegaron
a la Sublime Puerta al cabo de poco tiempo y, lógicamente,
Solimán se indignó. Arrestó al embajador de Fernando y lo
encerró en el castillo de las Siete Torres, donde permanecería
durante los dos años siguientes y del que saldría solo para
morir poco después. Los combates estallaron de nuevo, pero
continuaron de forma extrañamente esporádica. Las negociaciones se alargaron hasta aburrir soberanamente a ambos
bandos y, tras la muerte de Rüstem Pachá en 1561, se confirmó un tratado de paz válido para los siguientes ocho años.

Tres años después, en 1564, se produjo la muerte del
propio Fernando, que fue sucedido como emperador por
su hijo Maximiliano II. De nuevo, no hubo necesidad de
elección. Maximiliano había sido elegido rey de romanos en
1562, por lo que su sucesión al trono estaba prácticamente
garantizada. Y casi garantizado estaba también que atacaría

inmediatamente Transilvania pues, al fin y al cabo, ¿no era su primer deber como emperador aniquilar a los enemigos de la cristiandad? Hacía mucho que Solimán había dejado atrás la flor de la vida. Estaba viejo y cansado y, según se rumoreaba, también enfermo. Además, Transilvania estaba muy lejos de Estambul. Ahora, sin duda, era el momento de atacar. Pero ¿de qué tropas disponía el emperador para arremeter contra el sultán? Gisleno de Busbecq, el embajador de Carlos V, informó con pesar que:

> Nuestros soldados distan mucho de ser valientes; se niegan a obedecer las órdenes y sienten poco amor por el oficio y el ejercicio de las armas. En cuanto a nuestros generales, a la mayoría de ellos los domina la avaricia más sórdida. Otros son imprudentes y desprecian la disciplina; muchos se entregan a los libertinajes más excesivos y desenfrenados. [...] Con todo ello, ¿podemos dudar de cuál es el destino que nos espera?

No sabemos si Maximiliano compartía o no esta deprimente opinión, pero, si fue así, en verdad no dejó que lo apartara de su propósito. Reunió a unos cuarenta mil hombres y los lanzó contra Juan Segismundo —Isabel había muerto en 1559—; al principio, con cierto éxito; pero los turcos contraatacaron rápido y Solimán decidió que ya había soportado demasiado. El 1 de mayo de 1566 partió de Estambul por última vez con su gran visir Sokollu Mehmet Pachá, al mando de un ejército que se estimó en unos trescientos mil hombres, con un gran tren de artillería pesada. Lo que ahora se necesitaba era una gran victoria, algo que borrase definitivamente el recuerdo del desastre de Malta del año anterior. El sultán era, por supuesto, el comandante oficial del ejército, aunque ya no tenía fuerzas para montar a caballo. En lugar de ello, viajó en carruaje las quinientas millas hasta Belgrado. Las carreteras de los Balcanes, si es que pueden llamarse así, estaban en tan malas condiciones que el viaje le llevó cuarenta y nueve días; un caballo no solo habría sido más rápido, sino infinitamente más cómodo. Para colmo de males, como el emperador Carlos, Solimán sufría también las torturas de la gota. Y el tiempo, como casi siempre ocurría durante sus campañas, difícilmente podría haber sido peor. Aunque era mediados de verano, las carreteras estaban inundadas y los ríos habían destruido los puentes. Los cañones se atascaban en el barro y muchos de los camellos que transportaban las armas se ahogaron.

Cuando por fin llegó a Belgrado, lo único que quería el sultán era descansar, y ni eso pudo hacer. Dio comienzo entonces todo el ceremonial: la bienvenida de Juan Segismundo, seguida por el importantísimo intercambio de regalos: para Solimán, un rubí que valía 50 000 ducados; para Juan Segismundo, dagas, sables y sillas con joyas incrustadas, un magnífico caballo de guerra blanco espléndidamente enjaezado y, en respuesta a una petición especial suya, una considerable franja de territorio entre Transilvania y el río Tisza. Luego, había que pasar revista a las tropas y participar en los interminables banquetes, las inspecciones, las presentaciones y una inacabable lista de testas coronadas, que asomaban en cualquier parte. En total, pasó tres días en Belgrado, dedicado en exclusiva a todo este protocolo y, después, demasiado pronto, el ejército se puso de nuevo en marcha.

El plan original del sultán había sido marchar sobre la ciudad de Eylau, que controlaba la ruta que llevaba a Transilvania, pero estando todavía en Belgrado recibió noticias acerca del conde Nicolás Zrínyi, señor de Szeged, que había matado a uno de los más distinguidos funcionarios de la Sublime Puerta. Claramente, tal actitud exigía un castigo, y Solimán no se lo pensó dos veces: ordenó a su ejército que marchara sobre la ciudad. El tiempo no mejoró y el viaje fue otra pesadilla. Finalmente, sin embargo, el 5 de agosto llegó frente a Szeged, donde le aguardaban noventa mil hombres y todos aquellos cañones que no habían sido abandonados por el camino. Como pudo, reunió las fuerzas necesarias para subirse a lomos de su caballo y ordenar el inicio del asedio; luego, se retiró a su tienda.

El sitio de Szeged duró poco más de un mes. Apenas había empezado cuando la ciudad entera ardió; la resistencia, a partir de ese momento, quedó confinada a la ciudadela, donde el conde resistió con desesperación. Finalmente, cuando todos los bastiones exteriores habían caído en manos de los turcos y él y los seiscientos últimos defensores estaban rodeados en el reducto central, se vistió con las mejores prendas —«como si fuera a un banquete»— y condujo a sus hombres en una salida heroica, aunque suicida. Pocos quedaron con vida; el propio Zrínyi fue gravemente herido, pero no se permitió que muriera a consecuencia de sus heridas. Se le metió la cabeza en la boca de un cañón turco justo antes de que abriera fuego: una muerte desagradable pero, al menos, rápida.

Unas pocas horas más tarde, Solimán murmuró a su gran visir: «El gran tambor de la conquista no se oirá todavía». Pero estaba escrito que no lo oiría nunca. Murió en su tienda, quizá por una embolia, pero más probablemente por un ataque al corazón, la noche del sábado 7 de septiembre de 1566. Tenía setenta y un años. Sokollu reaccionó deprisa. Lo importante, comprendió enseguida, era asegurar la pacífica sucesión del príncipe Selim, que en aquellos tiempos era el gobernador en funciones de la ciudad de Kütahya, en el oeste de Anatolia. Era plenamente consciente, por otro lado, que una vez el ejército —y, en particular, los jenízaros— se enteraran de la muerte del sultán, la disciplina desaparecería y reinaría el caos en el campamento. A los pocos que ya lo sabían —incluidos los médicos— los ejecutó de inmediato: el sultán, anunció, sufría un severo ataque de gota y le había pedido que asumiera temporalmente la autoridad suprema. Mientras tanto, envió un mensajero a Selim, urgiéndole a que viniera inmediatamente a Szeged.

Solo a un hombre explicó lo sucedido: al primer portaestandarte, Cafer Ağa. Este hombre, que más adelante se casaría con la hija de Sokollu, era un habilidoso falsificador y podía imitar a la perfección la firma de Solimán. Los generales, que siguieron recibiendo sus órdenes diarias como siempre, no sospecharon nada; se enviaron cartas a los príncipes de Europa, al sah de Persia, al kan de Crimea, a los gobernadores provinciales otomanos —todas ellas firmadas con la habitual rúbrica de Solimán— anunciando su victoria. Otra carta se dirigió al gobernador de Buda, acompañando a lo que quedaba de la cabeza de Zrínyi, con la petición de que se enviara al emperador Maximiliano. Para mantener al ejército ocupado, Sokollu afirmó que el sultán había ordenado que se repararan las defensas de Szeged lo más rápido posible y que se construyera una gran mezquita en el centro de la ciudad, donde tenía intención de dar gracias tan pronto como se lo permitiera la severa hinchazón de su pie.

Durante cuarenta y tres días, el ejército permaneció en el campamento, con centinelas armados montando guardia día y noche alrededor de la tienda del sultán e impidiendo que entrara nadie excepto el gran visir. Solo entonces dio Sokollu la orden de emprender el largo viaje de regreso a Estambul. El sultán, anunció, viajaría en una litera cerrada. «De vez en cuando», escribe el cronista Ibrahim Peçevi,[*]

> Sokollu se acercaba al trono y fingía leer un informe al sultán. También daba la impresión de que debatía la información con él después de leérsela. [...] Circulaban muchos rumores, pero las hábiles tácticas del gran visir consiguieron disipar las sospechas. Nadie sabía a ciencia cierta si el padishah estaba muerto o vivo.

Selim, mientras tanto, al recibir la carta de Sokollu, había partido inmediatamente de Kütahya y, sin detenerse en Estambul, había cabalgado lo más rápido posible para llegar hasta el cortejo fúnebre de su padre. Finalmente dio con él cuando se acercaba a Belgrado. Solo entonces reveló el gran

---

* Ibrahim Peçevi (1572-c.1650) fue un funcionario provincial otomano que se convirtió en historiador tras su jubilación. Su historia en dos volúmenes del imperio —que, por desgracia, todavía no se ha traducido al inglés— es la principal fuente de información que tenemos para el período entre 1520 y 1640.

visir al ejército que el sultán había expirado. Convocó a los lectores profesionales del Corán a la tienda imperial y los hizo recitar las plegarias apropiadas. El funeral completo se celebró la mañana siguiente, poco después del alba. El propio Selim apareció al salir el sol, vestido completamente de negro. Al acercarse al carruaje sobre el que se había dispuesto el cuerpo de su padre, levantó en silencio los brazos hacia el cielo mientras los imanes entonaban oraciones por el muerto. Cuando estas terminaron, se retiró de nuevo a su tienda.

El ejército comenzó a mostrarse quejoso. Había una antigua tradición que establecía que los jenízaros y otros regimientos recibían lo que se conocía como «regalos de accesión» cada vez que un soberano sucedía a otro. Solo después de que estos regalos fueron debidamente distribuidos, sus receptores —aunque profundamente insatisfechos con la cantidad— se apaciguaron lo bastante como para continuar la marcha. Y, cuando al final llegaron a Estambul, estalló de nuevo la violencia, probablemente alimentada, esta vez, por abundantes dosis de alcohol. Dos distinguidos altos cargos, el *kapudan pasha* —almirante en jefe— y Pertev Pachá, el segundo visir, fueron derribados de sus caballos y linchados casi hasta la muerte; el propio Sokollu escapó del mismo destino únicamente porque arrojó monedas de oro contra sus atacantes. Al final se restauró el orden, pero solo tras unas cuantas ejecuciones y la promesa del nuevo sultán de que se aumentaría sustancialmente el sueldo a los jenízaros.

La tumba de Solimán estaba lista; había sido diseñada el mismo año de su muerte por el mejor de sus arquitectos, Mimar Sinan, y permanece en el pequeño jardín junto a la gran mezquita —la Süleymaniye— que Sinan ya había reconstruido en su honor.* Hoy son pocos los visitantes de la mezquita que buscan la tumba, y es una pena, porque es una pequeña maravilla, un edificio octogonal, coronado con una

---

* El complejo que rodea a la mezquita incluye también un hospital, una universidad de medicina, una escuela primaria, cuatro escuelas para la enseñanza del Corán, baños públicos y una cocina pública que sirve comida a los pobres.

cúpula y rodeado por un encantador peristilo. En su interior, las paredes están cubiertas de bellísimos azulejos de Iznik, el doble de los que se ven en la propia inmensa mezquita. Su único defecto —por el que no se puede culpar a Sinan— es que el edificio está atestado, pues al ataúd de Solimán se le han unido no solo el de su hija favorita, Mihrimah, sino también los de dos sultanes posteriores, Solimán II y Ahmed II. Roxelana tuvo más suerte; se le permitió tener una tumba propia y separada, un poco hacia el este. Es, naturalmente, más pequeña y sencilla que la de su marido, pero los azulejos que la cubren son incluso mejores…, mucho mejores, debe decirse, de lo que merecía.

Solo dos entre todos los personajes históricos famosos son conocidos como «el Magnífico». Uno es Lorenzo de Médici; el otro, el sultán Solimán. Lorenzo simboliza el Renacimiento florentino y, aunque el mundo islámico no experimentó un despertar comparable al ocurrido en Italia, no hay duda de que el sultán reinó sobre una edad de oro. Algo de esto dije en el primer capítulo, cuando lo presenté; desde entonces, sin embargo, lo hemos visto principalmente como un líder militar, y ha llegado quizá el momento de hablar sobre los dones culturales que regaló a sus súbditos. Impulsó todas las formas de creatividad artística excepto la escultura, pues ahí, como devoto musulmán, estaba obligado a marcar los límites. Pero fomentó la pintura y, en especial, el arte del retrato. Poseemos un sorprendente número de admirables retratos suyos; el propio Tiziano pintó al menos cinco (aunque nunca posó los ojos sobre su modelo) y luego está el espléndido retrato a lápiz realizado por Durero en Bayona. Se ha dicho que no menos de treinta pintores —la mayoría de ellos, miniaturistas— trabajaban de forma permanente en palacio.

Su producción fue, por supuesto, enteramente secular. La pintura religiosa —que produjo una gloriosa cosecha en el mundo cristiano— estaba prohibida; en cuanto al resto, la opinión estaba dividida. El problema radica en un pasaje del Corán* que afirma que Alá es el único *musavvir,* una palabra que significa «creador», pero que, por desgracia, se utiliza también en árabe y turco para referirse a un «pintor». ¿Debe, por tanto, Alá ser no solo el único creador, sino también el único pintor? En buena parte del mundo islámico, esta es una cuestión que todavía permanece abierta, pero los turcos ya se habían decantado en época de Solimán por una solución de compromiso. Los cuadros, aunque fueran seculares, no podrían colgarse nunca en mezquitas ni en salas públicas. Los apartamentos privados de los sultanes o de otras personalidades eran, sin embargo, otra cuestión. Podrían contener retratos o paisajes idealizados; las escenas de fastuosas ceremonias o procesiones ante el sultán eran especialmente populares. Las escenas de amor, sin embargo, solían evitarse.

La arquitectura estuvo dominada en su mayor parte por Sinan. Un cristiano griego criado en el sistema de *devshirme,†* empezó su vida como ingeniero militar, construyendo puentes, acueductos y caravasares; como tal, participó en el asedio de Rodas, en la campaña de Belgrado y, por supuesto, en la batalla de Mohács. Tenía casi cincuenta años cuando fue nombrado arquitecto de la corte; más adelante, después de que el sultán reconociera su genio, empezó a trabajar en los grandes edificios religiosos —mezquitas y madrasas, hospitales y casas de caridad— por los que hoy es célebre. Solo en cuanto a mezquitas, construyó 146 antes de morir, en 1588, a los noventa y nueve años de edad.

Pero —y esto es muy característico de la época en la que vivió— todo cuanto construyó estuvo dedicado a propósitos religiosos o utilitarios. En vano buscamos en el mundo turco palacios o mansiones, como las que los contemporáneos del sultán construían por entonces en Europa. En tierras otomanas nunca hubo un Fontainebleau o un Chenonceau, nunca

* LIX, 24.
† Práctica basada en el reclutamiento y la conversión regular de niños cristianos para el servicio en la administración del sultán o en uno de los regimientos de palacio.

existió un Nonsuch ni un Escorial; el «palacio» de Topkapi, donde el sultán vivió, no es, en realidad, un palacio: es simplemente un grupo de pabellones, muchos de ellos de un solo piso. Solo el harén —un laberinto aparentemente infinito de habitaciones y pasillos que, ampliado al azar a lo largo de los siglos, sigue desprovisto de ningún tipo de plan general— ocasionalmente se eleva hacia la decoración elegante en lugar de la habitual sobria distinción de las estancias turcas; y el harén, como sabemos, era para sus habitantes poco más que una jaula de oro.

Y luego están las artes decorativas: las alfombras —un arte desarrollado por los turcos cuando todavía eran nómadas, mucho antes de que aparecieran en Anatolia en el siglo XI—, los tejidos —brocados, rasos y terciopelos, la mayor parte tejidos en Damasco, Bagdad, Bursa y la propia Estambul, cuyos talleres eran los únicos a los que, en el siglo XVI, se les permitía utilizar hilo de oro y plata—; y, por último, la cerámica, los platos y las bandejas, las jarras, copas y lámparas y, sobre todo, los azulejos, cientos de miles de los cuales se emplearon para adornar el interior de las mezquitas, inundándolas de luz y color. Los mejores procedían de los talleres de Iznik —la antigua Nicea—, que alcanzaron su apogeo alrededor de 1550. Sus diseños muestran, en su mayoría, animales y pájaros, flores y frutas, y a menudo la gloriosa y ondulante caligrafía árabe, tan bella que aporta una alternativa perfecta a las pinturas en las mezquitas y lugares sagrados, convirtiéndose en el arte decorativo musulmán por excelencia.

Solimán el Magnífico, el décimo y más grande de todos los sultanes otomanos, fue un gran estadista, legislador y patrón de las artes, pero, en primer lugar y antes que cualquier otra cosa, fue un soldado, y murió como se nos dice que desean morir todos los buenos soldados, con sus tropas en el campo de batalla. Hay quienes dicen que no debió mantener la mirada tan fija sobre Europa y que podría haber conseguido conquistas mucho mayores si hubiera centrado su interés en Oriente, siguiendo los pasos de Alejandro Magno.

Con su vasto ejército y su ilimitada riqueza, sin duda habría derrotado a Babur, que fue su contemporáneo casi exacto, quien, con su victoria en Panipat en 1526, había fundado el Imperio mogol en el norte de la India. Hubo, de hecho, una expedición otomana en 1538 que llegó a asediar Diu, la gran fortaleza portuguesa en la costa oeste del subcontinente, pero fracasó, principalmente, debido a la estupidez e incompetencia de su comandante, Hadim Solimán Pachá, un eunuco de origen griego que tenía más de ochenta años y estaba tan gordo que hacían falta cuatro hombres para levantarlo de su asiento;* y parece ser que, después de eso, el sultán dejó de interesarse en la región.

Así que Europa siguió siendo su objetivo, y fue allí donde murió. Y cuando, en esa trascendental tarde de septiembre —fue un sábado—, exhaló su último aliento, el Imperio otomano inició la inmisericorde decadencia que no se detendría durante los siguientes tres siglos y medio.

---

* «Probablemente», apunta André Clot con encomiable eufemismo, «no fuera la elección ideal».

9

DIGNO DE CELEBRACIÓN

La muerte de Solimán ante las murallas de Szeged pone fin a nuestra historia. De los cuatro príncipes que constituyen el objeto de este libro, solo él llegó a los setenta años; ninguno de los otros tres llegó siquiera a los sesenta: Francisco murió a los cincuenta y dos, Enrique a los cincuenta y cinco, y Carlos a los cincuenta y ocho. Pero las vidas eran, como sabemos, más cortas en el siglo XVI, y diferían de las nuestras de muchas otras formas. Por poner un ejemplo, los tres gobernantes cristianos estaban —de forma que apenas hoy podemos imaginar— dominados por su religión. Enrique VIII pasó siete años de su vida peleándose con el papa para divorciarse de Catalina de Aragón, hasta que finalmente rechazó la noción entera de supremacía papal y estableció la Iglesia de Inglaterra; Francisco I, a quien solemos imaginar principalmente como un ostentoso príncipe renacentista, ya quemaba herejes en la hoguera en la Place Maubert en 1523, aunque las persecuciones religiosas se tornaran mucho peores después del *affaire des placards* en 1534 y al final acabaran siendo las horribles guerras de religión que continuarían hasta el fin del siglo; Carlos V combatió la Reforma con todas sus fuerzas e hizo cuanto pudo, aunque sin éxito, para impedir que se extendiera por los estados del norte de Alemania, fue responsable de enviar a la hoguera a muchos herejes y pasó los últimos años de su vida en un monasterio español.

Es obvio que Solimán, como musulmán, no puede compararse directamente con los otros tres; muchos autores atestiguan su devoción y no hay duda de que respetaba meticulosamente las llamadas a la oración y las demás exigencias de su religión, como hacían prácticamente todos sus súbditos musulmanes; pero el islam tiene el mérito de ser una fe más sencilla que el cristianismo y, de algún modo, parece que el profeta Mahoma pesaba menos en el pensamiento diario del sultán que Jesucristo en el de los príncipes occidentales. Sí poseía, sin embargo, una cualidad de la que carecían totalmente Francisco y Carlos y que nunca llegó a ser del todo clara en Enrique. Esa cualidad era la tolerancia, un respeto instintivo por las creencias de los demás y una predisposición a permitirles seguir sus propias costumbres, tradiciones y formas de culto. En los dominios de Solimán, la tolerancia era absoluta; si tan solo los demás príncipes de este libro hubieran seguido su ejemplo, Europa habría sido un continente mucho más feliz.

Existen otros aspectos, además, en los que el sultán es una nota discordante. Los tres occidentales estaban todos ellos emparentados por matrimonio —Enrique era tío de Carlos a través de Catalina de Aragón, su hermana estaba casada con Luis XII, primo de Francisco, y Carlos y Francisco eran cuñados— y, aunque no puede decirse que ninguno conociera bien a los demás, al menos se conocían. Carlos había visitado Inglaterra en dos ocasiones: una en mayo de 1520 (y había visto a Enrique en otra ocasión en Picardía un mes más tarde, inmediatamente después del Campo del Paño de Oro) y, en el verano de 1522, pasó en el país varias semanas. Conoció a Francisco en Aigues-Mortes en julio de 1538 y, luego, lo vio de nuevo cuando viajaron juntos a través de Francia en diciembre de 1539 y en enero de 1540. Enrique y Francisco se conocieron en el Campo del Paño de Oro y luego se encontraron otra vez (con Ana Bolena) en 1532. Sin embargo, ninguno de estos tres príncipes cristianos se encontró jamás con Solimán, que siempre fue para todos ellos una figura un tanto borrosa. Para Enrique, desde luego, eso tuvo relativa poca importancia. «Uno debería», observó, señalando ominosamente al otro lado del canal de la Mancha, «temer más que al Gran Turco a cierta otra persona que trama peores cosas contra la cristiandad que el sultán». El cardenal Wolsey fue todavía más allá: los turcos estaban tan lejos, dijo, que en realidad lo que hicieran no afectaba a Inglaterra en absoluto.

Ni el emperador ni el rey de Francia podían permitirse el lujo de olvidarse de Solimán durante mucho tiempo. El sultán mantenía una presión incesante sobre las fronteras orientales del Imperio —en 1529, llegó a asediar la propia Viena— y, aunque era el hermano de Carlos, Fernando, quien se llevaba la peor parte de estas agresiones, era obvio que el emperador era, en último término, el responsable de la seguridad de sus súbditos húngaros. Y el peligro no se confinaba a Europa Oriental; los corsarios de la costa de Berbería —que también debían lealtad a Solimán— constituían un peligro constante para las costas de España, las islas Baleares y Sicilia, de hecho, un peligro tan grande que convenció a Carlos de la necesidad de participar personalmente en dos expediciones al norte de África: la que capturó Túnez en 1535 y la que, en 1541, fracasó de forma humillante en su intento de tomar Argel. Más importante que todo esto, sin embargo, fue el simple hecho de que el emperador era, por definición, el protector de la cristiandad, para quien el sultán otomano representaba el Anticristo. En su juventud, Carlos había soñado con una gloriosa cruzada paneuropea que devolviera a los infieles a las estepas de Asia de las que habían salido e hiciera que Constantinopla recuperase su lugar entre las capitales cristianas. En sus últimos años, terminó por aceptar que eso jamás sucedería y que sería siempre un sueño, pero, personalmente, nunca podría haber tratado a Solimán con nada que no fuera enconada hostilidad y jamás perdonó a su cuñado por las relaciones cada vez más amistosas que mantuvo con la Sublime Puerta.

Francisco, como es natural, veía al sultán bajo otra luz. Estaba rodeado por el Imperio: España a un lado, los Países Bajos, Alemania y Austria al otro. Tampoco podía olvidar que había pasado dos años prisionero de Carlos y que sus dos hijos habían pasado cuatro preciosos años de su infancia en cautividad, como rehenes, para garantizar la buena conducta de su padre. El antiguo ducado de Borgoña constituía otra herida abierta en sus relaciones con su cuñado, igual que sucedía con su reclamación sobre Milán. No es sorprendente, pues, que ambos estuvieran casi constantemente en guerra. Lo que el rey necesitaba desesperadamente era un aliado contra el emperador, y Solimán, que por sí solo era capaz de ejercer presión sobre el Imperio desde el este, era ideal para este propósito. La única desventaja del sultán era su religión. De vez en cuando, el papa se ponía a hablar de cruzadas y Francisco, siendo Su Cristianísima Majestad, se veía obligado a responder, aunque fuera de boquilla, a cualquier llamada a los ejércitos de la cristiandad. Pero todo quedaba en palabras: estaba perfectamente claro que, por toda una serie de razones, la Europa del siglo XVI era incapaz de lanzar una cruzada como las que habían sido posibles hacía tres o cuatro siglos; y Francisco pronto se convirtió en un hábil apaciguador del sultán. Leemos casi con pasmo el relato del asedio francoturco a Niza en 1543 y cómo el pirata Barbarroja y toda su flota pasaron luego el invierno en Tolón, hasta el siguiente abril. En ocasiones como estas, se arquearon cejas en toda Europa Occidental y Francisco tuvo que dar muchas explicaciones, pero, de algún modo, incluso después de que Barbarroja, en su viaje de vuelta, saqueara varias islas que eran indisputablemente territorio imperial, consiguió salir de rositas.

De los cuatro grandes protagonistas de nuestra historia, Solimán fue, como hemos visto, el último superviviente. Se produjo un cambio completo de reparto en el escenario político occidental. Había pasado la edad de los gigantes: la segunda parte del siglo XVI, en consecuencia, tuvo un sabor claramente distinto a la primera. Se adornó con un monarca, en la majestuosa forma de Isabel I, tan —o quizá incluso más— grande como uno cualquiera de nuestros cuatro protagonistas; pero solo uno de sus contemporáneos interesó realmente a la reina de Inglaterra: su cuñado, Felipe II de España, que fue un hombre lúgubre, mojigato y más devoto de lo que lo había sido su padre, aunque ni mucho menos igual de inteligente. En Francia, Enrique II, Francisco II, Carlos IX y Enrique III formaron un deprimente cuarteto, y solo con la llegada de Enrique IV en 1589 las cosas se animaron un poco. En el Imperio, Fernando, el hermano de Carlos, y Maximiliano, el hijo de Fernando, fueron curiosamente sosos; tras ellos, Rodolfo II fue, desde luego, un personaje peculiar y extravagante, pero pasaría la mayor parte de su vida estudiando alquimia y astrología en Praga. En cuanto a los turcos, es triste ver que, aunque Solimán pudo —y debió— ser sucedido en el trono por su hijo Mustafá, que poseía todas las buenas cualidades de su padre y que, sin duda, habría conseguido más triunfos para el imperio, el que fue finalmente su sucesor, Selim II, fue siempre llamado, y con razón, «el Beodo» y llegó a ser el nadir del linaje otomano. Con él, empezó la desmoralización del que fuera un formidable imperio, así como su larga y constante decadencia.

Pero *sí* vale la pena celebrar la primera mitad del siglo. ¿Ha habido, en toda la historia de Europa, otro medio siglo como ese? En el mero espacio de cincuenta años tenemos el Alto Renacimiento, Lutero y la Reforma, la exploración de las Américas, la pompa y circunstancia ejemplificada por el Campo del Paño de Oro y, sobre todo, estos cuatro magníficos y memorables monarcas, cada uno de los cuales dejó una huella imborrable en las tierras que gobernó y que, juntos, transformaron el mundo civilizado.

AGRADECIMIENTOS

Estoy más que agradecido a Georgina Laycock, Caroline Westmore, Lyndsey Ng y Ruby Mitchell, todas de John Murray, por su duro trabajo; a Juliet Brightmore, por su brillante actuación con las ilustraciones; a Douglas Matthews, por otro soberbio índice y, como siempre, a mi esposa Mollie, por sus constantes ánimos y su siempre certera revisión de texto.

BIBLIOGRAFÍA

Brandi, K., *The Emperor Charles V,* trad. al inglés de C. V. Wedgwood, Londres, 1949

Bridge, A., *Suleiman the Magnificent, Scourge of Heaven,* Nueva York, 1983

Clot, A., *Suleiman the Magnificent: The Man, His Life, His Epoch,* Londres, 1992

Eggenberger, E., *A Dictionary of Battles,* Londres, 1967

Hammer-Purgstall, J. von, *Histoire de l'Empire ottoman depuis son origine jusqu'à nos jours,* París, 1835–48

Kinross, *lord, The Ottoman Centuries,* Londres, 1977

Knecht, R. J., *Francis I,* Cambridge, 1982

Lacey, R., *The Life and Times of Henry VIII,* Londres, 1972

Loades, D., *Henry VIII,* Stroud, 2011

MacCulloch, D., *Reformation: Europe's House Divided, 1490–1700,* Londres, 2003

Mattingly, G., *Catherine of Aragon,* Nueva York, 1942; ed. en castellano: *Catalina de Aragón,* Madrid: Ediciones Palabra, 2012

Michelet, J., *François I et Charles Quint 1515–47,* París, 1880

Motley, J. L., *The Rise of the Dutch Republic,* Londres, 1855

Pollard, A. F., *Wolsey,* Londres, 1929

Russell, J. G., *The Field of the Cloth of Gold,* Londres, 1969

Scarisbrick, J. J., *Henry VIII,* 2.ª edición, New Haven, CT, 1997

Seward, D., *François I: Prince of the Renaissance,* Nueva York, 1973

Starkey, D., *Henry: Virtuous Prince,* Londres, 2008

Terrasse, C., *François I, le roi et le règne,* París, 1943–48

Tyler, R., *The Emperor Charles the Fifth,* Londres, 1956

Williams, N., *Henry VIII and His Court,* Londres, 1971

ÍNDICE ONOMÁSTICO Y DE MATERIAS

Ático de los Libros le agradece la atención
dedicada a *Cuatro príncipes,* de John Julius Norwich.
Esperamos que haya disfrutado de la lectura
y le invitamos a visitarnos
en www.aticodeloslibros.com,
donde encontrará más información
sobre nuestras publicaciones.

Si lo desea, puede también seguirnos
a través de Facebook, Twitter o Instagram y
suscribirse a nuestro boletín utilizando su teléfono
móvil para leer los siguientes códigos QR: